企业文化探秘

公司创始人和高管团队的文化生存指南

银代仁 李中冠 著

文化发展出版社
Cultural Development Press

北京

图书在版编目(CIP)数据

企业文化探秘 / 银代仁，李中冠著. — 北京：文化发展出版社，2024.11. — ISBN 978-7-5142-4486-1

Ⅰ.F272-05

中国国家版本馆CIP数据核字第2024F02F60号

企业文化探秘

银代仁 李中冠 著

出 版 人：宋 娜	策划编辑：孙 烨	责任编辑：孙 烨
责任校对：岳智勇	责任印制：杨 骏	
封面设计：邓小林	排版设计：尹亚伟	

出版发行：文化发展出版社（北京市翠微路2号 邮编：100036）
发行电话：010-88275993 010-88275711
网　　址：www.wenhuafazhan.com
经　　销：全国新华书店
印　　刷：唐山楠萍印务有限公司

开　　本：710mm×1000mm 1/16
字　　数：260千字
印　　张：17
版　　次：2024年11月第1版
印　　次：2024年11月第1次印刷

定　　价：69.80元
ISBN：978-7-5142-4486-1

◆ 如有印装质量问题，请与我社印制部联系　电话：010-88275720

一个人，真正的衰老，
从来与他的年龄无关，
而是从他不再热爱学习那一刻开始。

一个人，之所以能够进入比较好的学习状态，
往往需要趋于"三无"境界：无聊、无助、无事。

所谓"无聊"，大抵就是鲁迅先生所言，
"有病他不医，无聊时看书"；

所谓"无助"，就是遇到问题了，
环顾周遭无人帮助了，必须"寻医问药"；

所谓"无事"，就是"无事不登三宝殿"，
另一层意思，就是没有眼前的红尘俗事，
你也可以参禅悟道，体会诗与远方。

自序一

解码企业生命力，点亮文化成长之光

当我们谈及一家企业，除了关注其创始人之外，首先想到的是它的产品服务、市场地位、经济效益等显性指标。然而，真正让它在市场竞争中屹立不倒、持续成长、成就伟大梦想的，却是那些看似无形、实则强大的隐形力量——企业文化。在近30年的职业生涯中，我欣喜地发现：那些稳健发展的企业，往往具有鲜明而强大的企业文化，其创始人在践行企业文化方面均有所建树。

我一直认为，企业文化不应该是管理的奢侈品，也不应该是被企业领导者遗忘在角落，更不应该是职业经理人们因不得其法门、避而远之的禁地。"企业文化"这四个字因过于朴实似乎平淡无奇，事实上却蕴含着一个企业的精髓与灵魂。它如同空气，无形无状，无处不在，或清新怡人、芬芳甜美，或污浊沉闷、窒息难闻。

这些年，我们见证了无数企业的起起伏伏、成长消逝——那些表现优秀的企业，无不在文化建设道路上不断探索、砥砺前行。反之，那些轻视或错误理解企业文化的企业，要么发育不良、成长缓慢；要么即便繁花似锦，也会轰然坍塌衰败。由此，我们产生了编著本书的想法，希望和读者朋友们一道，解码企业生命力之源，剖析企业文化的内涵与外延，点亮文化成长之光。

然而，建设企业文化没有坦途，更非一蹴而就，它需要企业领导者的高度重视和精心培育，需要全体员工共同参与和不懈努力。尽管打造企业文化有一定的模式和参考，但具体到每一个企业，则需因地制宜、不断探索、不断创新，以寻找到适合自身特点和发展需求的模式、路径、节奏。可以说，企业文化建设永无止境，它将伴随着一个企业的全部生命周期。

在路上，梦想与信念是我们孤独前行的密友。我们或许会偶感困惑、遭遇挫折、短暂停滞，但只要我们心怀信念、勇往直前，就一定能够找到属于自己的企业文化之路。愿本书能够成为你的良师益友，陪你探秘企业文化，伴你前浪逐沙，见证你及你的企业走向卓越。

银代仁
2024年6月

自序二

寻找企业管理的灵魂与持续发展的动力

准备与友人一起撰写本书时，我的心中充满激动与期待，同时也充满敬畏。企业文化，这个看似简单实则深邃的概念，一直是我职业生涯中长期关注与探索的焦点。在多年的观察与实践中，我深感文化对于一个企业健康成长的重要性，以及它对企业发展所起到的关键作用。

选择"企业文化"这个主题，初衷还在于分享我的一些感悟，希望能为更多企业创始人提供有益的参考和启示。在我看来，企业文化并非几句口号和标语，而是一种无形的、深入企业每个角落的神秘力量，时时刻刻影响着每个员工的思想和行为。优秀的企业文化，无疑能够不断激发员工的创造力和凝聚力、归属感和使命感，从而促进企业的持续发展和创新。

在此，我衷心感谢那些我曾经效力过的单位，是你们为我提供了宝贵的实践机会和丰富的观察素材。在我职业生涯的每一个阶段，你们的文化氛围、价值观念和管理模式都为我留下了深刻的印象。无论是成功与挫折，还是激情与困惑，都成为我思考和探索企业文化的重要灵感之源。

希望通过这本书，向读者展示企业文化的独特魅力与强大力量，引导读者深入了解企业文化的内涵与价值，并和读者一起走进文化在经营管理中的各种场景。能够成为读者探索企业文化之路的同行者，帮助众多企业创始人在文化建设方面取得更好的成果，这是我们撰写本书的心愿。

毫无疑问，企业文化将随着一个企业的发展而不断演变升华。我相信，在未来的日子里，企业文化将在经营管理过程中继续发挥重要的作用，引领企业不断超越过往，不断砥砺前行。寻找企业生命的灵魂与持续发展的动力，让我们一起从企业文化中去发现答案。

李中冠

2024年6月

引言一

如何成为真正合格的创始人

毫无疑问，创始人是企业文化的"舵手"，或走向辉煌，或走向灭亡。我曾经参与和组织过无数场次、总计数百名创始人及创始团队的各种研讨会，并得出了一些颇有价值的结论。

（一）创始人必备的三大能力

(1) 自身有过硬的专业技能。创始人是某个领域的专家，或者是某个行业的技术能手。如果不是这样，创业之旅往往容易想当然地出发，茫茫然地结束。注意，经营管理，也是一种强大的专业技能。

(2) 获取和整合资源的能力。它主要包括人力资源、市场资源、投资人资源、政府资源等。正如小米创始人雷军所言，创始人要学会如何用100%的股权，去做各种资源的"交换"和"拼图"。诚然，真正的创业，一开始都是缺东少西的。

(3) 自知和知人的互补能力。创始人一定要有自知之明，清楚自己的优势和短板，并在创业过程中，寻找可以互补的合伙人。当创始人和合伙人都各有长处和短处时，他们才会相互妥协，而不会插手彼此的事务。

（二）创始人必备的四大素质

(1) 有过硬的心理素质。创始人不但要勇于冒险，还要面对挫折、得不到认可，甚至被误解，以及因各种复杂人性而受到的伤害。但是，他必须像独行侠一样，孤独地去面对。这就要求创始人必须具备强大的心理素质，以及自我修复和永不言败的精神，必须靠自己撑过一个又一个的至暗时刻，走过一段又一段泥泞的路。即便身处泥泞，也要心向阳光。

创始人必备的四大素质

（2）有分享的精神。不会分享的创始人，往往还没开始就已经注定了败局。因此，只顾自己做事情，不懂得分享是要不得的。这里的分享不仅是指金钱，同时还要把思想、认知、钱、资源等分享出去，分给同频共振的人。

（3）有优化迭代的能力。不要大而全，先要小而美。不要宏大叙事，先要小闭环小步快跑。因此，创始人必须不断学习进步，优化迭代自己的认知、思维和能力。创始人必须持续改正错误，修正打法，升级系统。毫无疑问，领军人物的思维和认知有多高，企业才能达到多高。

（4）有强健的身体。身体是"革命"的本钱，创始人的身体素质至关重要。大数据表明，没有几个优秀的创始人是"病秧子"，那些成功的创始人几乎清一色的精力充沛，异于常人。他们的身体是1，其他一切都是0；没了1，再多0都了无意义。

（三）成功创业者的六大思维

伦敦商学院著名学者、知名企业家约翰·马林斯分享了成功创业者应该具备的六大思维，特别适合初创企业，摘录如下。

（1）Yes, we can！（是的，我们能做到）譬如面对客户的额外需求时，敢于承诺并全力以赴。这要求创业者有快速评估判断的能力，敢于突破常规思维，勇于尝试新事物。

（2）Problem first, not product first logic！（问题优先，而不是产品优先的逻辑）一定要先从替用户解决他们的问题和痛点出发，而不是其他，诸如产品的逻辑角度。换言之，能解决问题，才有企业存在的价值。

（3）Think narrow, not broad！（想法要窄，而不是广）简单地说，就是创业初期，想法一定要聚焦，不要贪大求全。如前所述，所谓宏大叙事，可以存在于BP（商业计划书）的幻灯片里面，而不要让它干扰你当下的经营思维。

（4）Ask for the cash, ride the float！（要现金，掌握资金流）时刻注意现金流，如用好客户的预付款。现金流的重要性，对于任何企业来说都是不言而喻的。

（5）Beg, borrow, but don't steal！（借用资源，但不要窃取）创业者要善于借力，而绝不能违背道德去偷。对于创业者而言，资源永远稀缺，而智慧却可以无穷。

（6）Never ask permission！（不要请求许可，直接行动）真正的创业，很多时候都必须面对前人没有走过的新路，"先斩后奏"其实情非得已。记住，事后要请求主管部门的谅解。

（四）创始人不被投资方看好的十大行为

（1）喜欢夸夸其谈，隐瞒各种真相，尤其是经营、财务问题。

（2）思维模式固化：一是传统思维包袱重的人；二是技术思维重的人；三是有个性缺陷，太自我的人。

（3）没有感恩意识（视外部帮助为理所当然）。

（4）心思太活，缺乏韧劲和坚持，后路太多。

（5）没有利他精神（不肯妥协，死守利益，作死自己）。

（6）没有分享意识（尤其是对优秀人员引进股份问题）。

（7）小富即安的心理（不融资、不扩张、不求上进）。

（8）自我学习和提升速度太慢（迭代能力弱，敏捷性不够）。

（9）遇到困难和问题优柔寡断。

（10）创始人不守信（说一套，做一套，搞小动作）。

（五）关于创业文化的一些思考

讲到创始人，我们就顺便探讨一下"创业"与"创业文化"。什么是"创业"呢？市面上通俗的定义有很多种，我的同学Mr.Wen是这样定义的——创业是高难度，过程充满艰辛和风险，但可能成就伟业的长期创新和创造活动。在他心目中，有三个维度可以用来描述"创业"：成就大小、难易程度、时间长短。

因此，不少优秀的企业领导者，常常呼吁员工要保持"创业精神"，就像亚马逊的"Day 1"文化，它不断强调自己的企业还处在"创业"阶段的"第一天"，满满的忧患意识，生怕员工提前躺平进入享乐状态。其实，这就是在倡导一种艰苦奋斗的创业文化。那么，什么又是"创业文化"呢？

或许，正确的"创业文化"是一个复杂且多维度的概念。它强调创新与冒险精神、开放与协作、客户至上、快速迭代与适应市场、持续学习与成长、社会责任和可持续发展、激励与认可等多个方面。在我看来，"创业文化"有助于激发你持续的活力与潜力，从而推动企业稳健成长与成功。因此，有无"创业精神"，其实与你是创始人（团队），还是普通员工，没有多少关系。

关于"创业"，流行论调是鼓励大家突破"舒适圈"，但我不这样认为。我觉得：经过一定阶段的试错与探索之后，绝大部分人就应该"安分守己"，好好待在自己的"舒适圈"里，做你"喜欢"且"擅长"的事。而不能看什么都是"机会"，去哪里都更"舒适"，从而飘若浮云、流如青萍。何也？只有"稳"，才能"固"！

引言二

关于企业管理水平的自我诊断

根据我的经验，跟企业高管团队探讨企业战略，大家总感觉太"虚"、太"远"，没有对接资源或者订单那样的兴趣，因而颇有些偏见。如果说还要谈一谈企业文化，有的高管甚至认为是在开玩笑，那不就是公司HR(人力资源)或者行政部门的小意思吗？

那么，我们不妨说一说大家优先关注的"业务"问题，更为直率一点，就是"业绩"问题，因为没有人可以忽视它。作为企业非常现实的头等大事，"营销业绩"的好与坏，直接关系一个企业的生存质量乃至生死存亡。

（一）营销出现大问题，结果往往有无法承受之重

(1) 公司的现金流会出问题。这会直接导致一系列连锁反应，以下诸多工作均无法正常运转或者得不到保障：薪酬福利直线下滑、宣传推广无法投入、产品优化顾不过来、服务改良没有精力。如果企业自身"造血"功能不好，往往也会影响从外部"输血"。

(2) 公司的人才会出问题。比如，员工的工作积极性受挫、团队里怨声载道、优秀人才大量流失、你所期待的高手也在观望，或者根本不加入。在人心惶惶之下，"同甘共苦"只是你一厢情愿的善良愿望。而人才是一切经营的基础，一旦大量人才出现问题，让你的经营业绩无法保障，可谓雪上加霜。

(3) 公司的股东会出问题。由于你的业绩惨不忍睹，你的股东耐心耗尽，你也许无法再一次面对股东们的担忧和质疑。于是，股东们开始酝酿撤资和扯皮。有的企业股东之间还会出现旷日持久的矛盾拉锯战，更是让企业领导者进退两难、有心无力、无所作为。

(4) 公司的生存会出问题。各种补救措施无效后，也许，你将不得不面对企业被撤销、关停、破产、清算的局面。事实上，及时止损或许不是什么坏事，企业关停也不是什么"见不得人"的事情。毕竟创业成功本身就是一个极小概率事件。复盘一下，清空自己，或许不久后又可以满血复活，东山再起。

（5）创始人初心会出问题。为了活下去，你会严重怀疑自己和自我否定，你在反复权衡之后，或许会动摇曾经的使命、愿景、价值观。相对于前面几种情形，对企业"三观"的质疑与否定，这种隐藏力量或许会成为对企业领导者的致命一击。

上述案例无须多讲，大家所经历的不一定多，但所见证的一定不会少。我曾见过某知名企业，当原有主营业务停滞不前、营销业绩出现重大问题，从而导致公司的资金链条彻底断裂时，企业领导者不惜铤而走险，带领全体员工"赤裸裸"地转向违法乱纪的经营活动。可以想象，企业将不可避免地迎来灭顶之灾。

（二）营销出现大问题，原因往往是多方面的

（1）营销策略不清晰，打法混乱不成体系。

（2）产品既没有竞争力，也没有特色和定位。

（3）公司各级各部门目标分解不得法，全靠拍脑袋；或者不制定目标，全靠事情推着走，更没有落地路径指引。

（4）公司没有系统的培训机制，员工技能得不到训练和提升，也不知道如何更好地去完成销售业绩。

（5）公司的沟通机制有问题，前—中—后场各自为政。譬如不召开周例会、经营分析会完全走过场、服务交付流程脱节等。

（6）公司的激励机制不科学，业务提成制度严重脱离实际。

（7）公司的企业文化相对恶劣，既没有"传帮带"的导师制，又不鼓励彼此协作，甚至还默许相互拆台看笑话。

（8）公司流行"务虚"文化，好"空谈"，喜"论道"，轻视"术"的训练。

（9）无法提升认知、优化思维、改良能力；无效社交比重太大。

（三）简单自查一下你的企业管理水平

根据我的观察及经验，自创以下12个问题，顺便再次向盖勒普Q12致敬。同时，这也是本书为数不多的几个问题，当成留给大家的一些"互动"和"作业"吧。

Q01：你知道公司最新的组织架构，以及清晰的部门职责吗？你有部门内外相对确定的流程制度表单吗？大家对此的理解是一致的吗？

Q02：你知道公司的年度经营计划吗？以及各部门在对应阶段（年度、季度、月度）的大致配合或者配套的行动计划吗？

Q03：你知道部门的月度经营计划吗？有无部门行动指南？以及对你的KPI（关键业绩指标）或者OKR（目标和关键结果）吗？

Q04：公司有认真组织月度、季度经营分析会吗？你能否或者有无参与？你的直接上级向你正式传达和宣贯会议精神吗？

Q05：你的上级主管每月都会和你面谈，并助你回顾你当月的目标责任书吗？

Q06：你知道公司各部门的改进计划和措施吗？你的上级和你探讨你的改进方案吗？

Q07：关于公司跨部门的部门长周例会，以及你所在部门的周例会，你的感觉如何？你对它的客观评价和建议是什么？

Q08：目标导向—问题驱动，你的问题反馈渠道畅通吗？公司有什么公开的机制？问题解决的效率如何？

Q09：关于学习型组织，你如何看待公司的"传帮带"？公司有"导师制"吗？在公司里你有学习的榜样吗？

Q10：你的企业有相对完善的体系、务实的培训机制吗？

Q11：你认同你的企业文化吗？你认为企业文化在企业的日常经营管理过程中，具有不亚于市场营销的重要作用吗？

Q12：态度—努力—章法—技巧四个维度，你认为自己哪些方面需要改进或加强？

请找一个安静的角落，试着用上述12个问题，自查一下你企业的管理现状和水平。假如每个问题10分，看一看你的企业能够"及格"吗？

（四）日拱一卒，唯有正确的行动

某次与好友交流中，他感慨地说，普通企业的经营之道，并没有想象中高深和复杂。把基础的组织架构、部门职责、业务流程实实在在搞清楚，把产品和服务落到实处，诚信经营，不贪不作，企业生存下来通常是没有问题的。有了生存，才有发展。企业能否发展得更好，才轮到企业文化上场。

请对照看一看，你所在企业在目标制定时都是什么样的场景？因为它就是企业文化的某种真实映射。然而，知易行难，日拱一卒，唯有正确的行动！带着问题出发，远比带着空空的脑袋，更有意义。与其站在原地空想什么最优解，不如在前行中寻求不太完美的答案。千里之行，始于足下。

（五）目标分解

企业经营，离不开目标分解。如果我们以"目标"作为一切经营活动的"抓手"，就可以充分调动企业各级各部门资源。以下是我多年来组织或参与企业进行年度目标分解时常见的情形，简直就是企业文化作用于目标管理的一个缩影。

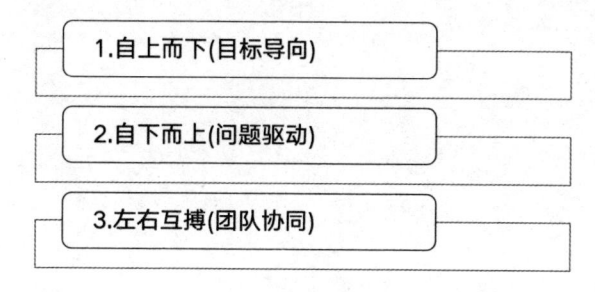

1. 自上而下(目标导向)

2. 自下而上(问题驱动)

3. 左右互搏(团队协同)

目标分解的典型场景

（1）**自上而下**。企业要生存和发展，没有进步和目标绝对不行。因此，企业领导者必须责无旁贷地行使权力，自上而下给各级各部下达任务、制定目标，那些期望无为而治、顺其自然、不定目标的"跟着感觉走"的领导，只会把企业带向死胡同。

（2）**自下而上**。在面临上级下达目标任务时，各级各部门通常会反映问题，说说困难，甚至会"讨价还价"。黑石集团创始人苏世民先生曾指出：8分人才可保证自己执行到位；9分人才可组织协调他人；10分人才无须驱动，自发热、发光。深以为然，只有找到符合企业文化的优秀人才，方为最优解。

（3）**左右互搏**。其表面上看起来好像部门之间的争论和针对，实则是在彼此联动、协调匹配、资源对齐。"左右互搏"就是部门之间的"内外依存"，就是我要做成什么，需要你的什么支持。它不但需要大家"控制情绪，莫要上头"，在骨子里更需要"开诚布公"和"对事不对人"等企业文化氛围作支撑。只有这样，大家才能奔着同一个目标，积极主动做好协同与支持。

目 录

第一章　企业文化概略

　　一、企业文化溯源 …………………………………………… 002

　　二、剖析企业文化的概念与内涵 …………………………… 006

　　三、企业文化与组织发展的密切关联性 …………………… 009

　　四、东西方企业文化对比研究及其启示 …………………… 013

　　五、文化是企业的核心竞争力 ……………………………… 017

　　六、唯有文化，生生不息 …………………………………… 020

第二章　企业核心价值观

　　一、企业核心价值观是企业成功的关键 …………………… 026

　　二、如何提炼与塑造企业核心价值观 ……………………… 029

　　三、诚信：企业文化的第一块奠基石 ……………………… 033

　　四、创新：推动企业和社会进步的核心 …………………… 037

　　五、没有团队合作，就没有真正的胜利 …………………… 041

　　六、责任担当：深化企业文化的行动指南 ………………… 044

第三章　企业文化与领导力

　　一、领导者是文化塑造的关键角色 ………………………… 050

　　二、解析领导力与企业文化的微妙关系 …………………… 055

　　三、领导力风格与企业文化同频共振 ……………………… 058

　　四、优秀领导者必须带头实践企业文化 …………………… 062

　　五、提升领导力，助力文化协同发展 ……………………… 065

六、领导力"革新"与"落地" …………………………………… 067

第四章　企业文化与员工行为

一、企业文化深刻影响员工行为 ………………………………… 074

二、员工行为与企业文化的共生艺术 …………………………… 077

三、拒绝"开盲盒"的员工行为规范 …………………………… 081

四、企业文化建设离不开员工的积极参与 ……………………… 084

五、解码优秀员工的"能力"参数 ……………………………… 086

六、员工行为：从"准则"到"卓越" ………………………… 089

第五章　企业文化与品牌形象

一、企业文化与品牌形象 ………………………………………… 096

二、文化是品牌形象的灵魂与根基 ……………………………… 098

三、如何在品牌传播中加载企业文化 …………………………… 101

四、企业竞争的高级阶段是文化之争 …………………………… 103

五、文化与品牌：必须纳入企业年度规划 ……………………… 106

六、文化是品牌忠诚度的隐形推手 ……………………………… 108

第六章　企业文化的创新与发展

一、文化创新取决于企业领导者素质 …………………………… 112

二、不同时代企业文化的发展 …………………………………… 115

三、企业文化变革的管理与引导策略 …………………………… 118

四、案例分享：企业文化创新 …………………………………… 121

五、企业文化发展的趋势与挑战 ………………………………… 123

六、没有文化创新，就没有企业的持续发展 …………………… 126

第七章　企业文化的沟通与传播

    一、有效的沟通是企业文化管理的关键 …………………… 132

    二、传播企业文化的不同媒介分析 ………………………… 136

    三、企业文化活动的组织与实施 …………………………… 139

    四、要想传播好，故事少不了 ……………………………… 143

    五、社交媒体与企业文化传播 ……………………………… 146

    六、企业文化传播的评估 …………………………………… 149

第八章　跨文化视角下的企业文化

    一、跨文化管理的挑战与机遇 ……………………………… 156

    二、不同文化背景下的企业文化 …………………………… 159

    三、跨文化沟通与企业文化的深度融合 …………………… 163

    四、浅析跨国企业的文化整合策略 ………………………… 166

    五、全球化背景下企业文化的变革与创新 ………………… 169

    六、放大参照系，在多元文化交织下破浪前行 …………… 171

第九章　企业文化与社会责任

    一、企业文化之根与社会责任之花 ………………………… 176

    二、企业社会责任的实践与评估 …………………………… 178

    三、探讨"公益"与"营销"的关系 ……………………… 181

    四、案例分享：深化企业社会责任沟通 …………………… 184

    五、企业文化：激活社会责任的原动力 …………………… 187

    六、在社会责任引领下提升企业文化格局 ………………… 188

第十章　企业文化的未来展望

    一、探索企业文化的发展趋势 ……………………………… 194

二、文化与战略：企业持续成长的双引擎 …………… 197

　　三、数字化时代企业文化的创新之道 ………………… 200

　　四、企业文化与可持续发展：共筑绿色未来 ………… 204

　　五、企业文化：不良现象、常见误区和典型偏见 …… 207

　　六、面向未来，才能最终走向卓越 …………………… 212

第十一章　文化对企业各功能板块的影响

　　一、企业文化对经营业绩的影响 ……………………… 216

　　二、企业文化对组织架构的影响 ……………………… 218

　　三、企业文化对流程制度的影响 ……………………… 221

　　四、企业文化对人力资源的影响 ……………………… 223

　　五、企业文化对产品服务的影响 ……………………… 226

　　六、企业文化对资本运作的影响 ……………………… 228

第十二章　前浪逐沙，拾贝成篇

　　一、部门主管的四项基本修炼 ………………………… 232

　　二、案例分享：用企业文化武装你的团队 …………… 240

　　三、人才鉴别：绩效考核 + 企业文化 ………………… 242

　　四、践行企业文化，请记住 6 个"要" ……………… 244

　　五、实操演练：企业文化落地 6 步法 ………………… 246

　　六、谋人与借力：高效成长之道 ……………………… 249

后　记 …………………………………………………………… 253

第一章
企业文化概略

企业文化,就其本质来说,就是企业生存和发展的方式。

——彼得·德鲁克

一、企业文化溯源

身在职场，我们对"企业文化"这几个字，感觉既熟悉又陌生，这种似是而非的"夹生"状态，让我们对企业文化常常一知半解。事实上，作为企业的精神和灵魂，当今的企业文化并非凭空冒出来的，它深受政治、经济、社会和科技等外部大环境不断变迁的影响和熏陶。

跟随它的起源背景和历史演进，一起探索现代企业文化的"前世今生"，可以发现不少意外惊喜。先不急于给它下一个看起来准确的"定义"，或许有助于我们更加系统地理解企业文化的核心内涵与宽广外延，从而更好地把握它对企业经营管理的精妙所在。

（一）上帝视角：扫描企业文化的起源背景

（1）**市场竞争加剧让企业文化应运而生**。现代企业文化的兴起与发展，离不开20世纪中后期全球经济巨变的大背景。当时，第二次世界大战结束，各国经济开始复苏，市场竞争日趋激烈。为了在如此环境中生存并脱颖而出，企业开始探寻新的管理之道，以强化核心竞争力。正是这样的时代需求，现代企业文化应运而生，成了推动企业管理不断升级的重要力量。

（2）**企业文化必须顺应当时的历史洪流**。企业文化一经出现，便积极"投身于"企业的运转，从而不可避免地卷入历史洪流。例如，商业巨头们跨国经营的迅猛成长，"全球化"便成为推动其企业文化的关键外部因素之一。以IBM为例，为了进一步开拓全球市场，它开始构建一种全球统一，又兼具地域特色的文化，旨在吸引和留住人才，增强企业在当地市场的竞争力。

（3）**科技和创新，成为企业文化的新宠**。以互联网为代表的新兴科技不断崛起，为企业文化的产生和传播，提供了广阔舞台。在互联网、区块链、人工智能等引领的新知识经济时代，"科技"和"创新"成为企业最宝贵的资本和驱动力。例如，作为全球领先的搜索引擎和互联网服务提供商，G公司充分体现了对创新的尊重，以及对知识的敬畏，这种文化推动了科技不断更新，从而促进公司持续增长和稳健发展。

（4）人文关怀和个人价值，让文化升级。随着社会的进步，人们的生活水平进一步提高，员工对于工作环境，以及职业发展的期望，也随之变化，这在一定程度上推动了现代企业文化的升级。根据马斯洛需求层次理论，员工更渴望在一个充满人文关怀、尊重个人价值的企业中工作。因此，只有不断提升员工的满意度和忠诚度，企业经营才能取得现代意义上的成功。

马斯洛需求层次理论

例如，星巴克将员工视为其事业的"伙伴"，不但推行全员持股计划，还配备了健全的医疗保障体系，并为员工提供丰富的培训和职业发展机会，以满足员工更高层次的需求。星巴克对待小伙伴们的态度，是其事业成功的秘诀之一，这也让星巴克多次被一些独立的第三方调研机构评选为"中国最佳雇主"。

以上种种，我们通过"上帝视角"走马观花：企业文化无时无刻不在陪伴着一个企业的成长，它离不开每个时代下企业内心深处的需求和呼唤，无论这样的刺激来自外部还是内部，也无论这样的刺激是企业主动寻求的，还是被动参与的，所有企业无一例外都只是大时代中的一粒微尘。

（二）穿越时空：回顾企业文化的历史演进

如果我们一起穿越时空，就会更加清晰地发现企业文化的演进踪迹，它大致可以划分为四个阶段：萌芽阶段、形成阶段、发展阶段和成熟阶段。下面，就让我们一起回顾与见证，自20世纪初期工业革命开始，企业文化是如何一路走来并逐渐发展成熟的。

企业文化的历史演进过程及特点

演进阶段	大致时期	主要特点
萌芽阶段	20世纪初期至中期	改善员工的工作环境和生活条件，以期提高工作效率和生产质量
形成阶段	20世纪中期至70年代	现代管理学不断成熟，企业文化在经营管理中的地位开始显现
发展阶段	20世纪80年代至90年代	全球化、信息化大发展，促使企业构建更灵活、更开放的文化
成熟阶段	20世纪初期至今	对企业文化的认知逐渐成熟，其内涵和外延得到不断深化和拓展

（1）萌芽阶段。近代企业文化的萌芽，可以追溯至20世纪初工业革命时期。这一时期，企业开始重视和改善员工的工作环境和生活条件，以期提高工作效率和生产质量。例如，福特汽车在早期率先引入了"五美元工资日"和"八小时工作制"，旨在让员工更加满意其工作和生活。此举在当时可谓具有"石破天惊"的意义，它带动了其他企业对待员工态度的向好与转变。

这些措施在今天看来过于简单，但它们发生在100年前，无疑开风气之先，为早期企业文化的播种与形成，树立了一个标杆和榜样。福特汽车之所以发展成全球著名的百年车企，这与它早期企业文化的某些基因是一定相关的。目前，频繁加班，以及拖欠员工薪水的现象，在我们周围并未完全消失和杜绝，这让我们对福特汽车当年的务实之举充满敬意。

（2）形成阶段。当历史的车轮来到20世纪中期至70年代，欧美等发达国家的一些管理学者，开始关注并思考企业文化对经营管理的影响。他们发现，企业文化已经逐渐发展成为企业管理的重要组成部分，并在企业经营活动中占据着越来越高的地位。于是，彼得·德鲁克和威廉·大内等学者开宗立派，提出了一系列关于企业文化建设的理论和方法，为现代企业文化的全面形成，提供了较为系统的理论支撑和实践指导。

同时，一些具有前瞻性的企业家，开始在经营实践中寻求突破，他们通过制定企业价值观、行为准则等方式，逐渐形成了企业的独特文化，从而在市场竞争中更具个性、积极主动。例如，宜家，就在此阶段确立了其"简约、实用、高品质且价格适中"的企业文化，这其实更像经营哲学，不但深受消费者欢迎，对员工行为与认知也产生了积极影响。

（3）发展阶段。在20世纪80年代至90年代，企业文化迎来了快速发展。回顾这一时期，全球化和信息化使得企业不得不面临更加复杂多变的外部环境。为了应对这些挑战，企业需要构建更加灵活、开放的企业文化。因此，许多企业开始强调团队合作、创新精神等价值观，以提升企业的适应力和竞争力。例如，微软开始鼓励员工"在你的全职工作中找到乐趣"。

此外，一些管理咨询机构开始出现，它们以专业的形象和第三方身份，深度介入企业的文化建设领域。例如，美国麦肯锡公司，通过提供深入的市场研究、专业的咨询服务、量身定制的培训课程，以及有针对性的解决方案，它们成功地帮助企业构建、塑造、优化符合自身特色的企业文化。

信息表明，全球领先的信息与通信基础设施提供商H公司，与IBM的管理咨询合作，便是始于1998年。从那时起，IBM的咨询师便与该公司紧密合作，帮助它在流程管理变革，以及企业信息化建设等方面取得了显著进步。那一年，我正在四处都是低矮平房的中关村倒腾计算机。而今，中关村早已高楼林立、名企如云，H公司的事业则如日中天。

（4）成熟阶段。进入21世纪，企业文化逐渐走向成熟，并为大众所关注和了解。这个阶段，企业文化不只是一种先进理念或管理工具，更是企业核心竞争力的重要组成部分。越来越多的企业开始重视文化建设，将其作为推动企业可持续发展的重要**"差异化"**力量。例如，苹果公司，其独特的创新文化和追求极致的产品设计理念，已经成为其核心竞争力的一部分，对公司的持续成功起着推动作用。

同时，**企业文化的内涵不断深化，外延也在不断拓展**。除了传统的价值观、行为准则等基本面，企业文化开始涉及品牌形象、企业社会责任（CSR），甚至人类共同命运与进步等更加丰富的内容。例如，宝马公司，它悉心打造的"Sheer Driving Pleasure"（驾驭乐趣）品牌理念开始深入人心，更成为其品牌文化的重要组成部分。

2000年，比尔·盖茨与夫人梅琳达·盖茨共同创立的Bill & Melinda Gates Foundation（比尔及梅琳达·盖茨基金会），致力于将全人类的创新才能，应用于减少健康和发展领域的不平等现象。作为全球最大的慈善基金之一，其规模据说超过了全球100多个国家的GDP总和。

（三）一些总结和建议

随着科技的变革，企业可能需要调整其企业文化，以适应并支撑新的工作协同方式。例如，在众多"90后"和"00后"看来，企业微信、钉钉、飞书等正成为其日常办公的工具和平台，而如果你还在要求并期待他们，用"打印件"向你"面对面"呈报，也许就不合时宜了。此外，大众对企业社会责任的期待日益提高，企业需要增加对社会责任的重视与投入。

此外，互联网和社交新媒体的普及，企业文化的传播方式也发生着巨大变化。在短视频流行的今天，一个好的企业文化案例，一个优秀企业创始人的个人品牌（IP），可以在一夜之间被大众所认可和喜爱，可以让广大网民纷纷"路转粉"，甚至心甘情愿为企业"直播"和"带货"。

有理由相信，在当今乃至未来的企业管理中，企业文化将发挥越来越重要的作用。因为，根据其历史演进的轨迹和规律，企业文化骨子里的创新"基因"，将伴随着一个企业的发展而持续旋转和涌动：它既可复制传承，又可编码解析，还可变异创新，从而凝聚着企业的"精气神"，不断指引着企业前进的方向。

二、剖析企业文化的概念与内涵

作为企业构筑核心竞争力的关键要素，企业文化的实质复杂而深邃。不过，像"学院派"那样给企业文化一个"考试"可以得高分的基本概念描述，或许不再是当下众人关注的焦点。

企业领导者更倾向其"实用性"，他们乐于用实践去校验理论家口中的"企业文化"，看重它将如何助力事业发展，以及提升组织效能。而组织的成员，则期望能够通过一系列"科学"的训练，而非只言片语的"艺术"领悟，来深化对企业文化的认知。

（一）企业文化的基本概念

简单来说，企业文化是企业在长期的经营和发展中，逐渐形成的一种独特的文化风貌。它包括企业的价值观、行为规范、企业形象、社会责任、道德标准以及传统习俗等多个层面，它们一起构成了员工共同遵守的行为准则和思想指引。一本精心编写并被员工认可而遵守的员工手册，便是传承这一文化精髓的优秀工具之一。

以苹果公司为例，其文化凸显了"创新、简洁与高效"的理念，这不仅体现在产品设计和市场策略中，更融入企业每一个角落。作为企业的软实力，企业文化在增强企业凝聚力和向心力的同时，还能够强化品牌形象与定位，为企业赢得更多的市场份额。鲍勃·查普曼说："任何组织真正的力量不在于其人员、产品、服务，甚至不在于其资本，而在于文化。"

（二）企业文化的基本内涵

由上可见，企业文化的内涵丰富而多元，它们"由内而外"共同绘制出企业文化的完整画卷。以G公司为例，它通过强大的搜索引擎服务，实现了全球信息的畅通访问。其文化强调"开放、透明和员工自治"，这些特色在公司宽松的办公环境，以及丰富的员工福利中得到了充分体现和印证。

剖析企业文化内涵，离不开CIS（Corporate Identity System），即"企业识别系统"，它包括MI（Mind Identity）理念识别系统、BI（Behavior Identity）行为识别系统、VI（Visual Identity）视觉识别系统。企业文化为CIS提供了内在的支撑和灵魂，使得CIS的形象展示和传播更加有深度和内涵。而CIS则通过外在的形象展示和传播，进一步强化了企业文化的传播和影响力，使得企业文化更加深入人心。

CIS 分解路径	MI→	理念识别→（内核）	给精神贴上标签
	BI→	行为识别→（中间）	为行为规范动作
	VI→	视觉识别→（外显）	用视觉产生联想

（三）企业文化的意义和建设路径

企业文化不仅能够加强内部员工之间的凝聚力和向心力，还可以在外部提升企业的形象和声誉，推动企业不断创新和持续发展。因此，企业文化建设是一项"由内而外"的系统性工程，需要从明确企业核心价值观、加强员工培训、构建良好的沟通机制，以及激励机制等多个方面，分阶段、分层次、分步骤展开。

什么是"由内而外"？比如，当你启动某个项目合作时，你原以为最难谈判和应对的"对手"来自外部。其实，真正的难点与突破口，也许在于你与内部的"周旋"，甚至就是你自己的"内心"。对于一个人如此，对于一个企业，本质亦然。

接下来的内容将从多角度、多层次深入剖析企业文化的系统建设之道，也会展示更加丰富生动的案例。记住，寻找那些在你身边"冒着热气"（真实、生动、新近发生）的案例，或许比那些早已过时和枯燥无比的概念本身更为重要。

（四）一些总结和建议

在全球化和信息化浪潮之下，企业文化的建设与发展，面临着前所未有的不确定性。企业需要在保持本土文化特色的同时，吸纳和融合全球多元文化，从而更好地适应市场拓展的需求。同时，企业也需要充分利用当前的信息技术，如社交媒体、新型通信软件，以及协同办公平台等，来传播和弘扬企业文化。

企业文化不在于你自己如何定义和描述，而是你的客户、你的员工等"他人"对你的企业的真实感知。无论是对内还是对外，文化都是一个企业的灵魂。它不仅影响着企业的日常运营和长期发展，也塑造了企业的形象和声誉。所以，深入理解并珍视自己的企业文化，使其成为推动企业发展的强大动力。

※ 拓展阅读：对企业文化有深入研究和贡献的管理大师

埃德加·沙因

美国麻省理工学院终身荣誉教授，被誉为"组织文化之父"。他率先提出文化本质的概念，并在企业文化与组织心理学领域做出了开创性贡献。沙因认为，**企业文化是一种强大的隐藏力量**，能够影响个体和群体的价值观念，驱动企业内外变革。代表作有《组织文化与领导力》《企业文化生存与变革指南》等。

詹姆斯·柯林斯

他在斯坦福大学商学院任教，并获得"杰出教学奖"。他还曾在默克公司、星巴克等知名企业担任高级职务。他的著作《基业长青》《从优秀到卓越》畅销全球，深入剖析了企业成功的奥秘。他强调企业文化和企业核心价值观的重要性，他认为那些伟大公司的创始人，致力于构建组织特质，而非仅仅依赖领袖的人格特质。他指出，一个有着共同企业核心价值观的公司能够走得更远。

迈克尔·汉默

美国管理学家，他与詹姆斯·钱皮共同提出了企业业务流程重组（BPR）的概念。他们强调对业务流程进行根本性的思考和彻底重建，以改善企业的成本、质量、服务和速度，使其能够适应现代企业经营环境。这种思想对于理解企业文化如何影响组织结构和业务流程有着重要的启示。

向大师们致敬！他们的深入研究和系统实践，为我们理解和发展企业文化做出了重要贡献，他们的思想和方法，广泛应用于中外企业管理中。正是由于能够站在这些大师的肩膀上，让我有莫大的勇气来与之对话，并完成这些年来我对企业文化的一些深度思考。

三、企业文化与组织发展的密切关联性

就像一棵大树的根与枝叶，企业文化与组织发展紧密相连，根深叶茂，相互扶持。微而观之，我们不妨用家庭来比喻企业。企业文化，如同一个家庭的"家风"与"家教"，它是组织的灵魂和准则，塑造着组织成员的思维方式和行为模式。组织发展，则如同一个家庭中的子女，需要不断汲取养分、经历挑战、持续进步，才能茁壮成长、稳健前行，实现家族的传承与繁荣。

（一）企业文化对组织发展的深远影响

对于一个组织的发展，良好的企业文化无疑将起到积极而深远的推动作用。

首先，一种充满活力的企业文化，可以激发员工的归属感和忠诚度，营造出一种和谐与积极的工作氛围。例如，某公司的文化推崇"开放、自由、创新"，这让员工感到自己肩负使命并与众不同，自己每天的工作是在改变世界，从而更加愿意为组织的发展努力拼搏和贡献力量。

其次，企业文化还能强化组织凝聚力和向心力。通过强调共同价值观和行为规范，企业文化使得员工在思想上形成共识，在行动上保持一致。这种强大的凝聚力和向心力，能够帮助组织成员在面临挑战和困难时团结一致，共同应对

各种经营管理的风险和挑战。当然，这也能快速鉴别和淘汰那些与其文化不相符合的人员。例如，新员工未通过"试用期"，除了技能技巧与业务业绩之外，往往还可能有"企业文化"不认同的隐含因素。

最后，通过品牌形象和企业声誉，企业文化还能塑造组织的独特魅力。诚然，优秀的企业文化能够吸引更多优秀的人才和丰富的资源，从而提升组织的知名度和影响力。例如，某公司的企业文化强调"创新和追求完美"，这种文化吸引了大量有志于创新的优秀人才加盟，也赢得了消费者对"产品极致体验"的高度认同，从而推动了该公司的市场开拓与品牌价值更加成功。

企业文化对组织的三大影响

（二）组织发展对企业文化的推动作用

首先，随着科技"底座"的升级换代，组织需要不断调整自身的战略和目标，以适应新的市场需求和发展趋势，这种组织调整必然会牵引着企业文化及时跟进。例如，数字化转型浪潮，让许多传统企业不得不调整其业务模式和运营策略，以适应前所未有的快节奏。这种组织发展的变化，迫使企业对其原有的企业文化进行调整，增强对数字技术的重视和依赖，强调用数据驱动决策等。

其次，各种培训和教育活动，不断提升员工的专业技能和综合素质，使员工更好地适应组织发展的需要。这在促进员工个人成长以及组织发展的同时，也有助于企业文化的传承和发扬。因为，员工是企业文化的载体，他们是当之无愧的企业文化"接受者、创造者、传播者"。

记得当年效力易宝支付时，每个周五下午公司都将举行"易宝大讲堂"。由于同人的精心组织策划，邀请了不同领域的众多业界先进"走进来"分享，从而让员工有机会不断"看出去"，以开阔视野和格局。这样的活动，正是"开放""分享"等互联网精神和企业文化的体现。

此外，随着企业规模的扩大和市场的拓展，组织发展还能够优化企业的管理模式和制度体系。这种优化不仅能提升企业的管理效率和运营水平，也为企业文化的发展提供了有力的保障和支持。例如，前文所述H公司，在发展过程中不断完善其管理制度和流程，使其更具适应性和灵活性，同时也更好地体现了该公司的企业文化。有专家认为，该公司的管理，"强于文化、精于流程、表现在组织、内化于能力"。而人才、运营、机制、信息技术等，都是该公司组织变革不可或缺的维度。

（三）企业文化与组织发展的互动和共生

企业文化与组织发展相互促进，互动共生。一方面，企业文化为组织发展提供了精神动力和智力支持。一个积极向上的企业文化，无疑能够激发员工的创新精神和创造力，推动组织不断探索新的发展机遇。同时，企业文化也能提供正确的价值导向和行为规范，确保组织在发展过程中"不变形""不摇摆""不纠结"，从而始终保持正确的方向。

另一方面，组织发展也为企业文化的完善和提升，持续提供实践基础和经验借鉴。例如，组织在发展过程中会遇到各种问题和挑战，这无疑将为企业文化的完善和提升提供了宝贵的经验和教训。同时，组织发展的成果和成效，也能为企业文化提供有力的证明，进一步增强企业文化的说服力和影响力。

反之，如果企业文化与组织发展相互抗拒和扭曲，那将对一个企业造成莫大的伤害。比如，说一套，做一套。我曾经见过有的企业领导者，在各种公开场合不断倡导：团队要开放、大家要协作、执行要高效。而当他和高管们回到各自独立的办公室后，大门关得严严的，脑门仰得高高的。面对跨部门交流时，他们习惯于1对1的沟通，他们倾向于信息的"独占"和"不透明"，不愿意把信息及时同步出来，生怕失去了对某些环节的掌控。为什么很多企业，连部门主管的周例会都开不好？我想其本质原因，一定不是周例会的组织召开技巧有多么高深复杂，而是其企业文化没有很好地跟进并发挥作用。

（四）构建与组织发展相适应的企业文化

有什么风格的组织发展，就有什么样的企业文化，反之亦然。因此，我们在为组织匹配相应的企业文化时，需要注意以下几个方面。

第一，企业需要明确自己的企业核心价值观和经营理念，使得企业文化与组织的战略目标和业务特性保持一致。例如，亚马逊的企业文化强调"客户至上"和"长期主义"，这与其战略目标——成为全球领先的"以客户为中心"的公司，以及其业务特性——电子商务，都是非常匹配的。

第二，企业应加强对员工的文化培训和教育，使员工深入了解并认同企业文化的内涵和意义。例如，星巴克每年都会举办"咖啡大使"等一系列培训项目，员工在了解咖啡的来源、制作过程和品尝技巧的同时，也更加深入理解企业文化——尊重、关爱、喜悦。

第三，企业需要建立良好的沟通机制和激励机制，鼓励员工积极参与企业文化的建设和实践，形成共享的文化氛围和价值观。例如，腾讯设有"企业文化建设基金"，以激励员工创新，增强团队凝聚力，同时支持社会公益事业，体现腾讯的社会责任感。该基金既是腾讯文化建设的重要支柱，又能助力公司持续发展。马化腾在谈及公司企业核心价值观时表示，第一看重的是员工的正直，否则能力再强也不会得以重用。

第四，随着时代的变迁和市场环境的变化，企业文化也需要不断更新和完善。企业应鼓励员工提出新的文化理念和创新思路，推动企业文化与时俱进、不断创新。例如，为了适应数字化时代的要求，IBM公司在其传统的企业文化基础上，增加了对数字化和人工智能等新技术的重视，鼓励员工积极学习和使用这些新技术。

（五）一些总结和建议

正如一个家庭，面对即将大学毕业的孩子，父母说：外面的世界很精彩，好好去闯吧，年轻人！又或者：外面的世界很无奈，待在父母身边吧，小宝贝！想必不同的家风文化，对于孩子们的未来成长与发展，有着显著的差异。简言之，企业文化与组织发展，必须携手共进，共创辉煌。

展望未来，为了应对市场的挑战，抓住发展的机遇，企业需要不断审视和调整自身的企业文化和组织结构。同时，员工是企业发展的核心力量，也是企业文化的传承者和实践者。因此，企业必须不断提升他们的文化素养和业务水平，以坚实的人才基础做保障，企业才能在竞争中脱颖而出、持续增长、健康发展。

四、东西方企业文化对比研究及其启示

在经济全球化的大背景下,企业之间的国际交往愈加频繁,既有竞争又有合作。不同地域、不同国家的企业文化,既有其共性,又体现出鲜明的差异和个性。知己知彼,解析异同,可为不断走出国门的企业经营者们,在文化建设尤其是跨文化管理方面提供参考。

(一)企业文化的共性

(1)价值观。无论在何处,企业文化都是企业价值观和行为规范的体现,这些深层次的信念和规则,反映出企业的核心理念和行事方式。例如,无论是美国的苹果、亚马逊公司,还是中国的百度、腾讯,他们都有着明确的企业使命、愿景、企业核心价值观,这种顶层设计在一定程度上,为企业的文化特色和行为准则定下了"基调"。

(2)驱动力。在任何情况下,企业文化都是推动企业前进的重要驱动力。好的企业文化可以激发员工积极性,增强企业向心力,引导企业不断创新和发展。而差的企业文化则具有反作用,它往往导致一个企业走向衰败与没落。例如,以"开放、自由、创新"的企业文化为特色,G公司吸引并激励着世界上最优秀的人才为其效力,这无疑成了该公司取得长期成功的关键因素之一。

(3)形象塑造。企业文化也是塑造企业形象的关键因素,良好的企业文化对于提升企业品牌形象、提高市场竞争力,以及实现企业的可持续发展具有深远影响。例如,宝马公司,一直坚持"以人为本"的企业文化,使其在全球范围内树立了良好的品牌形象,而品牌形象的提升,又极大地促进其全球化业务的拓展。

(二)企业文化的差异

(1)价值观念。我国大部分企业的文化,更加强调集体主义精神,看重团队协作和共同目标。例如,H公司,其"奋斗者精神"便体现了这一点。而西方公司的企业文化,则更强调个人主义,尊重个体差异,鼓励个人特长和创新能力的发挥。又如,Facebook公司,其"Move Fast and Break Things"(快速行动,打破常规)的理念就体现了这一点。

（2）**管理模式**。我国企业文化，普遍倾向于集权式管理，强调上下级之间的指导和控制，而西方企业则更看重分权式管理，注重员工的参与决策，尊重员工的自主性和创新性。例如，G公司的"20%时间政策"，它允许并鼓励员工每周投入20%的工作时间，来研究自己感兴趣的项目，这一政策旨在激发员工"自主"的创新精神和创造力，促使他们产生更多有价值的想法和产品，这客观上为企业的持续发展注入了活力。

（3）**创新氛围**。西方国家，企业文化更加强调创新，鼓励员工勇于尝试，敢于冒险。例如，苹果公司"Think Different"（不同凡响）的理念就是这种体现。而我国大部分传统企业，在创新方面相对保守，他们更加注重稳定和规范，例如，很多国有企业或者大型企业，就十分注重风控合规的建设。

（三）企业文化的启示

通过上述对比分析，我们既无须崇洋媚外，也没必要认为中国的月亮就是比人家的圆，我们只需要辩证地从外国优秀的企业文化中，有选择地汲取一些有益的启示和营养，以推动我国企业文化的进步或改良。

（1）**尊重个体**。相对而言，西方企业，更加重视员工的个性和创造力，建议我国企业在建设企业文化时，也应更加关注员工个人成长，为员工提供更多的发展机会。

例如，字节跳动，以其"开放、包容、创新"的企业文化而闻名。公司尊重每个员工的想法和创意，鼓励员工敢于尝试和挑战。同时，公司也倡导平等、公正和透明的工作环境，让员工能够在一个相对舒适、自由的氛围中发挥自己的才华和潜力。这种尊重个体价值的企业文化，使得字节跳动能够迅速崛起，一跃而成为互联网行业的新贵和佼佼者。

（2）**创新氛围**。开放和创新精神，是部分优秀外国企业文化成功的重要因素。因此，建议我国的企业要营造更浓厚的创新氛围，多鼓励员工勇于提出新思想和新方法。例如，可以学习苹果的"Think Different"，鼓励员工勇于打破常规，追求创新，与众不同。

Think Different到底是什么？1997年，重回苹果担任CEO(首席执行官)的乔布斯这样认为：它是那些具有独立思想的人；它是那些有勇气抛弃世俗眼光特立独行的人；它是那些具有空杯心态愿意学习新事物的人；它是那些不甘庸庸碌碌，为了追求个人理想而不懈努力的人；它是那些疯狂到想改变世界的人。

据说，为了呵护创新的氛围，字节跳动拒绝在公司里使用敬语，并鼓励员工打破等级观念，平等坦诚地自由交流。事实上，在不到10年的时间里，我们已经在手机支付、5G、新能源汽车、储能等一些领域，通过创新走在了世界的前列，从而也成为众多西方企业学习的榜样。

（3）**管理模式**。西方企业普遍采用的分权式管理模式，让员工有更多机会参与决策，这大幅提升了他们的自主性和创新精神。在这方面，我国的企业也可以不断优化自身的管理模式和组织结构。比如，在一些新兴行业，我们可以尝试推行扁平化、去中心化的管理模式，这些管理方式能够让员工更加高效而深入地参与公司的运营，增强他们的参与感和归属感。

目前，有些企业开始重新认识阿米巴模式，这种模式以其灵活、高效、透明以及全员参与的特点，使得组织更具活力。它鼓励员工跨部门合作，形成自主经营、自负盈亏的小团队，从而激发员工的主动性和创新性。甚至有人说，在AI（人工智能）的加持下，未来还会出现更多的小微企业，这些小微企业在转型升级的过程中，可以考虑引入这种管理模式。

（四）一些总结和建议

综上所述，我们在进行文化建设时，可以从以下几个方面进行改进。

（1）**强化企业核心价值观**。企业应明确自身的企业核心价值观，并将其贯穿企业的各个方面，同时加强价值观的宣传和教育，使员工深入理解并认同。例如，国内某知名电商公司的"六脉神剑"就是一个很好的案例，它从初创期到现在，一方面不断强化，另一方面还继续完善和创新。

（2）**提升员工素养**。企业文化的建设非一日之功，企业应通过培训、学习等多种方式，提升员工的道德素质、职业素养和创新能力。例如，企业可以定期举办各种培训活动，提供在线学习资源等，让更多员工既有高超工作"能力"，又有强烈的事业"意愿"，从而成为企业里"积极进取"的大多数。

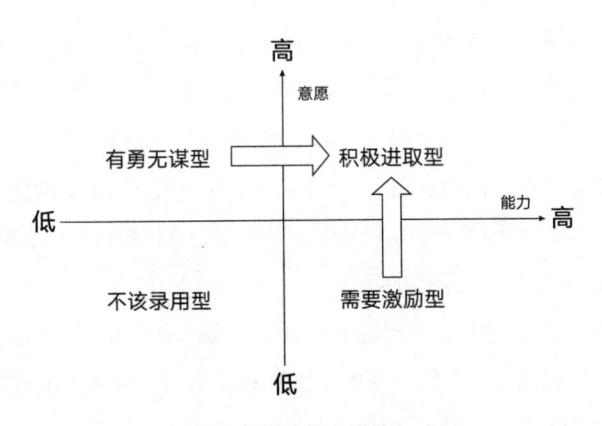

```
         高
          ↑ 意愿
          |
  有勇无谋型 ⇒ 积极进取型
          |        ↑
 低 ——————+——————— 能力 高
          |
   不该录用型  需要激励型
          |
          ↓ 低
```

员工的分类及培训目的

（3）**注重实践落地**。企业应注重企业文化的实践与落地，将企业文化融入各项工作中，使其成为员工行为的自觉选择和企业的核心竞争力。例如，可以通过各种活动，如人才选拔、团队建设、庆祝活动、公益慈善等落实企业文化。实践是检验真理的唯一标准，同理，实践也是检验企业文化是否健康、是否有益于企业经营管理的重要标准。

（4）**探索创新方式**。"不创新，就死亡。"企业文化的创新，犹如人体必需的**新陈代谢，一刻也不能停歇**。企业应积极探索新的企业文化建设方式和方法，如采用新媒体、社交网络等现代科技手段，加强企业文化的传播和推广，这对于那些员工众多且分布各地的企业尤为重要。在本书第六章，会系统展开介绍企业文化创新的方方面面。

※ 拓展阅读：团队建设（Team Building）

本书会多次出现"团队建设"，它是企业文化落地的一个重要手段。

团队建设，简称"团建"，指的是通过一系列活动和训练，提高团队成员之间的合作能力、沟通能力和信任度，从而达到更好地团队协作，解决团队成员之间的问题，以及共同实现经营管理目标等多个目的。

团建形式多样，一起唱歌、组织爬山、户外体育、外地旅游等，这些活动不仅能让员工放松身心，还能增进同事之间的友谊和信任。但需要注意，**任何舍本逐末，达不到团建意义的活动，是没有多少价值的**。对于员工而言，无论是"潜移默化"，还是"顿悟"，团建只是文化活动的一个载体。

根据我多年的观察，那些注重团建的企业，**当个人目标与组织目标高度重合的情况下**，往往企业文化的氛围更加积极向上、充满活力、开放包容。因而，当企业推行各种制度流程时更为顺畅。当企业经营遇到困难时，员工反映出来的心态和行动也更加**正面、积极、主动**。因此，团建在企业和组织中，有着积极的润滑剂作用。

本书第七章中，有介绍"20种常见的企业文化活动形式"，可以增加对"团队建设"更全面的感性认识。

五、文化是企业的核心竞争力

我常常喜欢用"家风"来比喻"企业文化"。当初那些一穷二白，如今名扬天下的优秀企业家，他们之所以成就非凡并最终成为"天选之子"，并非其原生家庭有多么丰富的物质积累和人脉资源，绝大多数源于其父母性格品德与所铸就的朴实"家风"。

一个拥有卓越企业文化的团队，其成员往往具备更强大、更持久、更深沉的"自觉"和"自悟"能力，这种不断"内化"的力量，才是推动企业不断前行、持续创新的重要源泉，而不是我们浅层看到的、通常意义的、企业的主营业务和所谓独特的资源优势。

（一）企业文化与企业竞争力关系的解析

企业文化与企业竞争力的关系，既紧密又微妙。企业文化，集合了企业价值观、行为准则和经营理念的独特存在，遍布企业每一个角落，影响着企业的每一次决策与执行。而企业竞争力，则是企业在市场竞争中脱颖而出，获得优势的关键能力，它涵盖了战略布局、团队协作、产品服务、技术创新、管理优化，以及资本运营等多个方面。

正是这种紧密联系，使得建设和发展企业文化，成为提升企业竞争力的重要途径。正如著名管理学家彼得·德鲁克所说："企业的成功，不是靠一个人或少数几个人就能实现的，而是靠一个团队共同努力的结果。"只有构建良好的企业文化，才能不断引进和留住优秀人才，企业才能在激烈的市场竞争中立于不败之地。

（二）企业文化对于企业竞争力的积极作用

（1）提升员工的团结与向心力。优秀的企业文化，让员工在思想上形成共识，并在行动上保持一致。这种凝聚力和向心力能够激励员工们齐心协力，共同面对市场的挑战，从而推动企业的发展。H公司"奋斗者的天堂"的企业文化，成功地培养出了一支富有拼搏精神、敢打硬仗的团队，他们携手共同应对市场的各种挑战。

（2）增强企业的品牌形象和声誉。一种独特而富有魅力的企业文化，还能够吸引更多优秀的人才和资源，进一步提升企业的知名度和影响力。文化是企业精神风貌和形象的展示，直接影响着公众对企业的认知和评价。宜家公司以"创造更美好的日常生活"为企业的使命，塑造出了亲民、务实的品牌形象，深受消费者的喜爱。

（3）促进企业的持续创新与发展。一种强调创新的企业文化，能够激发员工的创新思维和创造力，推动企业在产品、服务、技术等方面实现持续的突破，为企业带来新的发展机遇。例如，国内某知名电子商务公司，其"客户第一，团队合作，拥抱变化，诚信，激情，敬业"的企业文化，为公司早期在电子商务领域的持续创新和发展提供了强大的动力。

（4）优化管理模式，提高运营效率。一种健康的企业文化，能够推动企业形成科学、合理的管理模式，从而提高企业的运营效率。例如，联想公司注重"人本"管理，尊重并发展每一位员工，这种文化氛围不仅提高了员工的工作效率，也增强了企业的竞争力。

（三）构建提升企业竞争力的企业文化

（1）明确企业的核心价值观和经营理念。企业文化的灵魂，在于其价值观和经营理念，它深深根植于企业的每一个角落。以星巴克公司为例，他们非常重视尊重每一位员工、致力于提供卓越的服务，以及不断追求卓越，这些价值观不仅指导着他们的经营决策，也影响着每一位员工的思想和行为。

（2）加强对员工的文化培训和教育。员工是企业文化的传播者和实践者，他们的理解和认同，对于企业文化的落地和发扬有着决定性的影响。因此，企业应当利用各种机会，通过各类培训和教育活动，使员工深入了解企业文化的内涵和意义，增强他们对文化的认同感和归属感。国内不少优秀企业，创建了专门的培训部门，为员工的技能培训和文化教育做出了贡献。

（3）建立良好的激励机制和沟通机制。公平的激励机制，能够激发员工的工作热情和创造力，让他们更积极地投入工作中。而有效的沟通机制，则能够促进员工之间的交流和合作，增强企业的凝聚力和向心力。以 G 公司为例，完善的员工激励机制和开放的沟通环境，使得员工们能够自由表达想法，共同为公司的发展出谋划策。

（4）持续创新和完善企业文化。企业文化不是一成不变的，它需要随着企业的发展和环境的变化而不断创新和完善。例如，腾讯公司，以"正直、进取、协作、创造"的企业文化，不断适应市场变化，推出一系列丰富的产品和服务。其蓬勃发展的业务，反过来又促进了企业文化的创新和升级。

（四）企业文化建设的一些注意事项

（1）避免形式主义和文化空泛。企业文化，不应只是挂在嘴边的口号，更不应只是表面上的装饰，它必须成为融入日常工作的实质内容。有的企业，表面上大力宣传企业文化，但在实际操作中却未能体现，这是很不可取的。我曾经见过有的企业领导者，乐于在晨会上组织员工，"有口无心"地宣读一段段精美的企业文化"文案"，晨会之后，就很难看到"文案"所述的一点点"影子"。

（2）求同存异，尊重员工的个性和差异。每个人都是独一无二的，有着自己的特点和优势。优秀的企业文化应该包容和多元，让每个人都能够充分展现和发挥长处。制度必须严格，而文化不建议"一刀切"。企业的制度流程，是我们必须遵守的"下限"（最低标准），而企业文化是我们追求的"上限"（更高追求）。诚然，在文化上彼此认同的团队，在业务的运作上一定能相互赋能。

（3）与企业战略和业务相结合。企业文化不应是孤立的，它必须与企业的战略目标和业务发展相辅相成。一个好的企业文化，能够支撑企业战略的实现，同时也能够促进业务的健康发展。换句话说，业务只是战略的具体体现，而战略则是企业顶层设计的具体化。如后图所示，创始人团队、企业文化、战略规划，是企业大厦的核心支柱。只有三者紧密结合，才能支撑企业各功能板块持续稳健地发展，从而达成企业的目标、使命、愿景。

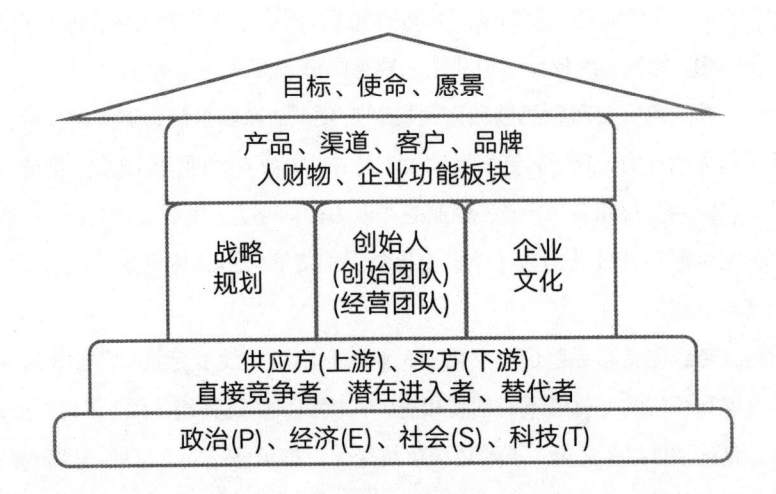

```
                    目标、使命、愿景
            ┌─────────────────────────────┐
            │    产品、渠道、客户、品牌      │
            │    人财物、企业功能板块        │
            ├──────────┬──────────┬───────┤
            │  战略    │  创始人   │ 企业  │
            │  规划    │ (创始团队)│ 文化  │
            │          │ (经营团队)│       │
            ├──────────┴──────────┴───────┤
            │   供应方(上游)、买方(下游)    │
            │   直接竞争者、潜在进入者、替代者 │
            ├─────────────────────────────┤
            │ 政治(P)、经济(E)、社会(S)、科技(T) │
            └─────────────────────────────┘
```

企业的顶层设计示意图

（五）一些总结和建议

企业文化对企业竞争力的影响，层次深且具有长久性。因此，企业领导者必须高度重视企业文化建设，将其视为不亚于日常业务拓展的重要工作，才是真正提升企业竞争力的根本途径。只有这样，我们才能找到企业持续成功的真正"发力点"。事实上，本书接下来所有章节，都将从各个维度生动地展示文化作为一个企业核心竞争力的种种存在。

六、唯有文化，生生不息

在日新月异的商业舞台上，企业文化已崭露头角，它不仅是企业内部的精神支柱，更是企业外在品牌形象的塑造者。因此，建设企业文化的必要性及其重要意义，对于企业的长远发展，具有不可替代的作用。

只有坚定不移的认可它的价值，才会甘愿为之付出各种艰辛和百倍努力。然而，对企业文化认知达到一定高度并付诸行动的企业十分少见，每当我们谈论起当年曾经风华正茂的企业，现已经大部分落入历史尘埃，颇让人唏嘘。

(一)企业文化建设的必要性

(1)应对市场竞争的必然要求。随着市场竞争日趋激烈,企业已经从单纯的产品、价格、渠道、促销等市场营销之争,逐步升级到更深层次的企业文化竞争。以苹果公司为例,其强大的企业文化使其在风云变幻的科技市场中独树一帜。它强调"创新、简洁与高效",不仅吸引了一大批忠实的消费者拥趸,还吸引了大批优秀人才加盟,从而推动公司创造出iPhone、iPad等一系列革命性的产品。

(2)提升企业管理水平的需要。众所周知,企业文化贯穿企业的决策、执行、监督等各个环节。仍以G公司为例,其独特的企业文化强调开放、透明和员工自治,这种文化对来自全球的大批优秀的人才,不但具有魔法一样的吸引力,同时也提高了企业的管理效率。在企业文化影响下,员工被鼓励自由发表意见,参与重大决策,这使得该公司能够更加高效地解决问题。

(3)促进企业可持续发展的需要。企业文化,是企业的灵魂和精神支柱;而企业的管理制度,则是它的树干和枝叶,它们一起为企业的可持续发展提供不竭动力。以宜家为例,其文化强调"创造更美好的日常生活",这让公司的产品和服务始终保持一定的"调性",并与消费者的需求紧密联系。

(二)企业文化建设的意义

(1)增强企业凝聚力和向心力。通过塑造共同的价值观和行为准则,企业文化使员工在思想上形成共识,在行动上保持一致。这种强大的凝聚力和向心力有助于员工团结一心,共同面对市场挑战。例如,国内某知名电商的企业文化强调"客户第一",这使得员工始终将客户利益放在首位,共同努力提供优质的产品和服务。反之,如果我们推崇"股东第一",则它一定会与把"客户利益"放在首位相冲突,那样的价值观将是扭曲的,会让员工无所适从。

(2)提升企业形象和品牌价值。一个具有独特魅力的企业文化,能够提升企业的知名度和美誉度,增强客户对企业的信任和认可。以星巴克为例,其企业文化强调提供"第三空间"(指的是一个独立于"家庭"和"办公环境"之外的第三个"非正式公共聚集场所")和优质的客户体验,这使得星巴克不仅被认为是一家咖啡店,更被看作一种时尚新生活,大幅提升了星巴克的品牌价值。

（3）促进企业创新和发展。如果我们的企业文化，鼓励员工敢于尝试、敢于创新，敢为人先，这无疑将为企业带来蓬勃的活力与发展机遇，推动企业在产品、服务、技术等方面不断取得突破。例如，专注于电动汽车和可再生能源技术创新公司的T公司及创始人，他们都十分强调创新和冒险，这种企业文化使得它在电动车、火箭发射、社交网络、人工智能等领域取得了一系列瞩目的成就，成为众多领域的佼佼者。

（4）营造积极健康的工作环境。良好的企业文化氛围，积极健康的工作环境，让工作效率和员工满意度得以正反馈。例如，亚马逊强调"工作生活平衡"，这使得员工能够在忙碌的工作中，兼顾良好的个人和家庭生活，这更激发了员工的作业热情与绩效产出。同时，为了"保持节俭"，创始人杰夫·贝佐斯身体力行，带头压缩办公桌椅的成本，重奖敢于指出公司铺张浪费现象的员工。

（三）如何有效进行企业文化建设

（1）明确企业的核心价值观和愿景。这是企业文化建设的第一步，企业的核心价值观应该体现企业的使命和追求，能够激发员工的共鸣和热情。而"愿景"就是企业愿望达成之后的场景。例如，亚马逊的企业核心价值观是"客户至上"，它要求领导者从客户的角度出发，再逆向工作。领导者要努力赢得并维系客户的信任。领导者会关注竞争对手，但更注重客户。易宝支付的"客户至上"更为具体——譬如，在会议室使用的高峰时段，公司高管会毫不迟疑地自动避让给来访的客户。

（2）加强文化培训和传播。做好"传帮带"，是每一个主管的基本内功之一。传，就是培训机制，就是打造学习型组织。没有一整套培训体系，企业的各种智慧和知识如何传承？帮，就是帮扶机制，就是企业的互助文化。你帮我、我帮你，企业的各种短板和漏洞才会补齐！带，就是师父带徒弟，就是现代企业管理的"师徒制"和"导师制"。它不见得非要"手把手"和"面对面"，而是强调现场教学和及时反馈。学会"传帮带"，可以解决日常管理的众多新问题！因为，有了"传帮带"，一种好的企业文化氛围也就自然形成。

（3）树立符合企业文化的榜样和典型。这些榜样就在你我身边"冒着热气"，他们的行为和成果能够激励其他员工向他们看齐，共同推动企业文化的落地生根。例如，一些优秀的公司会定期举办活动，重奖并表彰在各个领域有突出贡献的员工，这些榜样的故事和成功经验，生动地展示了企业文化，让员工看到了践行企业文化的具体成果。

（4）建立与企业文化相适应的管理机制。为了确保企业文化的落地实施，必须有对应的管理机制，包括激励机制、沟通机制、考核机制等，通过制度化的方式，将主流的企业文化融入企业的日常运营管理中。例如，星巴克建立了一套完善的员工激励机制，包括提供优厚的薪酬和福利，提供各种职业发展机会等，这使得员工愿意积极参与企业文化的建设。

（四）一些总结和建议

建设企业文化，需要企业领导者"有心"，团队成员"有意"，大家双向奔赴，才能彼此成就。按照"目标—原则—方法"的思维方式，先确定不断完善企业文化这个"目标"，我们就会找到无数对应的好"方法"。而不是一讲到企业文化，就先从"方法"层面上去琢磨"团建""拓展""露营"与"徒步"了。舍本逐末，何以成教化？

目标 ⇨ 原则 ⇨ 方法

事实上，企业文化建设的好与坏，并非看不见摸不着。它往往可以通过员工满意度调查、骨干员工流失率（留任率）、内部晋升率、组织的360度反馈、员工社交媒体评价、客户满意度，以及各种创新指标（如新产品的开发速度、专利数量等）体现，其终极目的就是促进企业的稳健成长和持续发展。

※ 拓展阅读：知名企业家关于"企业文化"的论述

到底什么是"企业文化"？如果把一群专家和学者的定义再次搬出来，估计大部分读者朋友们会"打瞌睡"。还是来看一看以下优秀企业家们，他们在实战中总结出来的关于企业文化的一些"心法"吧。

任正非：资源是会枯竭的，唯有文化才会生生不息。一切工业产品都是人类智慧创造的。没有可以依存的自然资源，唯有在人的头脑中挖掘出大油田、大森林、大煤矿……

张瑞敏：海尔企业文化是海尔人的价值观，这个价值观的核心就是创新。它是在海尔二十年发展历程中产生和逐渐形成特色的文化体系。

李东生：TCL要致力于建立"诚信、务实、创新、超越"的企业文化，成为持续学习、创新、变革、发展的团队组织。

柳传志：联想的企业核心价值观是"顾大局、求实、进取、以人为本"。

宗庆后：娃哈哈的企业文化就是"产业报国、奋斗向上、诚信正直、感恩谦卑"。

王健林：万达企业文化的核心就是"共创财富，公益社会"。

雷军：小米的企业文化强调"真诚、热爱"，我们相信只有真诚地对待用户、对待合作伙伴，才能赢得他们的信任和支持。

曹德旺：福耀的企业文化就是"为中国人做一片属于自己的玻璃"，我们始终坚持质量第一、客户至上的原则。

以上，不仅体现了各位企业家对文化建设的重视，也展示了他们在实践中对企业文化的独到见解。这些精彩论述，不仅为他们各自企业的发展提供了强大的精神动力，也为整个中国企业界在文化建设方面树立了榜样。

第二章
企业核心价值观

企业的成功来自对共同价值观的坚持。

——杰克·韦尔奇

一、企业核心价值观是企业成功的关键

大道至简，就是企业核心价值观的魅力！即便企业规模巨大，各种流程制度相当完备，分支机构遍布世界各地，企业核心价值观虽然只有简单几条，却是组织成员内化于心的灵魂，更是决定企业发展的重要指南。在企业的规章制度无法触及的每一个细小角落，企业核心价值观在那里默默坚守。

（一）企业核心价值观的内涵与重要性

企业核心价值观，是企业在长期经营中形成的，被全体员工认同并秉持的基本价值观念和行为准则。它旗帜鲜明地体现企业的使命、愿景和经营理念，构成了企业文化的核心中的核心，也是企业成功的关键，它的重要性如下。

（1）企业文化的灵魂。以苹果公司为例，其企业核心价值观"创新引领市场"贯穿公司的各项业务，因而公司的各种规章制度也必然向着企业核心价值观倾斜。在这种价值观的指引下，员工才能内化为自己的日常行为准则，才能不断迸发出新的创意和灵感，推动公司持续前行。毫无疑问，正是这种骨子里对创新的坚持和追求，使得该公司在全球科技市场上保持着领先。

企业核心价值观的重要性

（2）企业发展的动力。埃隆·马斯克领导的汽车制造公司，其企业核心价值观"永不妥协，始终创新"，推动其在新能源汽车领域不断取得突破。在这种价值观的激励下，员工斗志昂扬，始终坚持对创新的热情和追求，这也是该公司保持强大竞争力的原因。反之，如果追求安稳，渴望舒适，那我们必然会恋守风平浪静的港湾,哪里还有神往"新大陆"的冲动呢?

(3)企业形象的展示。以国内某电商巨头为例,其企业核心价值观"客户第一,员工第二,股东第三"深深地烙印在每位员工的心中。这种坚持"以客户为中心"的价值观,无疑会通过员工的各种"窗口"展示给广大客户及合作伙伴,使得该企业很长一段时间内,在公众心目中建立了良好口碑和新商业代表形象,赢得了广大消费者的信任和支持。

(二)企业核心价值观在企业运营中的应用

(1)**战略规划**,企业核心价值观的结合。在制定战略规划时,企业应充分考虑企业核心价值观的内涵和要求。因为,战略规划来自企业的顶层设计,这就需要与企业的使命、愿景和价值观保持高度一致,以确保企业的发展方向和价值追求相契合。例如,G公司的使命是"整合全球信息,供大众使用,使人人受益"。这为企业战略规划提供了明确指导,使其能够在搜索引擎、云计算、人工智能等多个领域,不断创新、持续发展。

(2)**员工管理**,企业核心价值观的贯彻。员工是企业运营的关键要素和载体,企业应以企业核心价值观为导向,构建科学、合理的人力资源管理体系。例如,宜家的企业核心价值观包括"尊重个人""领导力意味着以身作则"等。这些价值观被贯穿在宜家的员工管理中,无论在招聘、培训还是激励机制设计中,都能清楚地看到。据我多年观察,那些不能融入企业文化,或者与企业核心价值观相悖的职业经理人,即便业务能力超强,也终究不能成为企业的核心和栋梁,顶多只是某个阶段的过渡人物。

(3)**客户服务**,企业核心价值观的基石。客户是企业的"衣食父母",在客户服务方面,企业核心价值观直接影响到企业的声誉和竞争力。致力成为优秀企业,应坚守"客户至上"的原则,并以"诚信、专业、贴心"的服务去赢得客户信任。例如,亚马逊的企业核心价值观之一就是"以客户为中心",这使它在产品设计、购物体验、售后服务,以及其他运营环节,都充满了对客户需求的关注和重视。

(4)**社会责任**,企业核心价值观的实践。除了追求经济效益,企业还需要积极履行社会责任,这也是企业核心价值观的重要体现。例如,星巴克"对所有人的尊重"，使得它在运营过程中，不仅关注自身的经济利益，更注重对员工、社区和环境的影响，通过参与公益事业、支持慈善活动、推动绿色发展等方式，以实际行动去践行企业核心价值观的这一要求。

（三）企业核心价值观在运营中的挑战与对策

如何确保企业核心价值观的落地和贯彻？如何应对市场环境和客户需求的变化？如何在履行社会责任时，处理好经济利益和道德选择的冲突？凡此种种，都是需要企业正确面对和妥善处理的挑战。

解决对策可参考：一是加强企业核心价值观的宣传和推广，提高员工认同感和归属感；二是不断完善企业核心价值观的考核和激励机制，确保员工在实际工作中能够真正践行；三是加强与外部环境的沟通和合作，积极回应社会关切和期望，树立良好的企业形象；四是加强企业的道德建设和风险管理，确保在追求经济效益的同时，不损害社会和公众的利益。

随着企业发展和市场变化，企业核心价值观并非一成不变。通过参加研讨会、阅读相关书籍、学习优秀企业案例等方式，企业可以不断丰富和深化自身的企业核心价值观。例如，某全球知名信息与通信科技公司，在其创立的数十年时间里，不断引入全球顶级管理咨询机构，不断完善其"基本法"，不断充实其"企业文化"，不断进化其"管理工具"。

（四）一些总结和建议

在不同的企业里，企业核心价值观有着不同的"标签"。譬如，"开放"和"创新"是谷歌的标签，"客户至上"和"追求卓越"是亚马逊的标签，"追求创新"和"产品极致体验"是苹果的标签，"快速行动"和"打破常规"是Facebook（脸书网）的标签，"质量、服务、清洁、价值"是麦当劳的标签，"伙伴关系"和"社区感受"是星巴克的标签。

在本章中将对最重要的、最共性

四大企业核心价值观

的、最基础的几个价值观做相对系统的阐述，它们是诚信、创新、团队、责任。希望读者朋友们可以参考这样的方法，对自己所在企业的价值观进行提炼归纳、深度剖析、综合运用。因为，建立并运用好企业核心价值观，是企业成功的关键！

二、如何提炼与塑造企业核心价值观

所谓企业的"顶层设计"，简单地说就是其目标、使命、愿景和价值观。由于价值观指导员工的行为和决策，确保企业在追求目标过程中始终方向正确，因此，它不仅是企业的行动指南，还是企业在大大小小"十字路口"的各种YES（选择和支持）和NO（放弃和反对），更是企业面向世界的独特名片。

（一）塑造企业核心价值观的原则

（1）**真实性原则**。企业核心价值观必须真实反映企业的实际情况和发展需求，不能脱离实际或过于理想化，更不能"说一套做一套"。例如，如果企业处于初创阶段，那么其价值观可能会更侧重于"创新和冒险"；而对于一个成熟的大型企业，"稳定和持续"可能会成为其价值观的重要部分，这也从另一个角度说明了企业文化是必须不断创新的。

（2）**独特性原则**。企业核心价值观具有独特的个性，不要人云亦云。我们不要把别人的文化标签拿过来就顺手插在自己头上，而是要能够体现企业自己的个性和特色，与竞争对手形成差异化。例如，亚马逊的"客户至上"和G公司的"不作恶"都是其企业核心价值观的独特体现，这些价值观在各自的领域内都使企业与众不同。事实上，即便同一个价值观"标签"，放在不同的企业里，甚至同一企业不同的阶段，也有着完全不同的解读和释义，这就是独特的"个性"！

（3）**包容性原则**。企业核心价值观应该包容多样性和差异性，尊重员工的个性差异和文化背景的不同，避免"一刀切"和强制推行。因为，文化不同于制度，制度是员工必须遵循的"低限"，而文化是员工追求的"高限"。构建在企业核心价值观框架之上的"求同存异"，就是这种"包容性"的体现，而框架之下或者之外的，则可能被归于文化的"排他性"。对于普通员工，主要以"制度"来要求；对于核心高管，必须以"文化"做筛选。

例如，IBM的"尊重个人"就是其企业核心价值观的一部分，这种价值观不但要求其尊重公司里每一名员工，尊重每一位顾客，尊重每一家同行，甚至，IBM为此还规定任何员工都不得诽谤或贬抑竞争对手。这样的企业文化，不仅使得公司能够吸引和留住来自不同背景的优秀人才，更赢得了市场的广泛认可。

（二）塑造企业核心价值观的步骤

（1）明确企业的使命和愿景。企业的使命和愿景是塑造企业核心价值观的基础，它可以帮助我们明确企业的发展方向和目标。例如，星巴克的使命是"激发和滋养人们的精神——每人，每杯，每个社区"，这一使命决定了其企业核心价值观的形成。而"愿景"又是什么呢？就是愿望达成之后的场景。如果带入角色、场景、剧情，沉浸地想一想那个时刻，你是否会激动得泪流满面？

（2）分析企业特点和市场环境。企业需要深入了解自身的历史（尤其是创始人的"初心"）、文化、产品和服务等方面的特点，同时分析市场环境、竞争对手和客户需求等因素，为塑造企业核心价值观提供依据。例如，如果企业希望在环保领域有所作为，那么"绿色"和"环保"可能就会成为其企业核心价值观的一部分。再如，百度的企业核心价值观里包含"开放分享"，因此，它的文库、经验、百科、文心一言等业务模块，就是在致力于分享知识和成果，以及吸纳并帮助到更多的应用和生态。

（3）提炼企业核心价值观的要素。在深入了解和分析企业所处市场环境和企业自身特点的基础上，我们就能够提炼出体现企业特点和发展需求的企业核心价值观要素，如诚信、创新、客户至上等。这些要素一旦"内化"在企业成员的心里，就自然而然地形成了企业文化最初的"模样"。同理，如果不奢望仅凭老祖宗留下的那一点家底儿，如果不企图"一招鲜吃遍天"，那么"创新"的企业核心价值观或许会鼓励你的企业不断探索新机会，勇于接受新挑战。

（4）形成企业核心价值观体系。将上述提炼出的企业核心价值观要素进行整合和梳理，形成具有层次性和逻辑性的企业核心价值观体系，以便员工能够全面理解和遵循。例如，微软公司就形成了一套企业核心价值观体系，它包括创新、多元化、尊重、责任、诚信、公正、可靠等要素。

（5）制定企业文化建设方案。有了企业核心价值观体系，我们就可以结合CIS企业识别系统等工具，将其进一步完善成为可执行的企业文化建设方案。CIS系统中的BI行为识别系统，就可以看成上述可执行的"标准动作"——譬如，企业倡导"家"文化，则可能在"六一"儿童节这天组织活动盛情接待员工的孩子，还可能在公司的年会上邀请员工家人共进晚餐。这些成体系化的、标准动作的BI，写进企业的制度里，可落地、能执行、有保障，组织成员们也将逐步形成习惯、记忆、风格、文化。

（三）提炼企业核心价值观的方法

（1）问卷调查法。通过向员工发放问卷，收集他们对企业文化的理解和期望，从而提炼出企业核心价值观的要素。例如，企业可以设计一份包括员工对企业价值观认同度、实践程度等多个方面的调查问卷。通过数据分析，进一步了解员工对现有价值观的认知和接受程度，为提炼新的企业核心价值观提供基础的数据参考。

（2）成员访谈法。与企业内部的管理层、员工代表和合作伙伴进行深入访谈，了解他们的意见和建议，为提炼企业核心价值观提供参考。例如，企业可以定期组织内部访谈，让员工有机会直接面向领导层，表达他们对企业价值观的看法和建议。当年不少企业领导者流行的"意见箱"，无论是早期实体的带锁小箱子，还是后来的电子邮箱，都是另一种广开言路的"访谈法"。

（3）案例分析法。通过分析企业的成功案例和失败案例，总结其中的经验和教训，提炼出符合企业自身特点的企业核心价值观。例如，企业可以回顾过去的重大项目或里程碑事件，无论是正向的，还是反面的，都可以分析其中所蕴含和体现出的企业价值观，并从中提炼出最符合企业发展需求的价值观要素。

（四）提炼企业核心价值观的途径

（1）借鉴先进企业经验。向专业致敬，学习和借鉴其他成功企业的企业核心价值观塑造经验及方法论，结合企业自身情况进行创新和发展。例如，企业可以深入调研一些知名企业是如何通过塑造和实践企业核心价值观的，有条件的企业甚至可以邀请第三方管理咨询顾问协助，以最终实现提升企业竞争力的目标。

（2）挖掘企业文化资源。梳理和挖掘企业历史、文化、产品和服务等方面的资源，从中提炼出能够体现企业特色的企业核心价值观。用高校来举例，可能会更直观。大多数高校拥有非常丰富的历史人文，历届校友所遵循和追随的"校训"，就是高校的企业核心价值观。据说，由此所形成的规模空前的"校友经济"，已成为众多城市招商引资的重要抓手。

（3）广泛征求员工意见。员工是企业文化的载体，没有员工的参与，就无法形成真正的企业文化。因此，企业可以通过内网论坛、员工大会、座谈会等形式，广泛征求员工意见和建议，鼓励员工发表真实看法，甚至组织员工深入讨论碰撞，以确保企业核心价值观能够得到员工的理解、认同和支持。有资料表明，众多国内外优秀的企业，如亚马逊、字节跳动等，对于员工意见的重视程度、表达渠道、包容心态、开放氛围，都是值得我们深入研究和系统学习的。

（五）一些总结和建议

遵循一定的原则和步骤、参考可行的方法和途径，逐步提炼出企业的企业核心价值观，以确保其准确性和有效性，既要避免一群人"拍脑袋"，又要杜绝领导者"一言堂"，还要避免少数企业高管"生搬硬套"。

梳理企业核心价值观不能一劳永逸，它更像一个标尺，不断为企业所有成员的日常行为进行评判——那些好的、符合企业文化的，我们就表扬、奖励、赞美；那些不好的、逆企业文化风潮而行的，我们就批评、惩罚、反对。

值得注意的是，初创阶段的企业领导者，往往容易被一些所谓的"人才"绑架，他们居功自傲，动辄摆架子、谈条件。其实，真正厉害的角色，企业核心价值观才是组织成员"优秀"的底色。马云曾说，遮遮掩掩、言不由衷讲的"好话"，反而对团队是一种伤害。亚马逊CEO杰夫·贝佐斯坚信："寻求真相"的公司在竞争中必然会胜过"一团和气"的公司。对公司来说，妥协往往就是"坏消息"。

事实上，无数企业的管理者往往本末倒置，他们喜欢常规的目标绩效考核办法，常常把经济指标放在首要位置。的确，没有经营业绩，企业就得不到发展。但是，没有好的企业文化，经营业绩就得不到保障。所以，对于企业文化建设，如果思想上不重视，方法上没掌握，这些都是企业领导者的低级错误。

三、诚信：企业文化的第一块奠基石

作为中华民族传统美德，"诚信"自古以来就被视为品格之首，并成为现代文明社会的重要标志。由此，把它当成企业文化第一块奠基石毫不为过。那些成功的企业，无不十分珍视"诚信"。换言之，不诚信的企业，或者那些企业核心价值观不推崇"诚信"的企业，长期而言注定无法走远。

（一）诚信文化的丰富内涵

诚信文化是一种以"诚信"为核心的文化体系，它包含了诚实、守信、公正、公平等价值观念和行为规范。诚信文化的内涵丰富多元，它不仅要求个人言行一致，做到真实可信，而且要求企业在经营活动中恪守诺言，履行义务，树立良好的社会形象。

诚信文化的价值在于其对个人、企业和社会的积极影响。人，无信不立。对于个人来说，诚信是品格的体现，是赢得他人信任和尊重的基础。对于企业而言，诚信是品牌的核心，是赢得客户和市场的关键。对于社会来说，诚信是文明的象征，是构建和谐社会的基石。一个注重诚信的社会，正是由无数诚信的个人和企业组成，它不仅能提高社会效率，还能促进社会公平与正义。

（二）构建诚信文化的策略

构建诚信文化需要多方面的努力，包括加强诚信教育、完善诚信制度和强化诚信监督等环节。只有如此，才能形成构建诚信文化的"闭环"。

（1）加强诚信教育是构建诚信文化的基础。毫无疑问，诚信教育贯穿一个人几乎所有的成长轨迹——家庭、学校、社会。值得注意的是，离开大学校园后，来自社会的、真正的"教育"才刚刚开始。因此，建议企业和社会都不要忽视这个基本职责。

构建诚信的策略

家庭教育需要注重培养孩子的诚信品质，让孩子从小养成诚实守信的良好习惯。比如，父母可以通过言传身教，教导孩子遵守诺言，做到言行一致。**学校教育**需要将诚信教育纳入道德教育体系，通过课堂教学和实践活动，引导学生树立正确的诚信观念。比如，学校可以开设专门的诚信教育课程，通过案例分析、角色扮演等方式，让学生深入理解和实践诚信。**社会教育**需要加强对诚信文化的宣传和推广，营造诚信为荣、失信为耻的社会氛围。比如，政府和社会组织可以定期举办诚信主题活动，通过媒体宣传，提高公众对诚信的认识和尊重。

　　（2）**完善诚信制度是构建诚信文化的保障**。在诚信制度建设方面，需要政府和企业两个层面齐抓共管。"制度"是企业管理的"底线"，"文化"是企业管理的"高限"。由于"诚信"是所有企业核心价值观的基石，因此，光靠个人的"自觉"是不够的，必须用"制度"来作为"底线"保障。

　　企业层面需要建立完善的诚信管理制度，将诚信纳入绩效考核体系，对守信行为进行表彰和奖励，对失信行为进行惩戒和纠正。例如，企业可以设立诚信奖，对表现突出的员工给予奖励和表彰，鼓励员工树立诚信意识。**政府层面**需要出台相关法律法规，规范企业和个人的诚信行为，对失信行为进行严厉打击。例如，政府可以对失信行为进行严厉的法律制裁。

　　此外，还需要建立诚信信息**共享机制**，实现跨部门、跨领域的信用信息互通互认，提高诚信管理的效率和准确性。例如，政府可以建立全国性的信用信息数据库，实现各部门之间的信息共享，提高诚信管理的效率和准确性。否则，那些不诚信的个人和企业，换一个马甲又可以粉墨登场。

　　（3）**强化诚信监督是构建诚信文化的关键**。在诚信监督方面，需要政府、社会组织、媒体、公众等多方面共同参与。在**企业层面**，内审内控、风控合规、检举督查，以及道德委员会等组织和功能在不断健全，无疑是构建诚信文化的组织保障。

　　政府层面需要加强对企业和个人诚信行为的监管力度，建立完善的信用监管体系，对失信行为进行及时查处和公示。例如，政府可以设立专门的信用监管机构，对企业和个人的诚信行为进行定期检查和评估。**社会组织和媒体层面**也需要发挥监督作用，对失信行为进行曝光和批评，形成强大的舆论压力。例如，媒体可以定期发布失信黑名单，对失信行为进行公开曝光，形成社会的舆论压力。公众层面还应鼓励公众参与诚信监督，建立群众举报机制，让失信行为无处遁形。例如，政府可以设立公众举报热线，鼓励公众积极参与诚信监督，对发现的失信行为进行举报。

（三）诚信文化的实践路径

我们都呼唤"诚信"，但"诚信"是等不来，盼不来的。除了上述构建诚信文化的三大"策略"之外，实践诚信文化不仅需要理论的探讨和制度的保障，更需要我们在实际行动中得以体现和落实，无论是作为个人，还是企业创始人、领导者，还是作为社会的一员。

（1）**个人是诚信文化建设的基石**。每个人的言行都代表着个人的诚信品质。因此，个人应自觉遵守诚信原则，做到言行一致。在日常生活中，我们需要遵守社会公德和职业道德，不撒谎、不欺诈、不违约。例如，医生在对待病人时，应遵守医德，诚实告知病情，不为了个人利益而误导病人。

在与人交往中，我们要真诚待人、信守承诺、彼此尊重。例如，朋友之间，应该遵守约定、真诚守信。例如，在工作和学习中，我们要勤奋努力、追求卓越；科研人员在进行科研工作时，应遵守科研道德，不造假、不抄袭、不剽窃他人成果。

（2）**企业是诚信文化建设的重要主体**。企业的诚信行为直接影响着市场的公平竞争和消费者的利益。因此，企业需要树立诚信经营的理念，严格遵守法律法规和商业道德，不进行虚假宣传、不销售假冒伪劣产品、不拖欠员工工资和税款。例如，京东集团在电子商务领域，就一直坚持诚信经营的理念，对虚假宣传、销售假冒伪劣产品的商家进行严厉打击，从而赢得了消费者的广泛认可和赞誉。

同时，企业还需要积极履行社会责任，关注环境保护、公益事业和员工福利等问题，树立良好的企业形象。例如，为打造廉洁诚信的职场文化，践行高标准的职业道德，字节跳动制定了员工行为准则，作为该公司诚信与合规经营的基石。

（3）社会是诚信文化建设的广阔舞台。只有通过全社会的共同努力，才能形成浓厚的诚信氛围。政府需要加强诚信文化的宣传和普及工作，通过举办诚信主题活动、发布诚信典型案例等方式，增强全社会的诚信意识。例如，政府可以通过媒体宣传，普及诚信知识，增强公众的诚信意识。同时，政府还需要加强与企业和个人的沟通与合作，共同推动诚信文化的建设和发展。

例如，政府可以与企业、学校、社区等各类社会组织进行合作，共同开展诚信教育和宣传活动。此外，媒体和社会组织也需要发挥积极作用，加强对失信行为的曝光和批评，推动形成全社会共同抵制失信行为的良好氛围。例如，媒体可以定期发布失信黑名单，对失信行为进行公开曝光，形成社会的舆论压力。

（四）说一说诚信文化建设的挑战

在诚信文化建设的过程中，我们面临着许多挑战和困难。例如，一些人追求短期利益而忽视了诚信原则，一些企业为了降低成本而采取不正当手段，一些地区和行业存在严重的失信问题等。我们发现，CCTV每年的3·15主题晚会曝光的不良企业，无不在"诚信"经营问题上出了问题。

由此可见，构建和实践诚信文化任重道远，需要全社会的共同努力和持续推动。只有当我们每个人都能自觉遵守诚信原则、积极践行诚信行为，才能共同营造一个诚信、公正、公平的社会环境。"诚信"是企业文化企业核心价值观的基础，没有"诚信"，其他文化都将黯然失色；没有"诚信"，其他价值观都将灰飞烟灭。

（五）一些总结和建议

不要把"诚信"当成口号，也不必把它看成多么虚无缥缈，组织公司的部门主管们，一起列出组织成员们常常会面对的场景，制定出10条符合SMART原则的"诚信"守则，大家一起坚守它，并定期升级一下即可。

一个人，没有诚信，不要跟他深聊；一个企业，没有诚信，不要跟它合作！人而无信，不知其可！

四、创新：推动企业和社会进步的核心

在 AI 与机器人的"软硬夹击"之下，各行各业都正在发生大调整、大变革，企业必须不断创新以适应新的市场环境，努力改善以满足消费者日益多元化的需求。因此，创新文化的培育与激励就显得尤为重要，它们是激发企业创新精神、提高创新能力，以及推动企业持续发展的关键要素。

（一）创新文化的内涵

创新文化是一种以创新为核心，鼓励员工勇于尝试、不断探索、持续改进的企业文化。它的内涵涵盖了开放包容、鼓励冒险和追求卓越等多个方面，它强调团队合作、知识共享和持续学习。在创新文化的影响下，企业能够形成一个活力四射、充满创造力的工作环境，为企业的发展提供持久的动力。

G 公司就是一个生动的例子。如前所述，它的企业文化允许并鼓励员工花费 20% 的工作时间进行"自我"发展和创新项目，因为，它认为"创意来自每一名员工"。这种文化反过来促成并诞生了许多知名的"公司"新产品和新服务，如 Gmail（谷歌邮箱）、Google News（谷歌新闻）等。

（二）创新文化的价值

创新文化对于一个企业而言，主要具有以下三个方面的价值：提升企业竞争力、促进员工个人成长和增强企业凝聚力。

首先，创新文化能激发员工的创新热情，推动企业在产品、服务、管理等方面不断创新，从而提升企业的竞争力。一项由普华永道（PWC）进行的**全球 CEO 调查显示，77% 的 CEO 认为技术和创新是他们的首要战略**。相反，在那些追求"安全""不犯错"的文化氛围的企业里，即便员工才华横溢，也会逐渐失去创新的激情和动力。

其次，创新文化能帮助员工挑战自我、超越自我、追求卓越，从而实现个人价值的最大化。在 IBM 公司，员工被鼓励不断寻求改进和创新，IBM 的"创新榜"就是一个很好的例子，它奖励那些为公司带来重大影响的员工。事实上，只有员工的成长，才能促进企业的成长。那些把员工当成简单的赚钱工具，忽视员工的培养，更不愿意鼓励员工创新进取的企业，往往也会止步不前。

最后，创新文化可以增强企业的凝聚力，让员工形成紧密的合作关系，提高工作效率，增强员工的归属感和忠诚度。为什么呢？因为创新文化，会鼓励全体员工目标清晰、团结一致、攻坚克难，这无疑能自然带动"团队精神"发挥作用。这也是我在接下来的文章里，会详述团队精神作为四大企业核心价值观之一的原因。

（三）创新文化的培育策略

"创新"易说难做，要想成功培育真正的创新文化，企业需要从以下三个方面入手：树立正确的创新观念、建立完善的创新机制和营造宽松的创新氛围。

首先，企业领导者需要树立正确的创新观念，深刻认识到创新的重要性，并将创新作为企业发展的核心战略。同时，企业的领导干部要向员工灌输创新意识，让他们明白创新是推动企业进步的关键，也是他们个人成长的阶梯。

其次，企业需要建立一套不断完善的创新机制。这套制度不仅要明确创新的目标和预期成果，还要规范创新的流程，确保每个环节都能高效、有序地进行。同时，制定合理的评价标准也必不可少，这有助于衡量创新成果的实际效益，为企业的战略决策提供有力支持。此外，为了推动创新活动的深入开展，企业还应设立专门的创新机构或团队，他们将负责创新项目的策划、实施与监控，确保创新工作能够持续、稳定地推进。

最后，企业需要营造一个开放、包容、宽松的创新氛围，让员工敢于尝试、勇于探索。领导者要鼓励员工提出新的想法和建议，对于失败和错误要给予宽容和理解。据悉，英伟达CEO黄仁勋曾公开表示，公司若没有培养承担风险（risk taking）的文化，且不容忍失败，是不可能从本质上鼓励创新的。为了达成这一点，英伟达建立起"知识性诚实"（intellectual honesty）的文化。诚然，没有创新的"土壤"（文化），就开不出创新的"花朵"（成果）。

（四）创新文化的激励措施

除了培育创新文化，企业还需要采取有效的激励措施，进一步激发员工的创新热情。这些激励措施主要包括物质激励、精神激励和职业发展激励。

首先，物质激励可以通过设立创新奖金、提供创新项目经费等方式，对员工的创新成果进行奖励。例如，美国3M公司（明尼达矿业及机器制造公司）每年都会设立"科技创新奖",以奖励那些在科技创新方面做出突出贡献的员工。

其次,精神激励在激发员工创新热情方面,同样扮演着举足轻重的角色。企业可以通过举办创新大赛,为员工提供展示才华的舞台,让他们的创新思维得到充分地发挥。同时,设立创新荣誉称号,对那些在创新领域取得突出成果的员工进行表彰,不仅是对他们个人能力的肯定,更是对整个团队创新精神的鼓舞。这样的激励方式,能够有效提升员工的归属感和自豪感,进一步推动企业的创新发展。

最后,职业发展激励。我们可以将创新与员工的职业发展紧密结合,让员工明白创新不仅能为企业创造价值,还能为他们的职业发展铺平道路。例如,G公司可以为纯粹归属员工个人支配的20%的工作时间而买单,以此激励员工进行自我发展和创新项目,这不仅让员工的创新精神得以施展,也为他们的职业发展尤其是晋升通道提供了机会。

(五)创新文化的挑战与对策

在创新文化的培育与激励过程中,企业可能会遇到一些挑战,如员工对创新的抵触情绪、创新资源的匮乏、创新风险的管理等。针对这些挑战,企业需要采取有效的对策,呵护创新文化的火苗。

针对员工对创新的不了解甚至抵触情绪,企业可以通过加强培训和教育,提高员工对创新的认识和理解。例如,美国3M公司每年都会举办一系列的创新培训活动,以增强员工的创新意识和能力。同时,企业还可以引导和鼓励员工积极参加行业内外的各种创新大赛。

针对创新资源的匮乏问题,企业可以加强与外部合作伙伴的合作与交流,共享创新资源和技术成果。例如,IBM公司通过与学术界、研究机构和其他企业的深度合作,获取了大量的创新资源和技术。值得注意的是,不要关起门来埋头搞创新。"跨界+升维"的合作,也是创新的一种思路。事实上,我们的企业、高校、科研院所通力合作形成的"产、学、研",就是非常好的创新资源整合方式。

针对创新风险的管理问题,企业可以建立完善的风险评估和控制机制,对创新项目进行科学的风险评估和管理。例如,G公司设立了一个专门的风险管理团队，负责对所有的创新项目进行风险评估和管理。诚然，创新是具有很大的风险的，因此企业的领导者要有正确合理的期待——不要事前信心百倍、盲目上马，一旦遇到问题和波折，事后就急功近利、灰心丧气。

（六）一些总结和建议

没有创新，企业将故步自封、无所作为，而社会也将是一潭死水、波澜不惊。在快速变化的现代社会，创新成为推动企业和社会发展的关键因素。无论是科技巨头苹果公司通过不断推出创新产品，还是在线零售商亚马逊通过引领电子商务革命，他们的成功都凸显了创新的重要性。

因此，从某种意义上讲，创新不只是一种文化，更是一种机制，还是一种能力！如果我们反过来看，那些不断拥有创新杰作的企业，他们不只是**表层**具有**创新的能力**，中层还有创新的机制，底层更有创新的文化。如此，才能一脉贯通，乘胜追击。

※ 拓展阅读：创新到底是什么？

有调查显示，最受大家欣赏的10个企业文化竞争力关键词中，排名第一的就是"创新"。难道这是一种巧合或者赶时髦吗？

最受欣赏的10个企业文化关键词

(1)创新	(2)团队合作	(3)客户至上	(4)主动进取	(5)追求卓越
(6)奋斗精神	(7)结果导向	(8)人本	(9)创造价值	(10)责任担当

创新理论鼻祖约瑟夫·熊彼特认为，"创新"不外乎是以下五种"新组合"：采用一种新产品或一种产品的新特征，采用一种新的生产方法，开辟一个新的市场，掌控原料的一种新来源，实现一种工业的新组织。

在熊彼特先生眼里，"创新"不是一个技术概念，而是一个经济概念。同时，"创新"又严格区别于技术"发明"。他认为，"创新"是把现成的技术革新之后引入经济组织，从而形成新的经济能力。

熊彼特之所以是"创新理论"一代宗师，在于他不仅洞察到"企业家的本质是创新"，还在于他进一步明晰了企业家精神。什么是企业家精神呢？熊彼特说,建立私人王国,对胜利的热情、创新的喜悦,以及坚强的意志。因此,"创新"成功与否,往往取决于"企业家的素质"。

五、没有团队合作,就没有真正的胜利

任正非指出:"公司的唯一武器是团结,唯一战术是开放。"在全球化和信息化的今天,单枪匹马的个人英雄主义,很难在群狼战术的竞争中取胜,团队合作精神的重要性日益凸显。

卡耐基曾说过:一个人的成功,15%取决于知识,85%取决于人际关系。对于绝大多数职场人士而言,人际关系基本就是你与团队成员的关系。一个拥有良好团队精神的团队,能够激发成员的潜力,增强团队的凝聚力,推动团队持续进步。

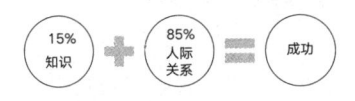

15%知识 ➕ 85%人际关系 ＝ 成功

卡耐基的成功哲学

(一)团队精神文化的内涵和价值

团队精神,是在共同目标和价值观的引导下,团队成员形成的一种相互尊重、信任、协作和创新的精神风貌。例如,在一支优秀的足球队中,每个队员都明白他们的共同目标——赢得比赛,并且都愿意为此付出努力。因此,他们彼此尊重,相互信任,协作攻防,勇于创新。优秀的团队精神能够增强团队的凝聚力和向心力,促进团队成员之间的沟通和协作,激发团队成员的积极性和创造力,提升团队的整体效能和竞争力。

(二)如何营造优秀的团队精神文化

在明确团队的目标和价值观的基础上,为了提升团队精神文化,需要采取一系列综合性措施。

首先,通过定期的团队培训和学习,不断提升团队成员的专业技能和综合

素质，以增强团队的整体竞争力。事实上，很多团队天天忙着眼前的具体事务，没有时间面向未来去学习和提升自己，长此以往，必然后劲乏力。只有自身强大，才不会精神萎靡。

其次，建立合理的激励机制，充分激发团队成员的积极性和创造力，让他们愿意为团队的目标付出更多努力。不要小看激励机制，任正非说："**钱分好了，管理的一大半问题就解决了**。"一套科学的激励机制，无疑可以显著提升员工的工作积极性和创造力。

最后，构建良好的团队文化氛围，营造积极向上、开放包容的工作环境，让团队成员能够互相尊重、彼此信任、分享协同工作。毫无疑问，在这样可以"背靠背"的文化氛围中，团队才能相互依赖，追求卓越。

某些时候，单凭来自内部的培训和学习无法支撑组织发展，我们就可以考虑巧借外力，从而推动团队持续进步。注意，那些封闭保守、自以为是的团队文化，会十分警惕并排斥外援。我当年就曾好心办了坏事，原以为自己刷脸费心请来的外部高手给团队做分享，可以帮助我们解决某个操作层面的难题，提升团队成员一些业务经验和技巧。结果，该小组负责人竟然半夜带头向我递交"辞呈"。问其故，说是公司不信任他。

当然，要进一步提升团队精神文化，还需要关注团队成员的个人成长和职业规划，为他们提供广阔的发展空间和机会。此外，企业还需要从更多的看似细小的、日常的经营管理层面，加强团队间的沟通与协作，打破部门壁垒，促进资源共享和互补，以形成更强大的合力。通过这些措施，我们可以打造一个更具凝聚力、创造力和战斗力的团队。

（三）可能会面临一些挑战

在营造和提升团队精神文化的过程中，可能会面临一些挑战，如团队成员的多样性、利益冲突、文化差异等。针对这些挑战，需要采取有效的对策，如尊重并包容团队成员的多样性，建立有效的冲突解决机制，组织文化交流活动，促进团队成员之间的相互了解和尊重。

例如，在面对全球化团队的多样性时，微软公司倡导"多元化和包容性"的价值观，尊重每个员工的独特性，鼓励员工发挥自己的优势和创新力。全球领先互联网服务提供商G公司，非常重视团队的培训和学习，他们设立了各种内部课程和分享会，以提高员工的专业技能和综合素质。同时，他们也设立了各种奖励机制，以激励员工的积极性和创造力。

（四）一些总结和建议

在关于企业文化竞争力的调研中发现，"团队合作"排在最受大家欣赏的10个"文化关键词"的第二位，它反映了一个组织和团队成员的内心需求。毫无疑问，一个人或许可以跑得更快，但只有一群人，才能走得更远。事实上，**没有团队合作，就不太可能取得真正的胜利**。小米创始人雷军认为，眼里有光的团队，就不会精神内耗。

兰西奥尼将团队协作的五大障碍归纳如下：缺乏信任（自我保护）、惧怕冲突（表面和谐）、欠缺投入（模棱两可）、逃避责任（各自为政）、无视结果（突出自我）。在他看来，之所以"缺乏信任"，其实就是彼此对文化的不认同。没有什么天生就默契、互补、同舟共济的团队，有的只是不断破除上述五大障碍的、不断向前的团队。可以想象，当团队合作出于自觉和自愿时，它的力量无疑将更加强大而持久！

※ 拓展阅读：团队精神的具体表现

给"团队精神"列出一些具体表现，远比给它一个抽象"定义"更有趣、更有价值。

（1）团队活动缺席率不高于20%；

（2）主动暴露优缺点，主动承担发挥优点的工作，请团队监督自身缺点并改进；

（3）工作以团队目标为导向，能够主动制订或调整工作计划向目标靠拢；

（4）认真阅读团队成员日报和周报，主动为同事提出建议，并被同事采纳；

（5）将工作经验转化为系统知识，每个季度至少在部门内部分享2次；

（6）每季度至少提出2条有关流程、制度的合理化建议，主动维护部门及公司制度。

若没有主动、开放、分享的团队精神，何以打破部门壁垒？若非拆除部门壁垒，何以提升团队协同与执行力？这就是"企业文化"可以转变为"企业生产力"的一个典型路径！很多时候，因"团队精神"而发动"集体智慧"的威力巨大，来自"业务一线"的声音是那样吹糠见米！

六、责任担当：深化企业文化的行动指南

天下兴亡，匹夫有责。通俗地讲，责任就是职责和任务。它是身处社会的个体成员和企业组织必须遵守的规则和条文，因此它带有强制性。本文所讲责任，侧重于社会关系中的相互承诺，以及该角色所意味着一种责任感文化。

在社会进步和企业发展的大背景下，责任文化日益成为一个重要议题。它不仅映射出企业的道德水准和社会担当，也能够激发员工的责任感和使命感，促使企业走向稳健的发展之路。无论是员工个人，还是企业组织，假如没有责任与担当，都将面临巨大的挑战和发展困境。

（一）责任文化的内涵与价值

让我们来剖析一下责任文化的内涵。"责任"往往还意味着"担当"和"诚信"。因此，责任文化要求企业在追求经济效益的同时，还要积极履行社会责任，关注员工发展，推动社会的和谐与进步。

1. 提升企业的形象和声誉
2. 增强企业的社会认可度和竞争力
3. 激发员工的积极性和创造力
4. 提高员工的满意度和忠诚度
5. 推动社会的和谐与进步

塑造"责任"文化的五大价值

从价值角度来看，责任文化可以提升企业的形象和声誉，增强企业的社会认可度和市场竞争力。以宝洁公司为例，其一直坚持"以人为本"的企业文化，强调对社会、环境和员工的责任，赢得了消费者的广泛认可，也使其在激烈的

市场竞争中占据了优势地位。

同时，责任文化可以激发员工的积极性和创造力，提高员工的工作满意度和忠诚度。在责任文化的熏陶下，员工能够充分认识到自己的工作的重要性和价值，以更加饱满的热情投入工作中。此外，责任文化也有助于**推动社会的和谐与进步**。例如，企业积极参与社会公益事业，通过捐款、志愿服务等方式回馈社会，促进了社会的公平与正义，推动了社会的可持续发展。

（二）责任文化的树立方法

（1）**明确责任文化的企业核心价值观**。建立责任文化需要明确其企业核心价值观。企业应根据自身的特点和使命，提炼出具有针对性的责任文化理念，如"诚信为本、责任至上""服务社会、造福人类"等。这些理念不是动听的口号，而应贯穿企业的各个方面，落实为员工行为的指南。例如，某电商巨头就将"让天下没有难做的生意"作为其企业核心价值观，强调企业对客户的责任，引导员工以高度的责任感和使命感投入工作中。直到今天，该电商巨头创始人在谈及创立企业的初衷时表示，就是很单纯地为了帮助中小商家更好地"卖货"。

（2）**领导者的示范与引领**。领导者的言行对责任文化的树立具有重要影响。企业领导者应率先垂范，积极践行责任文化理念，以身作则，为员工树立榜样。同时，领导者还应关注员工的成长和发展，为员工提供良好的工作环境和发展机会，激发员工的责任感和使命感。

举例来说，埃隆·马斯克领导着Space X（太空探索技术公司）致力于降低太空探索的成本，推动人类太空探索的进程。同时，面对日益严重的环境问题，T公司研发和生产零排放的电动汽车，为减少碳排放、提高能源利用效率作出了巨大贡献。他通过自身的创新精神和坚韧不拔的工作态度，引领全体员工积极履行企业的社会责任，推动企业更加健康地发展。

（3）**建立完善的责任制度**。树立责任文化，将责任文化落到实处，必须依靠完善的责任制度来保障。企业应建立一套科学合理的责任体系，明确各级组织和个人的职责和权限，才能确保责任的有效落实。同时，企业还应建立健全考核评价机制，对员工的责任履行情况进行定期评估和奖惩，形成有效的激励机制。例如，IBM建立了一套详细的职责清单和考核标准，确保每位员工都能清晰地了解自己的职责,并通过考核评价机制推动员工的责任落实。

此外,述职报告也是一种常见的工作总结与汇报形式,多用于向上级领导或相关机构展示个人或团队在一定时期内的工作成果、遇到的问题、解决方案以及未来的工作计划。它不仅是评估工作绩效、加强沟通协作、推动个人和团队成长的重要工具,**更是完善责任制度的一种保障措施。**

(4)加强责任文化的宣传与教育。毫无疑问,宣传和教育是树立责任文化的重要手段。企业可以通过内部培训、宣传栏、企业网站等途径,向员工普及责任文化的理念和知识,提高员工对责任文化的认识和重视程度。同时,企业还可以通过开展各类活动,如社会责任日、公益活动等,增强员工的社会责任感和使命感。举例来说,海尔公司经常组织员工参加社会公益活动,并在企业内部设立专门的责任文化宣传栏,让员工更好地理解和践行企业社会责任文化。

(三)责任文化的践行途径

(1)在日常工作中践行责任文化。员工应将责任文化理念融入日常工作中,以高度的责任感和使命感对待每一项工作任务。在工作中,员工应严格遵守规章制度,认真履行职责,确保工作质量和效率。同时,员工还应积极关注企业的整体利益,为企业的发展贡献自己的力量。例如,H公司的员工,以"奋斗者"的精神对待每一项工作任务,展现了高度的责任感和使命感。

(2)在社会活动中践行责任文化。有条件的企业,还应积极参与社会公益活动,通过捐款捐物、志愿服务等方式,回馈社会并关爱弱势群体,可以感受到责任文化的升华。同时,利用自身的资源和优势,企业还可以开展环保、教育等领域的公益活动,推动社会的进步与发展。例如,京东集团在积极参与社会公益活动的同时,还利用自身的物流优势,发起了"京东绿色回收"活动,推动了社会的环保事业。

(3)在面对挑战时践行责任文化。危难之中显身手,在面对困难和挑战时,企业和员工应更加坚定地践行责任文化。一方面,企业勇于承担责任,积极应对挑战,寻求解决问题的办法;另一方面,员工发挥主观能动性,敢于担当,勇于创新,为企业的发展贡献智慧和力量。比如,在新冠疫情期间,许多企业如华为、美的、阿里巴巴、腾讯、京东等优秀企业,积极捐款捐物,用实际行动践行社会责任，展现了高度的责任感和使命感。

（四）无数企业家的"责任"文化，推动着社会的进步

娃哈哈创始人宗庆后先生认为：企业只有不断地创造财富，才能更多地承担社会责任和推动社会进步，才能给更多的人带去欢乐。企业家不但要会赚钱、会经营企业，更需要社会责任感，有良心的财富才有意义。

媒体上曾经报道，宗庆后不轻易辞退年长员工。这与无数"大厂"对超过35岁的所谓"老员工"就画"一道线"形成鲜明对比。他认为，企业家有责任帮助员工致富。宗庆后先生在2024年2月去世，无数普通市民感念老人家的好，主动去送他最后一程，由此可见"责任文化"在大家心中的分量。

任正非在谈到企业社会责任时表示："企业发展离不开社会，我们要以行动回馈社会，积极承担企业责任，为社会做出贡献。"这句话体现了对企业社会责任的深刻理解和坚定承诺，也是其公司一直以来坚持的价值观和发展理念。

福耀玻璃创始人曹德旺先生表示，企业家的责任有三条：国家因为有你而强大、社会因为有你而进步、人民因为有你而富足。这应该就是中国优秀企业家对于"责任文化"的最佳解读吧。

第三章
企业文化与领导力

企业文化是领导力的产物。

——约翰·科特

一、领导者是文化塑造的关键角色

言传身教，领导者举足轻重。作为企业文化的缔造者和传承者，领导者的重要作用不可替代、不可忽视。通过言谈举止、决策风格、文化传承以及管理哲学，领导者深深影响着企业文化的形成、发展、走向。甚至有人说，在小微企业里，企业文化就是"老板"文化。

领导者是文化塑造的关键角色

（一）领导者的言谈举止是企业文化的风向标

领导者的一言一行，相比于员工行为，往往是企业文化的最直接体现。一个优秀的领导者，能够通过自己的言行与示范，向员工传递出企业的企业核心价值观和经营理念。这种传递不仅是通过领导者的口头宣讲，更多的是来自员工的观察和感受。在这方面，员工的眼睛比领导更加雪亮。

以某知名电商为例，其创始人在文化的塑造上发挥了至关重要的作用。他不断强调"客户第一、员工第二、股东第三"的价值观，并通过自身的言行，将这一价值观深深烙印在每一位员工的心中。他经常与员工交流，聆听他们的声音，关注他们的成长，这种以人为本的管理哲学，使其企业文化充满了人文关怀和活力。而蔡崇信进一步解读了一个"好领导"的三大特质：有效沟通，及时反馈；保持谦逊，承认错误；大智若愚，鼓励创新。

360的周鸿祎、小米的雷军、新东方的俞敏洪、格力的董明珠等优秀企业家，凭借其超强的领导力以及个人魅力，轻松挑起一个比集团公关部还要威力强大的个人公关重担。何也？他们的一颦一笑，他们的每一句话，都是媒体追逐的焦点，其IP早已与企业品牌形象、企业文化深度绑定并交融在一起。

（二）领导者的决策风格影响企业文化的塑造

领导者的决策风格，往往影响着企业文化的风格和特点。一个敢于创新、勇于突破的领导者，能够引领企业形成开放、进取的企业文化；而一个相对保守、谨慎的领导者，则可能使之具有稳健、保守、老气横秋的文化氛围。

苹果创始人乔布斯，就是一个典型的敢于创新的领导者。他始终坚持自己的设计理念，不畏挑战，不断创新，哪怕被驱逐出自己一手创办的企业也在所不惜，这种精神深深影响了公司的文化。该公司的产品设计一直走在行业和时代的前列，这种创新文化的形成，与乔布斯的个人领导风格密不可分。

埃隆·马斯克的决策风格，因其十分独特而备受关注与争议。据说，他善于运用"第一性原理"解决问题，通过分解问题、检查假设和制定解决方案，一步步归结到事物起源的真相。当然，也有人批评他激进、凭直觉、过于冒险。事实上，他的决策的确融合了直觉、技术洞察和冒险精神。尽管他的决策有时受到质疑，但无疑快速推动了技术创新和商业模式的变革，更是直接影响旗下一系列公司的企业文化。

（三）领导者的管理哲学决定企业文化的内涵

领导者的管理哲学，影响着企业文化的核心和灵魂。一个以人为本、注重员工成长的领导者，往往能够形成积极向上、和谐共处的企业文化；而一个强调权威、忽视员工感受的领导者，则可能使企业文化充满压抑和冷漠。

任正非就是一位注重员工成长和人文关怀的领导者。他提出了"以奋斗者为本"的管理理念，强调员工的价值和贡献，鼓励员工自我超越和创新。这种管理哲学，使得其企业文化充满了活力和创新，为公司的长远发展奠定了坚实基础。

再以海尔为例，其创始人张瑞敏在企业文化塑造中发挥了至关重要的作用。他提出了"日事日毕、日清日高"的管理理念，强调员工的工作效率和质量。通过自身的示范和引领，张瑞敏成功地将这一理念融入了海尔的企业文化中，使得海尔成为一家以高效、高质量著称的企业。

（四）领导者在企业文化传承中的重要作用

企业文化的传承和发展，需要领导者的持续推动和引导。一个优秀的领导者，不仅要在企业初创时期塑造出独特的企业文化，更要在企业的发展过程中，不断维护和传承这一文化。

腾讯创始人马化腾，在企业文化的传承上做出了杰出的贡献。他始终坚持"创造价值、追求卓越"的企业精神，通过不断完善公司的管理制度和激励机制，使得这一精神得到了有效地传承和发扬。腾讯的企业文化不仅在公司内部得到了广泛的认同和尊重，也在业界树立了良好的口碑。

据说，埃隆·马斯克经常深入一线，与员工分享他的想法和愿景，甚至亲自组织核心技术的研讨和攻关，鼓励他们跳出框架思考，追求极致的创新。他喜欢小而美的技术团队，反对召开冗长大会，他甚至带头离开那些他认为没有价值的会议。他以身作则，用实际行动诠释企业文化的企业核心价值观。这种领导风格，让该公司文化成为业内一道亮丽风景。

（五）可以参考的相关理论研究

关于领导者在企业文化塑造中的角色，学术界也提出了诸多理论支撑。例如，埃德加·沙因的企业文化理论指出，领导者在企业文化形成过程中发挥着关键作用，他们的信念、价值观和行为模式直接影响企业文化的形成和发展。

此外，约翰·科特的领导力理论也强调了领导者在企业文化变革中的重要作用，他认为领导者需要通过自身的言行和行动来推动企业文化的变革。有兴趣的读者可以阅读他的《领导变革》一书。

（六）一些总结和建议

领导者在企业文化塑造中扮演着举足轻重的角色。值得注意的是，无数企业的领导者在企业文化建设的工作中，常常处于"缺位"或者"错位"状态。在他们心目中,"抓业务促生产"才是重中之重,企业文化可有可无,交给 HR 部门或者行政办公室,偶尔搞一搞团建聚会就可以了。

事实上,只有企业的领导者不断学习和提升自己的领导力,才可以更好地担当起塑造和传承企业文化的重任;只有充分发挥他们的智慧和才能,领导者才能一展芳华,为企业的长远发展注入强大的文化动力。

有朋友曾说,**每一个创业者都是值得尊重的**。是的!从创业者到企业家,绝无坦途可直达,中间是一条坎坷不平、九死一生的道路。诚然,每一个具有领导力的企业家都是值得敬重的。很遗憾,现在的一些商务会议,主持人口头上动辄就把普通的"创业者"抬高到"企业家"的位置,实则是一种不好的风气,盛名之下,其实难副,很有"捧杀"的嫌疑。

※ 拓展阅读

第一性原理(the First Principle Thinking)

公元前4世纪,亚里士多德在其哲学著作《形而上学》中提出了第一性原理——每个系统中存在一个最基本的命题,它不能被违背或删除。也就是说,在每个领域或每个系统中,都存在一个本质上正确、无须证明的最底层的真理。

2000多年来,该原理得到广泛推广并应用于众多领域和学科。直到10年前,其再次火爆吸睛是源于埃隆·马斯克的大力推崇,从而再次进入大众视线。譬如,在商业领域,**第一性原理可以帮助那些优秀企业家,屏蔽噪声、追根溯源、洞悉本质**。

据称,埃隆·马斯克十分推崇并善于运用第一性原理。受其影响,他的决策风格激进固执、不合传统,同时又富有远见、出人意料。任正非认为,国家强盛的"第一性原理"是在教育。为什么是教育呢?因为,企业的竞争,是人才的竞争。国家的竞争,也是人才的竞争。没有教育,何来人才?

领导者破坏企业文化的常见行为

以下企业领导者一些不经意的行为,对企业文化的破坏和伤害实在不小,需要企业领导者以及管理团队尤其注意。

(1)言行不一。有的领导者言行不一致,满嘴跑火车,这对团队的信任杀伤力极大，它会让员工对企业文化的真实性产生怀疑。例如，领导者公开宣扬团队合作的重要性，但在实际工作中却倾向于个人主义和不公平竞争，这种矛盾的言行会让员工感到困惑和失望。

（2）**忽视员工的声音**。如果领导者一意孤行，只关注自己的意见和决策，而忽视甚至不愿意倾听员工的建议和反馈，那么企业文化可能变得僵硬和封闭。员工会感到自己的声音不被重视，从而失去对企业文化的信任感、认同感和归属感，继而伺机离开。

（3）**不遵守企业价值观**。有的领导者严于律人、宽以待己。如果领导者不能以身作则，喜欢凌驾于企业价值观和行为准则之上，那么员工也会有样学样，很难自觉遵循企业的规章制度。例如，领导者在公开场合表现出不诚实、不尊重他人等行为，这无疑将对企业文化产生极其负面的影响。

（4）**过度强调短期利益**。如果领导者只关注企业短期利益，而忽视长期发展和员工福祉，企业文化就可能会变得相当功利和短视。员工可能会感到压力巨大，或者得过且过，不做长远追求和打算，这会导致员工难以保持积极的工作态度。

（5）**缺乏透明度和沟通**。领导者如果不能保持相对透明度和良好沟通，员工可能会感到自己只是一头蒙着眼睛拉磨的驴，被排除在决策过程和组织之外，从而对企业文化的真实性产生怀疑。缺乏透明度和沟通还可能导致谣言和误解满天飞，进一步破坏团队成员之间的信任和来之不易的企业文化。

其实，我们身边不乏企业领导者的上述"踩坑"行为，期盼完全幸免不太现实，这有一个程度深浅的问题，还有一个监督机制的问题。对于一个企业而言，**监督机制犹如我们人体定期所必需的健康检查一样重要**。没有科学全面的体检，我们就不容易发现，或者会有意无意中忽视自身存在的真实问题。缺乏"自律"和"监督"的企业领导者，对企业而言是一个潜藏的大风险。

谈到"领导者"，顺便提一下"领导力"。冯仑曾有一个精彩描述：伟大是管理自己，而不是领导别人。在"自制力"面前，"领导力"只是附属品。领导者不经意破坏企业文化的行为，就是源于"自制力"的修炼未达上乘。

在本书第十章中，会详细列举"企业文化：不良现象、常见误区和典型偏见"，可以结合本部分阅读。

二、解析领导力与企业文化的微妙关系

何谓领导力？它是领导者通过影响和激励团队成员，达成共同目标的能力。它包括把握组织使命、展现个人魅力、具备战略眼光，以及有效决策和团队协调能力等。在企业管理中，领导力与企业文化常常并肩作战，共同推动企业的进步，它们的关系就像画师与画布。因此，领导力一定要用好"企业文化"这一张牌。

（一）领导力如何影响企业文化

一个优秀的领导者，他的言谈举止、决策方式都会对企业文化产生影响，从而激发员工的创新精神和归属感。比如，苹果公司的创始人乔布斯就是一个很好的例子。他追求完美、创新思维和坚韧不拔的精神，深深地影响了公司的文化，使其成为全球最具创新力的科技公司之一。领导力对企业文化的影响，主要体现在以下三个方面。

（1）**塑造价值观**。领导者通过自己的行为准则和价值观，向员工传达企业的企业核心价值观。他们的行为方式和决策思维对员工产生深远影响，使员工在不知不觉中接受并认同企业的价值观。尤其对于一个企业创始人而言，其创办企业的"初心"，除了目标、使命、愿景之外，就包含着企业核心价值观。

（2）**引导行为**。领导者言传身教、以身作则，通过自己的行为向员工展示和解读符合企业文化的要求。他们尊重每一个员工，关注每一位客户，从而营造出一个和谐、积极向上的工作环境。无论是原生企业的初创期，还是企业领导者的接力棒已经完成顺利"交接"，企业领导者都是当之无愧的文化带头人。

（3）**传达愿景**。所谓领导者，就是看得比别人多（有见识），看得比别人远（有远见），在别人看到之前看到（预见力）。因此，领导者如果能够给员工清晰描绘出企业的未来和愿景，可以激发员工的使命感和归属感。他们明确表达并分解企业的发展方向和目标，让员工更加自豪、更加积极投入工作。

（二）企业文化如何影响领导力

一种健康积极的企业文化，无疑能够为领导者提供有力的支持，使他们在工作中更加得心应手。例如，G公司强调"创新和开放"，这种文化氛围不但可

以激励员工，更可以鼓舞领导者放手一搏，让他们敢于尝试新的想法和新的举措，推动了该公司在互联网行业的领先地位。企业文化对领导力的影响，可以从以下几个方面来说明。

（1）提供支持。一个积极、向上的企业文化，能够为领导者提供强大的精神支持。员工对企业文化的认同和信任，使领导者在决策和执行过程中更加自信而果断，从而提高领导效能。毫无疑问，那些企业文化氛围好的企业，即便"空降"一名企业领导者，该企业的发展通常不会受到大的干扰和影响，完全可以保持企业经营的无缝连接与顺畅前行。

（2）激发创新。一个开放、包容的企业文化，能够激发领导者的创新思维和创造力。在这样的文化氛围中，领导者才敢于尝试新的管理方法和理念，勇于面对挑战和变革，从而推动企业的持续创新和发展。反之，领导者纵然有万般能耐，也可能英雄无用武之地，或者无法施展拳脚。在我们身边，这样的案例应该不少见，如果我们把"领导者"换成"职业经理人"，你就更容易明白其中道理。事实上，"职业经理人"也是必须具有"领导力"的。

（3）增强凝聚力。一个团结、协作的企业文化，能够增强领导者的凝聚力和向心力。员工之间的合作精神和团队意识，使领导者在带领团队时更加得心应手，能够更好地协调各方资源，实现企业的共同目标。相反，如果团队成员处处设防、个个抵制、人人拆台，在那样的企业文化里，领导者估计很难扭转乾坤，别提增强团队的凝聚力了。

（三）领导力与企业文化对企业发展的影响

领导力与企业文化之间的相互作用，是推动企业发展的关键力量。优秀的领导者通过塑造和推动企业文化的发展，为企业创造良好的工作环境和氛围；而健康、积极的企业文化则能够激发领导者的潜能和创造力，推动企业的持续创新和发展。例如，亚马逊的领导力和企业文化相互作用，形成了"以客户为中心"的企业核心价值观，这一价值观使之成为全球最大的电商平台。领导力与企业文化相互作用，从以下几方面促进企业健康发展。

（1）提升员工积极性。优秀的领导力和积极的企业文化，能够共同提升员工的积极性和工作热情。良好的文化氛围让员工感受到尊重和信任，更加愿意为企业的发展贡献自己的力量。事实证明，员工工作积极性高，不但能提高整体工作效率与创造力，还能促进团队合作与沟通，增强企业凝聚力和竞争力。积极性高的员工更能主动解决问题，他们是企业持续发展的动力，是组织成功的关键因素。

（2）促进团队的协作。领导力和企业文化的协同作用，能够促进团队协作和沟通。领导者通过引导和激励员工，使他们形成共同的价值观和目标，从而更加紧密地团结在一起，共同应对挑战和机遇。团队协作的优势在于集合众人之力，实现资源共享与优势互补，提高工作效率和创新能力，更利于目标的达成。同时，通过协作，团队成员还能够相互学习、共同成长。

（3）增强企业竞争力。优秀的领导力和健康的企业文化，能够共同增强企业的竞争力。领导者通过不断创新和改进，使企业保持领先地位；而企业文化则能够提升企业的品牌形象和声誉，吸引更多优秀的人才和资源。毫无疑问，领导力犹如火车头，企业文化犹如列车厢，两者同气连理，滚滚向前。

（四）面对领导力与企业文化建设的挑战

尽管领导力与企业文化之间关系密切，但在实际建设中仍然面临一些挑战。例如，领导者风格可能与企业文化存在冲突，或者企业文化的落地实施难度较大等。例如，优步公司在2017年因"胜者思维"（强调竞争，胜者为王）文化而引发的一系列问题，就是一个很好的例证。为了克服这些挑战，我们需要采取以下对策。

（1）加强沟通与协作。领导者应与员工保持密切的沟通和协作，了解他们的需求和期望，确保企业文化的建设符合员工的实际情况。同时，员工也应主动积极参与企业文化的建设过程，提出宝贵的意见和建议。反之，那些高高在上的企业领导者，甚至刻意把门关起来搞神秘的企业领导者，无疑是在自绝前途与自毁长城。

（2）持续培训与提升。企业领导者及各级主管，均应不断提升自身的领导力和文化素养，以适应企业文化建设的需要。同时，企业可以组织定期培训和交流活动，帮助他们掌握新的管理理念和技能，提高他们在企业文化建设中的能力。

（3）制定明确的目标和计划。企业应制定明确的企业文化建设目标和计划，确保各项工作的有序开展。同时，应建立健全考核和激励机制，对在企业文化建设中表现突出的个人和团队给予表彰和奖励。

（五）一些总结和建议

领导力是一个综合性的概念，涵盖了多个方面。它包括了领导者的决策能力、组织协调能力、沟通能力以及激励能力。它要求领导者善于倾听和理解团队成员的需求，激发团队成员的积极性和创造力。同时，他们还能够处理团队内部的冲突，保持团队的和谐与稳定。

由此可见，领导力并非一个企业最高领导者的专用能力。部门主管在部门层级的经营管理过程中，一样也需要领导力，一样也有着领导力。部门主管是企业管理的"腰"，他们在企业文化建设方面承上启下，作用不可小觑。即便作为员工个人，也需要进行"自我管理"。

也有人认为，所谓"领导力"，就是在某些关键时刻"拍板"的"魄力"。什么叫"魄力"？就是在明明不知道结果如何的时候，却敢于决断，勇于担责而又深思熟虑，敢于带领团队穿越生死线！

在本书第十二章中，详述了"部门主管'管人'与'管事'的四项基本修炼路径"，可以结合本部分阅读。

三、领导力风格与企业文化同频共振

什么样的领导风格，带出什么样的团队；什么样的团队，拥有什么样的文化！当领导力风格与企业文化高度契合时，企业就像一台运转流畅的机器，每个部件都在协同工作。反之，则会出左手迈左脚，甚是别扭难为情。因此，要实现这种同频共振并不容易，它需要领导者深入了解企业文化的内涵，同时不断反思和调整自己的领导风格。

（一）塑造领导力风格

所谓领导力风格，是指领导者在管理过程中展示出来的行为方式和个性特点。由于每位领导者都有其独特的性格、价值观和经验阅历，因此他们的领导风格也各不相同。有效的领导力风格，对于推动企业成功和组织发展具有至关重要的作用。更多领导力风格，可参考篇末"拓展阅读"。

首先，领导者需要明确自己的价值观和信念，它们是领导者行为的指南针，能够为员工树立楷模，引导他们向着共同的目标前进。同时，领导者也需要展现开放的心态和包容的精神，尊重员工的多元性和差异性，以激发他们的创新力和潜能。

其次，领导者需要提升自身的专业素养和能力。领导力风格的形成，与领导者的专业知识和综合能力息息相关。领导者应具备深厚的行业知识和管理经验，能够准确把握市场动态和企业发展方向。此外，优秀的领导者还需要掌握良好的沟通、协调和决策能力，以应对各种复杂的管理问题。

最后，领导者需要关心员工的成长和发展。优秀员工无疑是企业最宝贵的资产和财富，他们对于企业长期稳健的发展至关重要。脱离群众高高在上的领导者，是极其愚蠢的。领导者应关注员工的需求和期望，为他们创造优良的工作环境和发展机会，激发他们的工作热情和创新力。同时，通过培训和激励等方式，领导者可以帮助员工提升技能和能力，实现个人与企业的共同成长。

（二）领导力风格要与企业文化匹配

如前所述，企业文化是企业在长期发展过程中，逐渐形成的一套独特的价值观、行为规范和经营理念。领导力风格与企业文化的契合匹配程度，将直接影响企业的运营效率和员工士气。

首先，领导力风格应与企业核心价值观相融合。企业文化的企业核心价值观是企业精神的体现，也是员工行为的准则。领导力风格应能反映并传播这些价值观，使领导者成为企业文化的引领者、传播者、实践者。例如，企业文化强调团队协作和成功共享，那么领导者就应该积极展示合作精神，注重团队建设和激励机制，以推动员工之间的协作与共赢。

其次，领导力风格必须契合企业文化的特性及其发展阶段。每种企业文化都拥有其独特的烙印和发展轨迹，这需要领导者采用相匹配的领导力风格引导并推动其进步。例如，在初创阶段的企业文化中，领导者应展现出卓越的冒险精神和创新能力，以引领企业突破重围，实现业绩的迅猛增长。而到了企业文化成熟的阶段，领导者则应将焦点转向稳定性和成长性，坚持"稳中求进"和"继往开来"的原则，确保企业的稳健发展始终作为首要任务。

最后，领导力风格应考虑员工的文化需求和心理特征。员工是企业文化的主体和传承者，领导者需要了解员工的文化背景和心理特质，以更贴近员工的方式塑造领导力风格。例如，对于注重个人成长的员工，领导者可以采用授权和激励的方式，鼓励他们发挥潜能、实现自我价值；而对于注重团队协同的员工，领导者则可以采用沟通和协调的方式，营造和谐的团队氛围。

（三）一些有效的实践建议

为了使领导力风格与企业文化有效地匹配，以下是一些实践建议。

（1）深入理解企业文化。领导者应深入了解企业文化的企业核心价值观、行为规范和发展阶段，以便更好地把握企业文化的特点和需求。尤其是当领导者进入下一任接班人，或者职业经理人走马上任后。

（2）反思和调整领导力风格。领导者应定期反思，自己的领导力风格是否与企业文化相匹配，如有不符之处，应及时调整和予以改进。事实上，不少企业的领导者，根本听不进任何反对意见，这无疑对企业文化是一种巨大的，甚至无法弥补的伤害。

（3）建立有效的沟通机制。领导者应与员工保持良好的沟通，了解他们对领导力和企业文化的看法和建议，以便更好地调整自己的领导力风格。没有反馈闭环，没有监督机制，企业就不会健康成长。因为，反馈与监督，犹如我们人体定期必需的"体检"。

（4）营造积极的氛围。领导者应通过自己的言行和决策，营造一个积极的企业文化氛围，使员工能够感受到组织文化的魅力和力量。正面、积极、主动，是每个优秀企业文化的底色。

（5）持续学习和提升。企业领导者应持续学习，提升自己的专业素养和综合能力，以适应不断变化的市场环境和企业文化需求。事实上，"学习力"是"领导力"的首要能力。如果不热爱学习和持续提升领导力，领导者的头顶很快就会触到天花板。

（四）实例分析：亚马逊

不难发现，许多成功的企业领袖，以其独特的领导力风格，推动了企业文化的发展，带领企业取得了显著的成功。例如，亚马逊创始人杰夫·贝佐斯就是一个典型的例子。他的领导力风格，体现在对客户满意度的执着追求，对创新的不懈努力，以及对员工的严格要求。事实上，他的这种领导力风格，与亚马逊的企业文化——客户至上，长期主义，创新和高标准，形成了完美的匹配，它们同频共振，推动了亚马逊从当初一个在线书店，逐渐发展成为当今全球知名的电子商务巨头。

（五）一些总结和建议

站在下属的角度，当你明白了不同的企业，不同的领导，具有不同的领导力风格时，要先学会适应，然后再逐步影响他。既不懂，又"硬钢"，就会导致两败俱伤。同理，站在领导者的角度，要因材施教，而不是一味地要求下属去"适应"自己，责无旁贷。

※ 拓展阅读：不同风格的领导力

愿景型	辅导型	亲和型	民主型
标杆式	教练式	支持式	授权式

8种常见的领导力风格

领导力风格是一个多维度的概念，不同的学者和研究者可能会提出不同的分类方式。但总体而言，领导力风格主要可以归纳为以下几种。

愿景型领导。核心在于为团队塑造一个共同的愿景，并通过此愿景来激励团队成员。愿景型领导不关注如何具体达到目标，而更关心团队对目标的理解和追求。

辅导型领导。强调对员工的个别辅导和培训，以提升他们的技能和能力。辅导型领导关注员工的长处，并通过有针对性地指导帮助他们实现更大的发展。

亲和型领导。擅长于建立和维护团队内的和谐关系，他们有能力解决员之间的矛盾，并在团队遭遇信任危机时进行有效地干预。

民主型领导。在做决策时会充分考虑团队的意见，这种领导风格有助于营造开放、积极的团队氛围，并对公司文化产生积极影响。

此外，还有一些其他领导力风格，如标杆式领导、指导式领导、教练式领导、支持式领导和授权式领导等。**标杆式领导**为团队设定高标准和目标，并期望团队全力达到；指导式领导提供明确的指导和方向，适用于需要具体指导的下属；**教练式领导**通过双向沟通帮助下属成长，适用于有学习愿望但能力不足的下属；**支持式领导**强调对下属的支持和鼓励，以激发其自信心和创造力；**授权式领导**给予下属充分的自主权和决策权，适用于有能力、有信心的下属。

这些领导力风格并没有排他性，可以相互结合、灵活运用。一个优秀的领导者不要只当"医生"，也要学习当一当"木匠"。我的父亲年轻时，就是当地一名小有威望的木匠，他总能为每一块木头找到合适用途。因此，建议企业领导者，以及各级主管，根据不同的情境和团队需求，灵活组合或调整自己的领导风格，以达到因地制宜、因材施教和最佳的领导效果。

四、优秀领导者必须带头实践企业文化

优秀的领导者，有两个显著特征：长期主义、企业核心价值观。长期主义，就是企业的可持续发展；企业核心价值观，就是企业文化的DNA。因此，企业文化，不是拿来说的，而是拿来用的。唯有企业领导者带领全体员工实践的企业文化，才有"用武之地"，才是企业持续发展的关键。

领导者犹如团队的"头狼"，必须带领团队跨越一个又一个前进的障碍。在这个过程中，还必须谙熟企业文化的绝技，在关键时刻拿出来力挽狂澜。因此，领导者如何实践企业文化成为一个重要的议题。

（一）洞悉企业文化的核心意义

企业文化是全体组织成员在长期经营发展过程中，逐渐沉淀和结晶出来的独特价值观、行为规范和经营理念。例如，某电商平台的企业文化强调"客户第一，员工第二，股东第三"，即便继任的企业领导者，也需要深刻理解这个价值观的内涵，并在决策中始终坚守上述原则。不忘初心、方得始终。领导者必须身

体力行，在工作中成为企业文化的忠实传播者、实践者、引导者。

（二）领导者的示范作用

无论是在工作还是在生活中，领导者都应该积极实践企业的价值观和行为准则，用自身的行为树立标杆和榜样，去感染和引导员工。比如，如果企业文化强调团队合作，那么领导者就应该在工作中，充分展现出对团队协作的重视，并通过实际行动来诠释团队合作的重要性。微软CEO萨蒂亚·纳德拉以身作则，鼓励员工不断学习和创新，从而推动了一种增长型思维的企业文化。

（三）企业文化在日常管理中的应用

领导者需要将企业文化的理念，不断融入企业的各个层面，使之成为指导员工日常工作的原则。例如，通过制定相关规章制度、开展企业文化培训、设立激励机制等方式，各级领导者必须对符合企业文化要求的员工进行表彰和奖励，对违反企业文化规定的行为进行纠正和处罚。

例如，对于不符合或者相悖于企业文化的行为，京东通常会采取一系列措施。假设员工在工作中多次表现出消极怠工、不诚信，或者破坏团队和谐等行为，公司会先内部调查核实。一经确认，就会给予该员工口头或书面警告，要求其立即改正。事实上，BATJ（百度、阿里巴巴、腾讯、京东的首字母）等知名企业，每年都会将那些严重违反企业文化，以至触犯刑律的员工绳之以法。

（四）加强企业文化的建设与创新

企业文化是一个动态的过程，需要不断地建设与创新。领导者在实践企业文化的过程中，需要关注企业文化的变化和发展，并及时进行调整和完善。这包括根据市场环境和企业战略的变化，对企业文化进行更新和升级；鼓励员工提出创新性的意见和建议，推动企业文化的不断创新和发展。在亚马逊，杰夫·贝佐斯就十分重视企业文化的创新，他为公司引入了"Day 1"的理念，即无论公司规模多大，成就多大，都必须保持"创业第一天"的精气神，以此鼓励员工保持创新和敏锐，防止企业变得官僚和满足于现状，从而不思拼搏和进取。

（五）营造开放、包容的企业文化氛围

一个健康的企业文化应该是兼收并蓄、开放包容的，能够接纳不同声音和

观点。因此，领导者需要营造一个开放、包容的企业文化氛围，鼓励员工敢于积极发表自己的看法和建议，允许他们犯错误并从中学习。同时，领导者还应该注重与员工的沟通和交流，了解他们的需求和期望，从而更好地引导他们实践企业文化。

（六）注重员工的成长与发展

员工不仅是企业文化的传递者，更是其忠实的践行者。他们的成长与发展，无疑对企业文化的建设起到了举足轻重的作用。因此，领导者在深入推行企业文化时，必须着重关注员工的成长轨迹与发展前景，为他们量身打造丰富的培训和发展机会。这样，不仅可以有效提升员工的个人技能和素质，更能加深他们对企业的归属感和忠诚度，从而更加积极地参与企业文化的传播与实践。

（七）以结果为导向，实践企业文化

以终为始，以结果为导向。终是什么？结果又是什么？其实就是企业的愿景——愿望最终达成之后的场景。实践企业文化是一个长期的过程，需要持续努力并不断优化。在这个过程中，领导者需要随时关注和评估文化实践所带来的效果或不足，保持敏锐的洞察力和开放的心态，不断学习和进步，调整策略和方法，确保企业文化为企业的持续发展"赋能"和"助力"。

※ 拓展阅读：稻盛和夫对企业家的箴言

据说，稻盛和夫曾经语重心长地讲道：对年轻人要多赞扬，因为赞扬可以使得年轻人奋进；对企业领导者要多批评，因为批评可以促使企业领导者觉醒！然而，现实却是：90%的企业领导者不愿意接受批评，于是，他们永远"年轻"和"幼稚"！而饱受批评的那10%的企业领导者，他们得到了想要的"成功"！

事实上，90%的人，都会高估自己的能力，而总是认为问题出在他人身上。因此，企业领导者也无法逃离这个人性的弱点。如果没有那种"开诚布公，对事不对人"的企业文化，团队成员之间很难走出各自部门的樊篱；没有"开放、包容、平等、共创"的企业文化，上下级之间，尤其是下级对上级，自然没有"批评"的勇气和愿望，去触碰企业领导者那颗"玻璃心"。

我曾经听说：一个人的人生，尤其是成功的人生，需要三个半礼物——赞

美、忠告、批评、自我批评，而"赞美"只是其中的半个礼物。深以为然！新东方创始人俞敏洪也建议：在团队管理的时候，批评应该私下进行，鼓励应该尽量在大庭广众之下公开，这也是一种行之有效的领导者实践企业文化的技巧。

五、提升领导力，助力文化协同发展

所谓"领导力"，就是解决问题的能力！就是带领团队打胜仗的能力！领导力，如同指路明灯，照亮员工前行的道路；而企业文化，则如同磁石，统一员工的思想并一起果断行动。没有领导力，企业文化如盲人夜行。

（一）提升领导力的重要性

领导力提升的重要性不言而喻。优秀的领导者能够为企业指明方向，制定战略，并引领员工共同实现目标。例如，任正非先生，以其卓越的领导力，将公司带向了全球信息与通信行业的巅峰。他犹如一台"永动机"，不断推动创新，强调团队合作，使得公司在竞争激烈的市场中脱颖而出。

苹果前CEO史蒂夫·乔布斯，一生波澜壮阔，充满了起伏和挑战，他的领导力不仅推动了公司的快速发展，而且他的领导风格也在全球范围内产生了深远的影响，从而成为一个极具影响力的划时代的人物。

（二）企业文化的核心作用

企业文化，是企业的灵魂。它代表着企业的价值观和信仰，渗透到企业的每一个角落。它能够引导员工的行为决策，塑造企业的品牌形象。前文所述一系列优秀公司的企业文化就是生动的例子，它们强调开放、包容和创新的价值观，为员工提供了一个宽松、自由的工作环境。这种文化不仅吸引了众多优秀人才，还激发了员工的创新精神和团队凝聚力。

（三）提升领导力与企业文化的协同发展策略

要实现领导力提升与企业文化的协同发展，需要从多个方面入手。首先，领导者要发挥模范作用，积极带头践行企业文化，成为员工的楷模。其次，要注重培养员工的领导力，让他们也能成为企业文化的传播者和实践者。此外，还要建立与企业文化相契合的激励机制，鼓励员工为企业的发展贡献力量。以下是领导力的几种主要表现。

领导力分解

学习力	构成领导者超速的成长能力
决策力	是领导者高瞻远瞩的能力表现
组织力	是领导者选贤任能的能力表现
教导力	是领导者带队并培训团队的能力
执行力	代表了领导者超常的绩效输出能力
感召力	表现为领导者人心所向的能力

（四）一些值得参考的实践案例

某知名电商企业，注重培养员工的领导力，通过内部培训、导师制度等方式，帮助员工提升领导能力和管理水平。同时，该企业还积极打造具有特色的企业文化，强调团队协作、客户至上等价值观。这种领导力提升与企业文化的协同发展，使得该企业在电商领域取得了显著的业绩，成为行业的佼佼者。

（五）关于未来的展望

展望未来，领导力提升与企业文化的协同发展，将继续成为企业发展的关键。我们需要培养更多具备领导力的人才梯队，让他们能够带领企业各级各部门的员工，一起迎接未来的挑战。同时，我们还要不断深化企业文化的内涵，让它成为企业持续发展的不竭动力。只有这样，我们才能共同开创企业更加辉煌的未来。

有人认为，评价一个人领导力水平到底如何，在位时或许无法真实判断，但可以从他离开团队以后"见真章"——看看到底有多少员工发自内心尊重他、认可他，甚至愿意追随他，而不是人走茶凉。

※ **拓展阅读：关于"领导力"的名家及其著作**

吉姆·柯林斯：全球著名的管理专家及畅销书作家，他的作品深入探讨了领导力的核心要素。其中,《从优秀到卓越》一书详细解析了企业从优秀到卓越的转变过程中,领导力所起到的关键作用。

彼得·德鲁克:被誉为现代管理学的奠基人之一,其著作《高效领导力》深入剖析了领导力的本质和如何提升领导力。德鲁克强调,领导力并非仅仅是关于权力和地位,更是关于如何影响他人、实现共同目标。

约翰·科特:被誉为"领导变革之父",其《领导变革》和《企业文化与经营业绩》等著作和观点在领导力领域具有广泛影响力。科特强调领导力在推动组织变革中的重要性,并提供了实用的领导策略和方法。

凯文·莫尔:他是《领导力的语言》的作者。他以独特的视角阐述了领导力与沟通之间的紧密联系,强调了有效沟通在领导力中的核心地位。其见解深刻且实用,为领导者提供了提升影响力的宝贵指南。

讲到这里,有朋友可能会不平与难过,中国上下五千年灿烂文明,难道就没有关于"领导力"的著述吗?其实早在三国时期,诸葛亮创作了一部专门讨论为将之道的军事著作《将苑》,也被称为《心书》。它涵盖了兵权、逐恶、知人性、将才等多个方面,深入探讨了将领应具备的素质和能力。

《将苑》这部鸿篇巨制,对中国军事思想和战术的发展产生了深远影响。**堪称古今中外"领导力"著述的先河**。当代企业的HRD(人力资源总监)和企业领导者,若把《将苑》作为人力资源管理"正本清源"和"参禅悟道"的参照,将大有裨益。

同时,喜欢研究《孙子兵法》的读者,也许会发现《孙子兵法》与企业文化在目标设定、战略规划、领导作用,以及员工行为管理等诸多方面,都有着紧密的联系和相通之处。通过借鉴《孙子兵法》的智慧,越来越多优秀的企业领导者将其应用于企业文化建设,以及经营管理的实践中,均有不俗表现。

六、领导力"革新"与"落地"

全球经济版图日新月异,企业文化与领导力的影响在企业发展中日益凸显。企业文化是企业灵魂的反映,是组织成员共同坚守的价值观和行为规范;而领导力则是推动企业文化实践、引领企业发展的核心动力。企业文化引领的领导力革新,不仅是企业适应外部环境的必然选择,更是推动企业持续进步的内在驱动力。

（一）企业文化如何影响领导力

企业文化是领导力的基石，它为领导力的施展提供了坚实的支撑。**优秀的企业文化可以为领导力的发挥营造出良好的环境。**因为，它可以激发员工的归属感和使命感，增强组织的凝聚力和向心力。这些人才在公司的各级领导者的引导下，全力以赴，共同推动公司的成长与进步。同时，企业文化还有助于塑造领导者的价值观和行为方式，使领导者的各种决策和日常行动，更能符合企业的战略目标和长期利益。

如果企业文化不健全或者缺乏，领导力的施展将受到严重的制约。缺乏共同价值观和行为规范的企业，必然会导致员工间的利益冲突和沟通障碍，使得领导者难以有效地整合资源、协调各方利益。例如，一些内部竞争过于激烈的企业，往往难以形成有效的领导力，导致企业发展受阻甚至团队分化。此外，不良的企业文化还可能孕育出腐败与官僚，从而进一步削弱领导力的效能。

（二）领导力革新的必要性

市场环境的快速变化，以及组织结构的复杂化，传统的领导力模式或许已经难以满足企业发展的需求。因此，对领导力进行必要的革新，已经成为企业应对挑战、实现持续发展的必然选择。

首先，领导力革新有助于提升企业战略执行力。在市场竞争日益激烈的环境下，企业需要更加灵活地调整战略方向，而领导力革新能够使企业敏锐洞察市场变化，更果断地做出决策，从而确保战略的有效实施。哈佛商业评论的一项研究显示，那些能够及时进行领导力革新的企业，其战略执行力往往高于其他企业。

其次，领导力革新有助于激发员工的创新活力。创新是企业发展的源泉，而领导力革新能够使企业更加重视员工的成长和发展，鼓励员工敢于尝试、勇于创新，为企业的发展注入新的活力。例如，乔布斯就是一个典型的创新型领导，他的领导力革新，使苹果公司成功转型，成为全球最具创新力的企业之一。

最后，领导力革新有助于塑造良好的企业形象。优秀的领导者能以身作则，传递企业的价值观和品牌形象，提升企业的知名度和声誉。而领导力革新能够使领导者更加关注企业的社会责任和公共利益，塑造企业良好的社会形象。例如，星巴克CEO霍华德·舒尔茨就是一个社会责任型领导者，他带领星巴克成为全球最具社会责任感的企业之一。

（三）企业文化引领的领导力革新路径

既然领导力革新是如此重要和必要，那么，在企业文化的引领下，领导力革新可以参考如下路径。值得注意的是，那些企业里任何浮于表面、不能落地的管理现象，本质上就是没有找到，或者没有认真去找"执行路径"。

首先，明确领导力革新的目标，是领导力革新的前提。企业需要根据自身的发展战略和市场环境，确定领导力革新的具体目标和方向。这些目标可以包括提升战略执行力、激发员工创新活力、塑造良好企业形象等。事实上，"目标—原则—方法"的方法论在这里依然适用。

其次，塑造与企业文化相符的领导力特质，是领导力革新的关键。企业需要根据自身的企业文化特点，提炼出符合企业价值观的领导力特质，如团队协作、创新驱动、客户至上等。同时，领导者需要积极践行这些特质，以身作则地传递企业的价值观和行为规范。

再次，建立有效的领导力培养机制，是领导力革新的重要保障。企业需要建立完善的领导力培养体系，包括选拔优秀人才、制定培养计划、提供培训资源等。例如，通用电气公司就有一套完善的领导力培养体系，通过这个体系，通用电气成功地培养出了一批优秀的领导者。优秀的公司之所以"战将如云"，源于对员工全面系统的"领导力"培养。换言之，如果企业不能做大，如果员工素质不能提高，你的"领导力"或许将无用武之地。

最后，营造支持领导力革新的企业文化氛围，是领导力革新的重要支撑。企业需要积极营造开放、包容、创新的文化氛围，鼓励员工参与领导力革新的过程，提出宝贵的意见和建议。同时，企业还需要加强内部沟通和协作，确保领导力革新的顺利实施。

（四）领导力革新的挑战与应对策略

尽管企业文化引领的领导力革新具有重要的意义，但在实施过程中也会遇到许多挑战。面对这些挑战，企业需要及时采取相应的应对策略，以确保领导力革新的顺利进行。

首先，面对组织惯性和既得利益者的阻力，企业需要坚定领导力革新的决心和信心，通过广泛的宣传和沟通，增强员工对领导力革新的认同感和支持度。例如，IBM在进行领导力革新时，就通过开展大规模的内部沟通活动，成功地获得了员工的支持。同时，企业还需要制定科学的革新计划和策略，逐步推进领导力革新的进程。

其次，针对领导力培养机制不完善的问题，企业需要加大对领导力培养的投入力度，建立完善的培训体系和评估机制。通过定期培训和实践锻炼，提升领导者的能力和素质，为领导力革新提供有力的人才支持。

最后，对于企业文化氛围不佳的问题，企业需要积极营造积极向上的文化氛围，加强员工之间的沟通和协作。通过举办文化活动、建立激励机制等方式，激发员工的积极性和创造力，为领导力革新创造良好的环境。

（五）一些总结和建议

在未来的发展中，企业需要持续关注领导力革新的动态和趋势，不断调整和优化领导力革新的策略和措施，以适应不断变化的市场环境和组织需求。以下关于"领导力"的大家之言，可以参考。

彼得·德鲁克："管理是把事情做好，领导力是做正确的事情。"这表明领导力不仅关注日常事务的处理，更注重战略方向和长远目标的设定。

德怀特·艾森豪威尔："我更害怕由1头狮子领导的100只羊，而不是由1只羊领导的100头狮子。"这句话揭示了一个有效的领导者，能够激发团队的力量，即使团队成员本身并不强大。

罗纳德·里根："我一次又一次地失败，才成就了今天的成功。"这句话强调了领导力并非一帆风顺，而是需要经历失败和挫折，并从中不断汲取经验。

史蒂夫·乔布斯："我的工作是带领一群优秀的人，帮助他们成为更好的自己。"这揭示了领导力的核心，在于帮助团队成员实现个人成长和潜力发掘。

※ 拓展阅读：如何让领导力"模型"落地

关于领导力，已有不少著述。我看来，以下模型中，关于领导力的4种"负责"以及释义，可以帮助我们更好理解如何让领导力顺利"落地"。

领导力的4种"负责"

维度	素质	释义
对公司负责	战略全局	放眼未来，高瞻远瞩，确立正确的方向； 立足现在，全局思考，抓住问题的本质
	市场敏锐	关注外部动态，洞悉市场变化，塑造公司核心优势
对业务负责	速度激情	拒绝平庸，工作充满激情和热爱； 给团队带来惊喜，不断追求卓越
	主动服务	以客户为中心，满足乃至超越客户的期望，赢得客户的尊重
对团队负责	凝聚团队	开放包容，求异存同，对事严苛，对人宽容； 鼓舞团队，授权不授责，因才善任，提升团队能力
	团队合作	保持简单，相互信任； 聚焦目标，紧密协作，为团队乃至公司的成功贡献力量

续表

维度	素质	释义
对个人负责	勇担责任	忠于职责，勇于担当，敢于决策，具有使命感、富有责任心
	乐于创新	勤于思考，乐于尝试；敢于打破常规，创造性地解决问题
	沟通影响	讲究沟通策略，确保准确有效；富有影响力，鼓舞并影响他人

第四章
企业文化与员工行为

一个强有力的企业文化是行为的有力驱动者。

—— 吉姆·柯林斯

一、企业文化深刻影响员工行为

"员工行为，是企业文化的镜子"，有什么样的文化氛围，就有什么样的员工行为！在当今商业世界中，企业文化不仅象征着企业的某种气质，更是塑造员工行为区别于其他企业的关键。之所以说它"区别于"其他企业，是因为企业文化绝不能简化为一张员工的"胸牌"。

（一）企业文化的内涵与特质

如前所述，企业文化如同一座独特的精神殿堂，它是企业全体同人在日常的生产经营，以及在各种管理活动过程中逐渐孕育形成的。由此可见，企业文化来源于员工行为。例如，员工行为的主旋律讲究务实、追求高效，那它所形成的企业文化就是"绝不拉稀摆带"。

在这座殿堂中，企业的理念、价值观、企业精神，以及道德规范等要素共同构成其丰富多彩的内涵。其中，价值观为企业文化的核心，决定了企业的基本信仰和追求，指引着员工行为。而每个企业的文化都具有独特性、稳定性和动态性，使得它成为一种与时俱进、独一无二的生命体。企业文化一旦发生变化，哪怕是某些细微的风吹草动，它又极易影响员工行为的改变。

（二）企业文化的指引与激励作用

通过明确的价值观和行为准则，企业文化为员工的行为举止提供了一个隐形的框架，并通过组织氛围影响着员工的工作热情。毫无疑问，一种积极向上、充满活力、乐观奋进的企业文化，不但可以提高团队的工作效率，还能够增强团队的凝聚力和战斗力，成为企业取得成功的先决条件。

例如，某知名电商的"合伙人制度"，就是一种将员工个人目标与企业愿景相结合的绑定机制，它鼓励员工视公司利益为己任。此外，企业可以通过表彰先进、设立奖项等方式，正向激励员工，提升其工作动力。由此可见，隐含在员工日常行为背后的"潜力量"——企业文化，尽管不像目标绩效考核那样具有强烈的"指挥棒"和导向作用，但实则更为深刻和关键。

（三）企业文化对员工行为的规范作用

企业文化对员工行为的规范作用，有赖于一套完善的员工行为和决策准则作为载体。以丰田汽车为例，其著名的"丰田生产方式"（Toyota Production System，TPS）便是企业文化规范性的具体体现。TPS强调"精益生产"和"持续改进"的理念，这些原则成为丰田员工引以为傲的行为标准。

在实践中，丰田的员工不但被允许，还被鼓励停下生产线以解决某个质量问题，从而确保最终产品交付质量的高标准。这种行为规范不仅指导了员工的具体操作，也塑造了对于"质量和效率"的共同追求的企业文化，形成了丰田在全球汽车领域闻名的品牌形象和竞争优势。

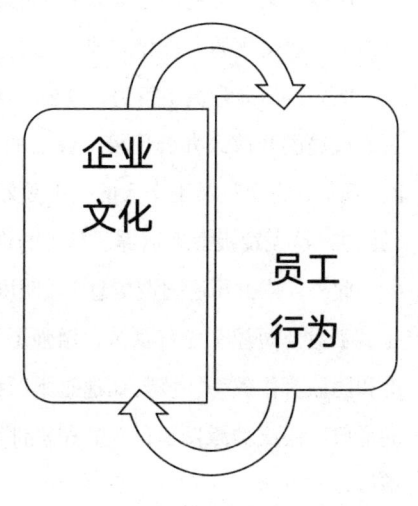

企业文化与员工行为的相互塑造和相互影响

（四）企业文化与员工行为的互动机制

美国民航业"廉价航空公司"经营模式的鼻祖——美国西南航空，以其独特的亲切和幽默的企业文化著称。公司的文化鼓励员工在遵循安全规定的前提下，可以用自己喜欢和擅长的方式服务乘客。比如，机组人员用幽默的语言进行安全示范，或者以歌唱的形式宣布起降信息。这种文化不仅让其员工感到放松和自由，也激发了他们的创造性和表达欲望，进一步加强了西南航空乐于助人、随和的品牌形象。在这个过程中，员工的个性化行为反过来又丰富了企业文化，形成了一种积极的正反馈和正循环。

海底捞的员工关注细节，用心倾听顾客意见，从等位区开始直至餐后小礼物的赠送，每个环节都体现了"顾客至上"的经营理念；它不断推出新菜品、新服务，如自助式调料台、个性化生日庆祝等，这些都是员工们创新思维的体现；它为员工提供宿舍、免费工作餐、员工休息室、健身房等设施，这种"人性化"

管理，让员工感受到更多的亲情与尊重。事实上，这与海底捞"诚信、感恩、创新、共赢"的企业核心价值观紧密相连。

（五）案例分析：优化企业文化以提升员工行为

由很多案例可见，企业文化可以影响员工行为。因此，要提升员工行为，可以借助企业文化的力量和方式，反之亦然。

例如，为提升员工行为，G公司实施了一系列优化企业文化的策略。例如，它通过提供开放式办公环境、灵活的工作时间、内部创新计划，以及"20%时间"政策，完全从员工个人的兴趣爱好出发，给予员工充分的自由度，让员工自己做主，这无疑极大地培养了员工的创造力和主动性。

此外，该公司还强调信息"透明度"和员工"参与度"，定期举行全员会议，让员工对公司经营建言献策，增强了员工的归属感和忠诚度，提升了工作满意度和团队合作效率。该公司通过不断优化其企业文化，不仅在业界树立了创新的形象，还成功激发了员工的积极性和创新行为，使之持续保持在技术革新的前沿。

（六）一些总结和建议

综上所述，员工行为与企业文化紧密相关。可以说，有什么样的文化，就会培养并产生什么样的员工行为；反之，有什么样的员工行为，就会演变并形成什么样的文化。那些有着"积极进取"文化氛围的企业，其员工行为一定是倾向于"团结拼搏"的。同理，如果员工自由散漫、四分五裂，自然就容易形成消极保守、无所作为的文化氛围。因此，企业领导者不可不察，不可不得其法啊。

一个不太恰当的举例：当你的员工偶尔因各种内、外部原因，导致进入暂时的低谷期甚至迷惘期，开始出现类似迟到早退、上班心不在焉等现象时，企业或许有三种行为模式：一是视而不见，听之任之；二是给予处罚，立即干预；三是员工之间相互提醒，彼此劝勉。如果是第三种情形，则说明该企业的文化，对员工行为的影响是积极的，并在发挥着规章制度之上的作用。

※ 拓展阅读：埃德加·沙因的企业文化模型

根据埃德加·沙因的模型，企业文化分为三个层次：工具层面、价值观层面和基本假设层面。我在此简单摘要说明，以便帮助读者了解企业文化对员工行为的深度影响。

工具层面：是最直观和易于观察的部分，包括企业的标识、仪式、传统和故事等。例如，苹果公司的简洁设计和创新精神，就体现在其产品、广告和商店布局中。工具层面对员工行为的影响，主要表现在日常工作中遵循的规范和惯例上。例如，星巴克"第三空间"理念的落地，促使员工在服务中创造舒适、友好的氛围。对于工具层面，企业可以通过更新办公环境、举办团队建设活动等方式，强化积极的文化元素。

价值观层面：指的是企业内部共享的信念和准则，它常常通过使命宣言或企业口号体现出来。例如，亚马逊强调"以客户为中心"的价值观，这一点在其服务策略和员工培训中反复得到强调。价值观层面为员工行为提供了指南，员工的行动和决策会受到这些价值观的引导。对于价值观层面，企业应通过培训、研讨会等教育形式，加深员工对企业价值观的理解和认同。

基本假设层面：是文化中最深层次的部分，往往是潜意识中默认为真实的信仰和观念。比如，G公司对于"信息自由"的基本信念，根植于企业的政策和决策过程中。基本假设层面，是员工行为的深层动力，这些不言自明的信念决定了员工对待工作和同事的基本态度。对于基本假设层面，企业领导层需要通过自身行为示范，潜移默化地影响员工的基本信念和态度。

二、员工行为与企业文化的共生艺术

想象一下，假如你造访某陌生企业，与它的员工接触后，你是否已经清晰感知到，这家企业上空弥漫的某种特殊味道？企业文化就如同企业内部的空气，它虽看不见，却极易让人嗅到各种气息——或清新怡人、芬芳甜美，或污浊沉闷、窒息难闻。它无处不在，充盈着企业的每个角落，深深地影响着每一位员工。

（一）企业文化影响员工行为

在国内某知名电子商务公司的文化对员工行为的影响尤为明显。其企业核心价值观不仅被写入公司规章制度，更被深深烙印在每一位员工心中。因此，无论是面对客户的投诉，还是处理工作中的难题，员工总能以客户利益为先，积极寻找解决方案。这种文化提高了客户满意度，更增强了员工的归属感和责任感。

有人认为，可以用两句话来概括上述企业的人才发展："人事合一"和"虚事实做"。所谓"人事合一"，就是借事修人，借人成事，其核心原则是紧贴业务场景，基于业务实际需要发展人，发展组织；所谓"虚事实做"，指的是领导力、企业文化、员工成长等内在体验是"虚"的，必须通过实实在在的事情，才能将人的内在体验落地做"实"，才能在业务中沉淀宝贵的体验与真实的感受。

（二）员工行为塑造企业文化

员工的行为，也在不断地塑造和丰富着企业文化。前述的H公司员工的创新精神是推动企业发展的不竭动力。无论是研发新产品，还是优化工作流程，员工总能展现出强烈的创新意识和实践能力。这种创新精神不仅体现在员工的工作成果上，更融入了企业的文化中，成为该公司不断前行的重要支撑。

在服务理念方面，海底捞以"服务至上"为核心理念，他们十分注重热情服务和用心服务，始终以饱满的热情和真诚的微笑迎接八方顾客。它给员工很大的自由度和决定权，鼓励其提供个性化的服务，让顾客可以真正感受到宾至如归。当初风靡网络的"科目三"舞蹈，让海底捞的服务又一次走进大众视线。

也有人指出，任何组织和个人一样，都有价值观。因此，为了在组织中生存下来并取得成就，员工个人的价值观必须与这个组织的价值观相容，或者至少相近到足以共存。否则，员工就不能真正融入一个组织，既不能融入，又谈何付出？又如何期待产出呢？

（三）员工行为与企业文化的共生艺术

当然，员工行为与企业文化之间的互动并非一片和谐。有时，员工的行为会偏离企业文化的轨道，这时就需要企业领导者及时介入，进行引导和纠正。比如，当某个员工因为个人原因，而违反了公司的价值观时，公司可以通过谈心、培训等方式，帮助他重新认识到企业文化的重要性，并引导他回归正确的行为轨道。注意，员工违反"制度"，容易察觉和定位；员工违反"文化"，则不易评估和定性，它需要更高的智慧去应对。

这种互动的过程犹如一场共生之舞。企业文化为员工提供了行为的框架和指南，而员工的行为则不断为文化注入新的活力和内涵。只有当企业文化与员工行为达到高度一致并相互契合时，企业内部才能实现和谐运转，从而产生高绩效。

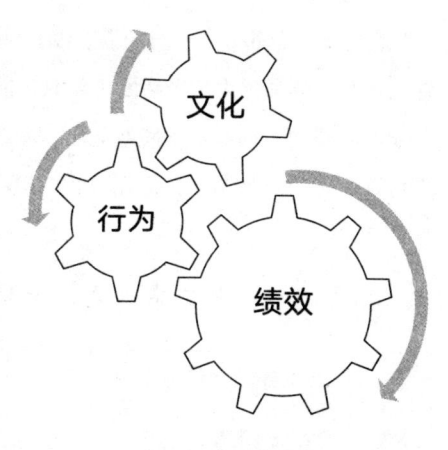

文化 × 行为 = 绩效

为了促进这种共生艺术，企业需要不断加强对员工的文化培训和教育，让他们深刻理解企业文化的内涵和价值。同时，企业也需要建立有效的激励和反馈机制，鼓励员工积极践行企业文化，并对他们的行为给予及时评价和反馈。

（四）案例分析：星巴克

星巴克要求员工以"伙伴、咖啡、顾客"为核心，"积极行动，勇于挑战现状，打破陈规，以创新方式实现公司与伙伴的共同成长"。因此，它鼓励员工创新，并提供丰富的培训和发展机会。这种文化激发了员工的热情，使他们为顾客提供优质服务。"对于每件事，我们都竭尽所能，做到最好，敢于担当。"

同时，它鼓励员工进行团队合作，通过定期团队培训、分享会和项目协作，提升员工间的默契与协作能力。"在每个连接彼此的当下，我们专注投入，开诚相见，互尊互敬。"它倡导开放沟通，鼓励创新思维，共同解决问题，创造卓越顾客体验。这种团队精神，是星巴克成功的关键之一。

（五）一些总结和建议

我常说，管理者要学会解读员工行为背后的企业文化。在一个忽视文化建设的企业里，员工违背企业文化的表现多种多样：有的员工态度消极，缺乏责任心，对问题视而不见；有的不遵守企业规章制度，擅自改动工作流程，无视团队协作；还有的甚至谋取私利，损害企业利益。

总之，一分耕耘，一分收获。没有付出，就没有收获。只有当企业文化真正深入人心，员工行为与之高度一致时，企业才能展现出强大的凝聚力和竞争力，才能在激烈的市场竞争中脱颖而出。因此，评价一个优秀的企业领导者，我们甚至可以简化为三个维度：**练团队、拿结果、传文化**。

※ 拓展阅读：员工常见负面行为与企业文化的对应关系

员工负面行为及现象→	←它所代表的企业文化
不遵守企业的规章制度	行为规范不重视或者培训不到位
沟通不畅，信息不透明、误解频发或缺乏信任	应鼓励开放、坦诚和有效的沟通方式
保守、缺乏创新精神和主动性	鼓励创新和变革方面存在不足
对待客户冷漠、不关注客户需求和满意度	"以客户为中心"的导向不足
缺少责任感，恶性竞争，冲突频繁	团队精神、责任感不足
欺骗、隐瞒、弄虚作假	诚信和道德缺失
排斥、歧视、欺凌	缺乏尊重与包容
忽视安全、不顾健康	风控意识需要加强
消极、推诿、逃避	责任、担当不足
滥用职权、腐败行为	道德规范、廉洁自律缺失
不守时（迟到、早退、请假不按时）	责任意识不够、职业度不够
拖延症	时间管理不足、激励机制和沟通方式需要优化
爱抱怨	职业度不够、团队精神不足、沟通机制需优化
不尊重他人	职业道德、价值观需要优化
工作马虎、不认真	责任心、职业素养、专业度不足

续表

员工负面行为及现象→	←它所代表的企业文化
越权	职责划分、沟通协作、领导风格、员工培训方面需要提升改进

如果我们的文化氛围如右列所示,它是否必然导致左列的各种行为呢?答案是肯定的!那么,我们如何应对呢?一个建议:在刚开始出现苗头时,企业领导者可以给员工赠送相应的书,并要求其在一定时间读完后分享"读后感"。

三、拒绝"开盲盒"的员工行为规范

什么是员工行为规范?它是企业对员工行为准则的明确界定,旨在确保员工遵守职业道德,提高工作效率,塑造企业形象,促进企业与员工共同成长。简言之,守纪律、尽职责、展风貌、促和谐。因此,它不仅关乎企业的日常运营秩序,更深刻影响着企业的文化塑造和长远发展。

员工行为规范四大要素

（守纪律　尽职责　展风貌　促和谐）

(一) 规范之源: 理论背景与现实意义

在快速发展的商业环境中,员工行为规范的重要性越发凸显。它不仅是社会心理学中"群体规范"理论的实践应用,更是企业实现高效管理和文化建设的基石。以某知名电商平台为例,其员工行为规范就明确了职业道德、工作纪律和团队协作等方面的要求，有效提高了员工的工作效率和企业的整体竞争力。字节跳动则相信，高道德标准和诚信文化，在企业发展过程中发挥着关键作用，并由此制定了公司行为准则和合作伙伴行为准则。

（二）制定之道：原则坚守与操作智慧

在制定员工行为规范时，企业应坚守合法性、公平性和实用性等原则，注重和平衡"法、理、情"。同时，结合企业的实际，灵活调整规范内容，而非企业领导者一厢情愿的事情。例如，某互联网公司，在制定员工行为规范时，通过问卷调查、座谈会等多种方式，收集到相对真实和中肯的意见和建议，确保行为规范内容贴近员工实际。在操作过程中，该公司还注重流程的规范化和透明化，确保每个环节都经过充分讨论和审慎决策。

（三）执行之策：落地生根与持续监督

员工行为规范手册即使编写得再好，但如果束之高阁，不能有效执行和持续监督，依然无法发挥其作用。一方面，企业通过培训、考核、激励和惩罚等多种手段，推动员工遵守行为规范；另一方面还可以建立专门的监督机构，对违规行为进行及时处理和纠正。拒绝"开盲盒"，做好持续监督反馈，才能保障员工行为规范执行到位。

（四）挑战应对：智慧化解与持续改进

在执行员工行为规范的过程中，企业可能会面临如下困难。例如，员工对规范的不理解、不配合、不支持，甚至出现抵触情绪等。面对这些问题，企业领导者需要保持"冷静"和"敏锐"地观察，主动积极地应对，通过加强沟通、明确责任以及建立长效机制等举措，进行持续的改进。

例如，在推行新的员工行为规范时，某制造企业就遇到部分员工抵触。他们的管理层并没有惊慌失措，或者逃避推诿，而是通过一系列沟通和引导，帮助员工理解规范的重要性和必要性。同时，各级管理层也敢于担当，明确在规范执行中的责任和作用，从而有效化解了员工的不满，推动了规范的顺利执行。

（五）规范与文化：相辅相成促发展

员工行为规范与企业文化，紧密相连、相互促进、共同发展。优秀的企业文化为行为规范提供了坚实的支撑和指引，而行为规范的认真贯彻和执行又进一步强化了企业文化的凝聚力和影响力。

字节跳动的创始人张一鸣总结自己10年的观察心得，他认为优秀的年轻人都有这五大特质：第一，有好奇心，能够主动学习新事物、新知识和新技能；第二，对不确定性保持乐观；第三，不甘于平庸；第四，不傲娇，能延迟满足感；第五，对重要的事情有判断力。作为企业领导者，张一鸣对字节跳动的企业文化无疑具有举足轻重的影响力。上述五大特质的论述，更是为优秀员工的行为规范定下了一个基调。

（六）一些总结和建议

综上所述，员工行为规范必须紧跟企业文化的脚步。过于超前的管理可能脱离实际，让员工难以适应；而过于精细的管理则可能束缚员工手脚，抑制其创新活力。因此，在制定规范时，既要考虑企业的长远发展，又要兼顾员工的实际需求。通过合理的规范设置，既能确保企业秩序井然，又能激发员工的积极性和创造力，实现企业与员工的共赢。

因此，企业常常在员工行为规范中，设置一系列"高压线"，员工一旦触犯，将受到严肃处理。例如，挪用公款、贪污受贿、以权谋私、泄露商业机密，或对客户实施不当行为等，都属于"红线"行为，它们严重损害了公司的利益和声誉，企业必须坚定说NO！

※ 拓展阅读：诸葛亮的"斩断"之政

员工行为，对于企业文化，乃至企业竞争力，其影响是直接而巨大的。如果把员工行为比作士兵行动，则士兵的表现和战斗力，将直接决定一场战争的胜负，以及军队的强弱，直至国家的存亡。

因此，诸葛亮在《便宜十六策》的《斩断》一文中，对以下七类行为画了"红线"。他说："斩断之政，谓不从教令之法也，其法有七：一曰轻（藐视军令），二曰慢（怠慢军令），三曰盗（贪赃枉法），四曰欺（欺上瞒下），五曰背（背道而驰），六曰乱（军容乱散），七曰误（误人误己），此治军之禁也。"

职场如战场！企业员工行为管理犹如军队"治军"。事实上，在我们日常的企业管理中，依然存在上述"轻、慢、盗、欺、背、乱、误"等情形，程度或轻或重而已。希望企业领导者及各级主管加以重视，既要从员工行为规范上面着手应对，又要从企业文化建设上去寻找本源。

四、企业文化建设离不开员工的积极参与

没有员工的参与，企业文化或许就是领导者锁在抽屉里的小作文，或者脑子里偶尔飘过的一个闪念。事实上，员工不仅是企业文化的接受者，更是其创造者和传播者。因此，引导员工积极投身于企业文化建设，其重要性和难度丝毫不亚于对经营业绩的要求。

（一）员工参与，重中之重

员工参与企业文化建设的重要性不言而喻。以某知名互联网公司为例，该公司十分注重员工在文化建设中的"主体"地位，它通过举办各种文化活动、设立员工建议箱等方式，把员工推向"前台"，这无疑增强了员工的归属感和凝聚力。总之，对于企业文化建设而言，员工的参与，既是"试金石"，更是"金钥匙"。

（二）多种途径，共同参与

企业可以采取以下多种渠道，引导员工参与企业文化建设。比如，设立员工建议箱，让员工随时可以向领导层提出自己的意见和建议；组织员工召开座谈会，让员工能够多一些机会与管理层、领导层面对面交流，共同探讨企业文化的建设与发展；开展员工文化活动，让员工在轻松愉快的氛围中，感受企业文化的魅力。事实证明，打造企业文化一旦找到突破口，我们

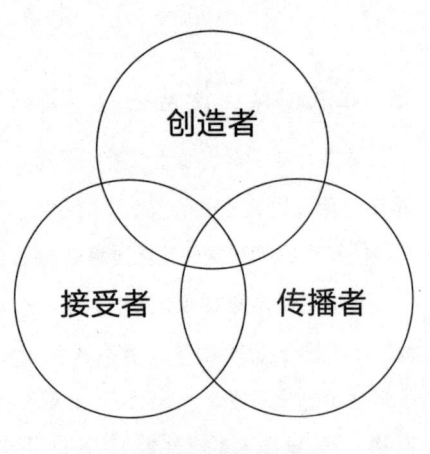

员工在文化建设中的三大角色

的经营业绩往往也能打出一片天地。

（三）方式多样，以身践行

渠道只是通路，合适的方式才能保障参与效果。因此，除了上述渠道和途径的选择之外，企业还需要注意员工参与的方式。员工可以通过积极"**参与**"企业文化建设活动、"**提出**"建设性意见和建议、"**践行**"企业文化理念等方式来真正高质量地参与。以上三步，步步深入，缺一不可。

因为，再多的渠道，若不能有效组织员工积极"参与"，渠道就成了摆设；再好的活动形式，如果员工甘于平庸，充当"看客"，不能"提出"自己的想法，活动就成了"单向"灌输；再好的互动交流，如果仅仅停留在活动本身这一"高光时刻"，员工不能"内化"于心，以身"践行"，则企业文化活动就没有实际效果和真正的产出。企业文化建设之不易，由此可见一斑。

（四）优化环境，营造氛围

有形的环境易做，无形的氛围难修。当然，要想让员工更好地参与企业文化建设，企业还需要优化环境、营造氛围。倡导"开放包容"的文化氛围是成功的关键。企业应该尊重员工的差异性和多样性，鼓励员工敢于表达自己的真实想法甚至尖锐意见。

同时，企业应该不断健全内部沟通机制，促进员工之间的**信息共享和交流合作**。此外，提供必要的资源和支持也是非常重要的，企业应该在资金、场地、设备等方面为员工提供帮助，以便他们更好地参与企业文化建设。在字节跳动的创始人张一鸣看来，如果一个企业的信息不能充分地共享和透明化，是无法真正做到创新的。

（五）一些总结和建议

由此可见，企业文化真是一种"奢侈品"，需要群策群力的共建与呵护，如果放任其野蛮成长，往往事与愿违；如果组织不得法，往往既浪费精力，又浪费情绪。企业文化，绝非企业领导者的"独舞"，"鼓舞"全体成员一起参与，方成教化。

而在一些普通的企业HR部门眼中，组织全员进行目标绩效考核，似乎已经得到广泛共识，对此HR们也有很多办法和成熟工具。然而，面对企业文化建设，其策略和方法相比之下就显得十分困惑与单薄。这里面，既有领导者对企业文化重要性的"认知"问题，也有企业文化相对于目标绩效的"难度"问题。

诚然，员工参与企业文化建设，是一个细水长流、持之以恒的过程，它绝不像给员工某项业务技能培训那样"见效快"和"够直观"，因此被企业管理者排在次要位置，这真是值得我们重视和反思啊。

这或许不是玩笑：**如果员工没有"企业文化"做武装，我们今后拿什么去与软硬兼备、擅长AI的机器人比拼？！** 毕竟，仿生机器人正在快速进化成为人类在手机之后，即将拥有的又一个新的"终端"。

五、解码优秀员工的"能力"参数

企业文化，春风化雨，润物无声。它不仅塑造了员工的行为模式，更引领着企业的前行方向。员工，是企业文化的"代言人"和"窗口"，其行为举止直接关乎企业的对外形象与内在动力，更深远地影响着企业的发展图景。什么样的员工，才是优秀员工？优秀员工都具有什么样的"能力"参数？

（一）共生之体：相互塑造、相互成就

如前所述，企业文化与员工行为是一对共生体，相互塑造、相互成就。企业文化如同明灯，照亮员工前行的道路，为其行为提供明确的指引。而优秀的员工行为，则如同涓涓细流，不断滋养着企业文化的生命之树，使其更加枝繁叶茂。例如，一个企业倡导的"责任"文化一旦深入员工内心，当客户有困难时，员工自然就会挺身而出。

反之，如果其文化无视"责任"和"担当"，那么，它的员工自然就会对客户"抖机灵"；员工对客户的各种敷衍和糊弄，反而会受到上级主管的"奖赏"。还有的企业，花着钱在媒体上投放形象广告，但企业公众号的文章却很难得到员工的传播。何也？文化没有走心、没有到位！

（二）融合之途：从心开始，落地生根

要实现员工行为与企业文化的深度融合，不仅需从员工的内心出发，让企

业文化真正入脑、入心。这就要求企业在塑造企业文化时，必须紧密结合员工的实际需求与特点，打造出既符合企业发展战略，又能触动员工心灵的文化理念。同时，通过持续的培训、引导与激励，使员工从内心深处认同并接纳企业文化，将其转化为自觉的行为准则。

以某知名制造企业为例，它始终注重员工行为与企业文化的融合，通过举办各种形式的内部培训、文化沙龙活动，增强员工对企业文化的认同感与归属感。同时，鼓励员工在实际工作中积极践行企业文化，对于表现突出的员工给予及时、公正的奖励与认可。这样一来，员工行为与企业文化之间形成了紧密的互动与融合，共同推动着企业经营业绩的稳步增长。

（三）协同发展：持续进化，共创辉煌

员工行为与企业文化的融合，并非一蹴而就和一劳永逸的，更不是三五天的新员工入职培训就可以轻松搞定的，而是一个**持续进化、不断优化**的过程。随着企业内外环境的变迁与员工队伍的更迭，企业文化与员工行为都需要进行适时的调整与更新。因此，企业必须建立一套完善的机制，**确保员工行为始终与企业文化保持高度一致和"对齐"**，共同推动企业向着更高的目标迈进。

在这一过程中，企业应积极听取员工的意见与建议，了解他们对企业文化的认知与真实感受。同时，通过定期的评估与反馈，及时发现并解决员工行为与企业文化之间可能存在的偏差与问题。此外，企业还应不断激发员工的创新精神与创造力，鼓励他们为企业文化的发展贡献自己的力量。

（四）应对挑战：智慧引领，化危为机

一帆风顺、万事如意，只存在于逢年过节时的祝福声中。在员工行为与企业文化的融合过程中，难免会磕磕碰碰，难免会遇到各种挑战与困难，如员工对企业文化的不理解、不认同，以及企业文化与实际工作脱节等。面对这些挑战，企业应保持清醒的头脑与坚定的信心，以智慧去引领员工消除障碍、化解危机。

具体来说，企业可以通过加强沟通与交流、深化员工对企业文化的理解与认同；同时，将企业文化与实际工作紧密结合，确保其在实践中发挥实效。此外，企业还可以借助外部力量，如邀请专业顾问或团队，一起参与企业文化的建设与管理，以更加科学、系统的方式推动员工行为与企业文化的融合。

（五）案例分析：他山之石，可以攻玉

常言道，外来的和尚好念经，不少企业喜欢"挖人"和"空降"。事实上，这不利于企业文化的建设，甚至是企业管理层在文化建设方面的"偷懒"和"短视"。

吉利公司，其"内生人才观"是其核心竞争力。公司注重内部人才培养和挖掘，拒绝空降，通过构建全方位的培养模式，为员工提供广阔的空间和成长机会。吉利相信，只有员工不断成长和进步，企业才能持续创新和发展。因此，它致力于打造一支充满活力和创新精神的人才队伍，作为企业长期发展的人才保障。

（六）展望未来：携手同行，共创未来

展望未来，企业应不断探索"优秀"员工行为与"优秀"企业文化的融合之道，换言之，作为企业领导者，就是要想方设法让你的员工变得"优秀"，如此，你的企业自然也就走向"卓越"。

在这个过程中，我们需要清醒地认识到，员工行为与企业文化的融合，需要长期地努力与坚持。只要我们以开放的心态、务实的作风去踏实推进这一工作，以利他之心，成利己之事，相信一定能够有所收获。

※ 拓展阅读：如何判断一个人的"能力"？

文波先生，多年来与无数创业团队打交道，凭借其丰富的投融资技巧及FA（财务顾问）实战经验，总结了一套"看人"的逻辑和方法。如右图所示，一名优秀的人，往往具备这四大"原则思维"。在此基础上，再看这个人的10个能力参数，最后才是看其"项目"。这种方法不仅适用于评价一个创始人团队，同样可作为普通员工提升认知、追求卓越的一个参考。

自私有度	坦诚待人
团结协作	大气行事

评价一个人的四大"原则思维"

什么是一个人底层的"能力"呢？他认为有以下10个"参数"：
（1）态度（是否积极，渴望提升，渴求成功）；
（2）努力（是否足够努力，追求精益求精）；
（3）细节（是否细心，重视细节）；
（4）观察力（主动观察的意识、观察的经验技巧）；
（5）创造力（一切提高效率的创新、创造、创意、设计）；
（6）沟通表达能力（影响他人的能力）；
（7）谋人能力（识人、鉴人、用人）；
（8）主动性（胆子大、脸皮厚）；
（9）行动力（包括被动执行与自驱力）；
（10）自信度（人不自信，别人如何信你）。

在上述10个能力参数中，唯有"态度"和"自信度"，可以180度逆转，创始人可以深入领会，将如何使用这两大参数，去影响自己的团队？

反观自己，道理亦然。只有先发现并深度剖析自己的参数特点，才能在日常学习和工作中，自我特训，改良能力，持续进步。

六、员工行为：从"准则"到"卓越"

在当今商业世界中，企业文化建设不再可有可无，而是成为企业稳健发展的"软实力"。诚然，员工行为管理，正是这一软实力中的"硬支撑"。它不仅关乎企业外在形象，更影响团队的默契度与工作状态。

（一）行为管理：企业文化的"照妖镜"

说到企业文化，多数人首先想到的是企业的标语和口号。员工的一言一行，更是企业文化的直接反映。如果企业倡导"客户至上"的价值观，那么，在日常工作中，员工是否真正"以客户为中心"，他的眼睛是否对着客户，他的屁股是否对着老板，就成了检验企业文化是否真实、是否落地的重要标准。

同时，员工行为管理也是增强团队凝聚力的有力抓手。想象一下，一个团队中，大家各行其是，没有共同的行为准则，这样的团队又怎能形成合力与战斗力呢？而通过员工行为管理，可以引导团队成员形成一致的行为习惯，进而培养出共同的团队精神和协作意识。如此,好的风气与文化就自然逐渐形成了。

(二)实践出真知:行为管理的"四大法宝"

在企业文化建设的实践中,员工行为管理有如下"四大法宝":明确规范、加强培训、建立激励、强化监督。这其实与诸葛亮在《将苑》中所讲的"禁、礼、劝、信,师之大经"异曲同工。"禁令"就是企业的组织纪律,"礼仪"就是企业的文化氛围,"劝勉"就是企业的精神风貌,"威信"就是企业的行事作风。

首先,明确规范是基础。没有规矩,不成方圆。我们结合企业的发展战略和企业核心价值观,制定了一套完整的员工行为规范,涵盖了员工的言行、工作态度、团队协作等各个方面。这套规范不仅为员工提供明确的行为指南,也为管理提供了有力的依据。

其次,加强培训是关键。企业需要定期组织员工参加企业文化培训,通过案例分享、小组讨论等方式,以及行为规范的学习,让员工深入理解和认同企业的文化与自身行为规范之间的关联。同时,还要鼓励广大员工在工作中践行这些理念,通过实践来加深对企业文化的理解。

再次,建立激励是助力。设立一系列奖励措施与机制,对于那些能够积极践行企业文化的员工给予表彰和奖励。这不仅激发了员工的积极性,也增强了他们对企业的归属感和认同感。同时,对于那些违背企业文化的员工行为,也必须给予处罚。须知,对不良行为的放纵,就是对优秀企业文化的打击。

最后,强化监督是保障。通过定期的行为评估、员工反馈等方式,对员工行为进行持续监督和指导。对于不符合企业文化要求的行为,我们要及时进行纠正引导,确保员工行为始终与企业文化保持一致。监督机制犹如人体所必需的"体检",没有定期的"体检",我们对于自身的各种"参数"就是模糊的。

(三)挑战与应对:行为管理的"三大考验"

当然,在员工行为管理的实践中,会遇到一些挑战。比如,员工对企业文化理念的认同度不高、行为管理难以量化评估、与实际运营脱节等。针对这些问题,需要采取一些应对措施。

(1)对于认同度不高的问题。通过定期的座谈会、问卷调查等方式,注重加强与员工的沟通与交流,以了解员工对企业文化的真实感受和需求。注意,在沟通时，要本着"求同存异"的原则，坦诚交流，求真务实。同时，还需要通过树立榜样、分享成功案例等方式，增强员工对企业文化的认同感和自豪感。

（2）对于行为管理难以量化评估的问题。尝试将行为评估与绩效考核相结合，将员工的行为表现逐步纳入考核体系。同时，引入360度反馈等评估工具，从多个角度对员工的行为进行全面评估。还可以将员工行为管理应用于员工的素质模型，以及职业发展规划中的晋升通道设计。既有考评，又有牵引，进步有方。

（3）对于与实际运营脱节的问题。在制定行为规范时，深入考量企业的业务特性与市场需求；在实施行为管理时，则根据企业运营的实际情况进行灵活调整和优化。简言之，始终坚持员工行为管理必须与企业实际运营需求紧密相连。

（四）他山之石：成功企业的行为管理启示

在员工行为管理与企业文化建设方面，以下三种状态非常形象。第一，我们需要自己摸索，踏实地践行，一定时间内心无旁骛地"埋头拉车"；第二，在必要的时候，应该"抬头看路"，关注那些成功的企业，主动向外学习取经，这是快速提升自己的一条捷径；第三，对于企业领导者，除了战略与资本之外，人才和文化要求你必须学会"仰望星空"。

三种状态	管理层级	关注要点	条件具备
仰望星空	领导层	战略/资本； 人才/文化	制订企业级年度计划； 或更长远的战略规划
抬头看路	干部层	目标/绩效； 更加稳健增长	企业的目标绩效管理相对规范； 企业经营分析会的召开较为成功
埋头拉车	作业层	产能/人效； 更多单位产出	架构/职责/制度/流程相对固定和成熟的状态； 目标/路径/方法/资源相对清晰的某一段时间

例如，通过仔细研读优秀企业的员工行为规范→分析其企业文化→领悟其企业核心价值观，层层剥茧，由外而内地对照自己进行查漏补缺，完善框架结

构。有条件的企业，可以邀请优秀企业的高管、资深HRD来做主题分享，从而得到更多启示，并逐步应用于自身文化建设中，形成一套行之有效的员工行为管理体系。

（五）未来之路：行为管理的持续探索

本章即将结束时，一起重温员工行为管理的含义：员工行为管理，是为了确保员工在工作中积极、高效、合规的表现，而实施的一系列管理活动，旨在提升员工整体素质，促进组织和谐关系，推动企业战略目标顺利实现。

在各级主管眼里，抓绩效搞业务，理所当然，顺理成章。然而，对于员工的行为管理呢？不少主管动辄笑笑说"只看结果"，或者让员工"拿结果说话"。殊不知，如果员工行为管理抓不好，我们的绩效管理也大概率好不到哪里去。须知，员工行为管理是过程，员工的绩效管理才是结果。

※ 拓展阅读：常见的10条员工行为准则

所谓"准则"，就是标准和原则，它具有明显的"导向性"和"约束性"。不同的企业，其员工行为准则各不相同，但也有很多共性。以下常见的10条员工行为准则，可以帮助我们理解它与企业文化之间的深层链接。

常见的 10 条员工行为准则

准则	释义
遵纪守法	遵守国家法律法规，以及公司的规章制度，不做违法乱纪之事
爱岗敬业	热爱本职工作，尽职尽责，努力提高工作技能和效率
诚实守信	工作中保持诚实和正直，不撒谎、不欺诈，对同事和上级坦诚相待
团队协作	积极参与团队工作，与同事保持良好沟通，共同完成工作任务，避免个人英雄主义
尊重他人	尊重同事、上级和下属，避免歧视、侮辱或攻击他人，维护良好的人际关系

续表

准则	释义
保守秘密	严守公司机密、客户信息，不泄露可能对公司造成损失的信息
廉洁自律	廉洁奉公，不接受或给予任何形式的贿赂，拒绝参与任何不正当的金钱交易
勤奋进取	勤奋工作，不断学习和提升自己的能力，追求个人和公司共同进步
文明礼貌	保持文明礼貌，注意个人形象和言谈举止，维护公司良好形象
安全至上	遵守安全操作规程，确保个人和他人的安全，预防事故的发生

在此基础上，我们的企业文化要鼓励和引导员工追求不凡、走向卓越。一名优秀员工通常具备如下特点：**高效的工作能力、强烈的责任感、出色的团队合作能力、持续学习和进取心、积极的工作态度、良好的职业道德、创新能力，以及解决问题的能力等**。这将使他们在工作中脱颖而出，为公司创造更大的价值。

文波认为，员工可以通过"提升认知、优化思维、改良能力＋有效社交"加强自我管理，从而"链接最好的人"，实现"效率、自由、幸福"的人生跨越。冯仑认为，一个普通人需要减少因为"谋生""人情""是非"，以及"无效社交"的时间浪费，从而集中精力做出些成绩。

因此，我呼吁，从组织的视角出发，我们不要追求完美的个人，而是要通过员工行为规范，一起打造完美的团队。

第五章
企业文化与品牌形象

一个强有力的文化几乎总是强大品牌的摇篮。

——马丁·林斯特龙

一、企业文化与品牌形象

文化，犹如一个人的气质；而品牌，犹如一个人的外貌。一个"气质"和"外貌"内外兼修的企业，想必大家都很喜欢。在当今全球化的商业竞争中，企业文化和品牌形象由内而外构成了企业成功的两大基石。

企业文化是企业内部的灵魂，决定了员工的行为和企业的运营方式；而品牌形象则是企业外部的脸面，是企业在市场上和消费者心中的定位。理解企业文化与品牌形象之间的关联，以及它们如何作用于企业的日常经营，有助于企业管理更上一层楼。

（一）企业文化的定义及其重要性

如前所述，企业文化是由一个组织的价值观、信念、仪式、符号、处事方式等组成的特有文化形象，它代表着企业内部最为核心的设计，反映了企业的使命、愿景和企业核心价值观。根据上述定义，我们已经隐约发现，"仪式""符号"等品牌形象的重要元素就藏身其中。

企业文化，不仅影响员工的工作态度和行为，还关系企业的整体绩效和市场竞争力。正如彼得·德鲁克所言："文化，无论组织的规模大小或类型如何，都将影响到组织中每个人的行为和绩效。"彼得·圣吉在其著作《第五项修炼》中指出："企业文化是一个组织最重要的无形资产。"

（二）品牌形象的构成与作用

所谓品牌形象，是指企业在市场上、社会公众心目中所表现出来的个性特征，它体现了公众特别是消费者对品牌的评价与认知。品牌形象由品牌的外观、功能、口碑、情感价值等多维度构成。它是消费者对某个品牌所有联想的集合体，它反映了该品牌在消费者记忆中的图景，而非一系列具体的参数和指标。

由此可见，一个强大的品牌形象，能够提升企业的知名度、美誉度和忠诚度，进而转化为市场购买力，以及竞争中的各种优势。如果你与某个品牌的员工深入打过几次交道,他们带给你的企业文化感受,其实不经意间已经融入了你对该品牌的认知。

(三)企业文化与品牌形象的内在联系

(1)共同的价值观做基础。企业文化和品牌形象都是基于企业的企业核心价值观建立的。企业核心价值观决定了企业文化的"导向"和品牌形象的"定位"。例如,迪士尼强调创新、卓越和乐观,这些价值观也体现在其品牌形象上——一个为家庭提供快乐、梦幻和创新的娱乐世界。

(2)相互影响的动态关系。一方面,良好的企业文化能够提升员工的满意度和承诺感,进而通过员工的行为和态度,将正面的品牌形象传递给外部利益相关者;另一方面,积极的品牌形象能够吸引优秀人才的加入,同时增强现有员工的自豪感和归属感,从而反哺企业文化的深化和发展。

试想一下,当你决定加盟一家优秀企业之前,它强大的外部品牌号召力,无疑是让你心动并促成行动的重要因素。当加入该企业后,你就能更加深刻地感受其内部的企业文化。这其实与游戏行业的"拉新""留存"有些相似——品牌形象负责"引进来",而企业文化负责"留下来"。

(3)保持一致的外在表现。在对外传播时,企业文化和品牌形象应保持一致性,甚至是一脉相传。企业的使命、愿景和价值观应当贯穿企业文化建设和品牌形象塑造的每一个环节。这种一致性不仅能够增强企业内外部的沟通效果,还能够提升企业的整体形象和市场竞争力。

链家,作为中国房地产中介行业的领军企业,其企业文化和品牌形象在对外展示上表现出高度的一致性。链家的企业文化强调诚信、专业、创新和共赢。这些价值观不仅渗透到每一位员工的日常工作中,也体现在链家提供的每一项服务中。同时,链家的品牌标识设计简洁明快,易于识别记忆。

在品牌传播中,链家始终强调"让每一个人都能安居乐业"的使命和"成为全球房地产服务的领导者"的愿景,这些理念与企业文化紧密相通,共同构成链家独特的品牌魅力。如果我们深入研究,就会发现链家创始人左晖先生的座右铭——"做难而正确的事",本质上是与其品牌形象和企业文化在骨子里的必然联系。

（四）案例分析：苹果公司

苹果公司是一个在企业文化和品牌形象塑造方面均取得显著成功的典型案例。它的企业文化强调创新、简约和高效，这些价值观深深地烙印在公司的产品设计、市场营销和服务体系中。其品牌形象以高端、时尚、用户友好为特点，深受全球消费者的喜爱。

深入剖析发现，苹果公司的企业文化与品牌形象之间形成了良好的互动关系。一方面，公司内部的创新文化不断催生出新的产品和技术，这些创新成果不仅提升了品牌的市场竞争力，也强化了品牌形象中的"创新"标签；另一方面，苹果品牌的全球影响力和忠诚度，又为公司吸引了大量的人才和资源，进一步促进了企业文化的繁荣和发展。

（五）一些总结和建议

综上所述，企业文化与品牌形象之间相辅相成，相互赋能，共同构成了企业在市场竞争中最耀眼的两大"软实力"。相对而言，品牌外显，其打造或可以速成；而文化内敛，其建设必须假以时日、欲速则不达。未来，企业应当更加注重企业文化与品牌形象的协同建设、协调发展、协助共赢。

只有在软实力上面多下硬功夫，企业才能实现内部和外部资源的有效整合和市场竞争力的持续提升。脱离企业文化的品牌打造，那只是品牌建设的初级阶段。没有企业文化的参与和加持，你的品牌传播活动即使玩出各种花样儿来，也一定苍白无力，一定缺少很多醇厚的底蕴。

二、文化是品牌形象的灵魂与根基

一个企业的品牌，就像一个人的IP（个人品牌）。一个人的外在形象——衣着、言行、气质——都是品牌形象的直接体现。但真正让我们长久喜欢或尊重的，往往在于他的内在品质和价值观。它是不是绣花枕头，就要看企业文化在品牌形象中发挥的作用。

（一）价值观：品牌形象的基石

企业文化最核心的部分是价值观，它不仅指导着企业的决策和行为，更直接影响了员工和消费者对品牌的认知。比如，迪士尼强调创新、卓越和乐观，这种价值观在其主题公园、电影和商品中得到了充分体现，让消费者感受到该品牌带来的欢乐和梦幻。甚至，这种价值观的来源可以追溯至迪士尼创始人华特·迪士尼的初心和愿景——他希望通过自己的创造，为人们带来欢乐。

（二）个性：让品牌脱颖而出

每个企业都有其独特的企业文化，这种独特性就像人的个性一样，让品牌在众多竞争者中超然独立、脱颖而出。比如，苹果公司以其独特的设计和创新精神著称，这种独特性正是其企业文化鼓励创新和追求卓越的体现。

乔布斯在斯坦福大学某次毕业典礼上的名言："Stay hungry, stay foolish."（保持饥饿感，保持好奇心）他鼓励人们保持对知识的渴望和对未知的好奇，不断学习和探索。这种精神也是乔布斯自己一生的写照，更是该公司品牌个性不可或缺的组成部分。

（三）声誉：品牌形象的守护者

当一家企业恪守"诚信、责任和创新"等企业核心价值观，它更能赢得消费者的信任和公众的尊重。由此可见，企业文化直接影响着品牌声誉，并守护着品牌形象。比如，丰田汽车强调"质量第一"，本质上就是敢于对消费者承担"责任"，这为丰田在全球市场赢得了良好的口碑。即使面临"召回"等重大挑战，丰田汽车依然勇于"担当"，凭借其强大的品牌声誉和企业文化，迅速平复压力，恢复消费者的信任。

（四）创新：推动品牌发展

在快速变化的市场环境中，创新是品牌生存和发展的关键。一个鼓励创新、包容失败的企业文化，能够为品牌提供源源不断的创新动力。比如，G公司就以创新为核心，鼓励员工尝试新的想法和方法。这不仅推动了公司在搜索引擎领域的持续创新，还为其在人工智能、自动驾驶等新兴领域的发展提供了强大的支持。我们会在第六章里，重点讲解企业文化的创新与发展的关系。

（五）传播：让品牌走得更远

企业文化还是品牌形象传播的重要主体。通过全面展示企业文化故事、员工风采等内容，品牌形象能够更深入触达消费者的心灵，与消费者建立更紧密的情感连接。比如，可口可乐经常通过其官方网站和社交媒体平台，分享其企业文化故事和员工风采，让消费者对该品牌的价值观和使命感有了更为感性的认识。这种情感连接不仅能够提升品牌的知名度和美誉度，更能够让品牌在消费者心中留下深刻的印象。在第七章中会全面讲解企业文化的沟通与传播。

（六）稳定性：确保品牌的长期成功

在不断变化的市场环境中，品牌的形象和定位可能会随着市场趋势和消费者需求的变化而调整。但企业文化作为品牌的灵魂和根基，其外延可以不断创新和扩大，其内涵则始终保持着相对的稳定和持久。比如，宝洁公司一直强调"消费者至上"，这种价值观在其长期的发展过程中保持着稳定，确保宝洁在全球消费品市场的品牌识别与领先地位。

（七）一些总结和建议

回忆起这些年来自己组织策划，或者深度参与的无数次大型市场营销活动，毫无疑问，这些活动的初衷都是为了完成某个营销任务，其目的无外乎两个：打品牌、促销售。

成功市场营销的三大目标

但在当下，还需要再加上三个字"传文化"。是的，企业文化是品牌的灵魂，品牌是企业文化的外在表现。那些没有"灵魂"的营销活动，或许只是一些肤浅的动作比画，聊胜于无。

三、如何在品牌传播中加载企业文化

一个人，外貌不错，口碑不错，文化气质也不错。但好几个这样的人站在一起，大家看起来就没有区别了。这就需要用到传播的技巧，你与众不同的气质与才华，才能通过他人的口碑，为他人知悉与喜爱。

企业文化不仅是企业内在精神的体现，更是品牌传播的核心资产。通过品牌传播，企业文化得以向外界显露，在增强品牌的吸引力和影响力的同时，也为品牌注入并赋予了独特的文化内涵和深度。

（一）企业文化为品牌传播提供丰富营养

在品牌传播中，企业文化丰富的外延为之提供了多姿多彩的内容和宽广的视角，帮助品牌塑造出独一无二的形象，进而增强消费者的认知和忠诚度。诚然，企业文化是组织的灵魂和核心竞争力，它还必须走下"神坛"，才能接"地气"，才能成为品牌传播和市场营销的重要支撑。

以星巴克为例，这家全球著名的咖啡连锁企业，成功地将"尊重个体，重视人才培养"的企业文化融入品牌传播中。它通过官网分享员工成长故事、在社交媒体与顾客互动，以及在店内营造家一般的氛围等方式，让顾客感受到其独特的文化魅力，从而极大地提升了品牌的形象和美誉度。

（二）企业文化传播不等于品牌传播

然而，企业文化的传播绝非易事，它不同于企业的产品广告，甚至也不同于企业的形象广告，它要求企业投入持续的时间和足够的资源，培育和维护自身的文化。同时，企业还要避免过度宣传，坚决反对虚假宣传，以防损害品牌形象。

我曾经长期从事品牌宣传和市场营销工作。我甚至认为，那些期望为企业文化"打广告"的行为都是徒劳。在"嗓门"足够大的情况下，你最多可以通过"品牌广告"（也可以简单理解为"形象广告"）为企业文化做一些小小的"注脚"。

（三）数字时代企业文化传播的机遇和挑战

在数字时代，虚拟现实（VR）、增强现实（AR）、人工智能（AI）和大数据分析等新兴技术，不仅为企业文化传播提供了更多元的手段，还能够创造出更加丰富、立体的品牌体验。说到这里，我很心疼某些企业重金打造的线下展示大厅。

诚然，上述新技术使得消费者足不出户，就能够更直观地感受和理解企业文化。同时，企业也能更精准地把握消费者的需求，制定出更具有针对性的传播策略。然而，这些机遇也伴随着挑战，企业需要不断地学习和创新，才能充分利用这些新技术，合理嫁接到自己的应用场景。

（四）案例分析：宝洁公司

宝洁公司始终坚守"以消费者为中心"的文化内核，致力于为消费者呈现高品质、多元化的产品和服务。在品牌传播方面，宝洁公司巧妙运用广告和公关活动，将这一文化理念深深烙印在消费者心中。他们的广告作品创意丰富，情感真挚，常常能够触动消费者的心弦，引发共鸣。

此外，宝洁公司还积极参与各类公益活动，履行社会责任，这些举措不仅提升了品牌的社会形象和美誉度，更增强了消费者对品牌的信任感。这些活动不仅让它在全球市场上树立了良好的品牌形象，更让它的文化理念得到了更广泛的传播和认同。

（五）实际操作的一些建议

在进行企业文化传播时，一套系统且细致的策略与执行方案不可或缺，以下是在实际操作过程中的一些建议，供大家参考。本书第七章中"市场营销5M法则"，可结合本部分阅读。

首先，企业需要深入剖析其文化内核，明确核心价值和传播目标，确保信息传达的一致性和准确性。其次，企业要精准选择传播渠道和工具，根据目标受众的特点和喜好量身定制。再次，员工是企业文化的最佳传播者，适当的培训，"由内而外"的传播方式更适合企业文化的打造。最后，任何传播活动都需要定期评估，收集反馈，调整优化，以确保文化传播的持久性和有效性。

（六）一些总结和建议

多年前，我就在思考：为什么在绝大多数企业里，没有设置首席文化官

（CCO）？首席文化官是企业里统筹文化建设工作的关键角色，它应该与首席执行官（CEO）、首席运营官（COO）、首席技术官（CTO）、首席财务官（CFO）等并肩，共同构成企业的高级管理团队。只有他们紧密协作，才是企业永续经营的核心所在。

其实，"首席"的称谓不重要，我更看重"企业文化"可以与"运营""技术""财务"等并驾齐驱。事实上，即便没有CCO这个专用职位，企业领导者往往会兼而顾之。只是相对于日常经营管理，企业领导者对企业文化的"认知"略微浅显、单薄生僻。一旦剖析并掌握了企业文化的"密码"，其经营管理或许就像"开挂"一样，纲举目张、左右逢源、得心应手。

四、企业竞争的高级阶段是文化之争

品牌形象，乃企业之脸面，它是赢得消费者信赖与喜爱的关键所在。它看起来就像一个简单的标志或符号，实则是当它被成功塑造之后，就集中加载了该企业核心价值观、社会责任、综合竞争力等丰富信息。

一个成功的品牌形象，往往能够深入人心，并为企业带来持续的业务增长和市场份额的扩大。当企业之间的竞争，由产品之争，上升到营销之争，再进化到品牌之争，乃至文化之争时，你就更能明白这个道理。

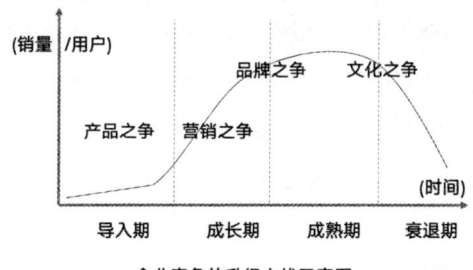

企业竞争的升级之战示意图

（一）品牌形象塑造的基石

如上图所示，品牌形象的塑造，往往始于对消费者需求的深刻理解，以及对企业自身定位的准确把握。产品之争、营销之争，是品牌之争的前奏。而品牌之争的后期，往往会自然导入文化之争。看看国内当下的新能源汽车群雄争霸战，在其产品、营销、品牌各路"战旗"之后，已经隐约可见企业文化即将披挂上阵。

以苹果为例，其简洁、时尚、创新的品牌形象深入人心，这得益于公司对目标消费者——追求高品质生活的年轻人群的精准洞察，以及始终坚持的创新理念和精益求精的产品态度。这类用户往往先知先觉，在产品的导入期就体现出了"时尚"和"发烧"的特质。

事实上，用户之所以选择苹果，或许是被其"追求创新"和"产品极致体验"的企业文化打动的。是的，这已经有一点点为"情怀"买单的意味。而所谓"情怀"，不就是对其企业文化的某种认同吗？

（二）品牌塑造的策略与实践

在塑造品牌形象的过程中，策略的制定与实践的执行相辅相成。明确的策略为品牌提供了方向，而精准的实践则将策略转化为实际的成效，两者紧密结合，共同推动着品牌形象的不断提升和完善。

首先，明确品牌定位和价值观是根本。例如，迪士尼公司，其品牌定位是"家庭娱乐"，价值观强调"梦想、欢乐和亲情"，这使得其在全球范围内赢得了无数家庭的喜爱。事实上，没有明确的定位和差异化的价值观，很难被用户记住。我们反对把企业文化简单"标签化"，但"标签化"往往代表一个企业的独特"定位"。

其次，设计独特的视觉识别系统（VI）至关重要。耐克的"钩"形标志，奔驰的"三叉戟"标志，麦当劳的"M"金拱门等，它们简单而富有力量感，成为全球极具辨识度的品牌标志之一。

再次，提供优质的产品和服务是品牌形象的核心。例如，亚马逊公司，它通过持续优化用户体验、提升物流效率等一系列措施，成功塑造了"顾客至上"的品牌形象。反之，如果没有这些优质的产品和服务做支撑，其品牌形象就会一落千丈。

最后，借助营销活动传播品牌形象。可口可乐"分享快乐"的营销活动，通过在全球范围内举办各种公益活动、音乐会和促销活动，成功传递了其品牌的正能量和四射活力。一句话，品牌形象是产品和营销两大竞争后的高级阶段。

（三）关于品牌形象的长期维护

建立品牌，极为不易。90%的企业都走不到"品牌之争"那一步便偃旗息鼓，因为普通企业的5年存活率远远低于10%。因此，企业应敏锐捕捉市场动态，关注消费者的需求变化，灵活调整品牌策略。同时，积极回应消费者的反馈和投诉，可以彰显企业的诚信与责任感。以星巴克为例，它始终倾听顾客声音，持续优化咖啡品质与环境，从而稳固了其高品质与舒适的品牌形象。

记住，在品牌形象塑造与长期维护过程中，要注意保持好"三性"：**一致性**——品牌标识、宣传口号等应协调统一，形成鲜明印象，避免消费者产生混淆；**独特性**——品牌须拥有独特魅力，以差异化优势脱颖而出，成为消费者心中的独特记忆；**可持续性**——品牌应紧跟时代步伐，持续创新，确保长期稳定发展，赢得消费者持久信赖与喜爱。由此可见，那些蹭热点、傍名牌、搞山寨的企业，不可能打造出真正的品牌形象，其企业文化也断然无法赢得用户的尊敬。

（四）一些总结和建议

毫无疑问，在品牌形象塑造与维护的过程中，我们一定会面临各种挑战。未经各种"战役"打磨出来的品牌，不会成为真正的知名"品牌"。还有人认为，只有在泥泞的道路上，优秀的你才能与对手拉开差距。然而，上述道理似乎也并不重要，你需要牢记以下原则：在正常商务交往中，不要站在比你弱小的人背后！因为，那将让你不经意间丧失自己的品牌形象。

※ 拓展阅读：小米永远相信美好的事情即将发生

胸怀"和用户交朋友，做用户心中最酷的公司"的愿景，小米致力于持续创新，不断追求极致的产品服务体验和公司运营效率，努力践行"始终坚持做感动人心、价格厚道的好产品，让全球每个人都能享受科技带来的美好生活"的公司使命。

2024年3月28日晚，小米的创始人雷军正在网络直播Xiaomi SU7汽车上市发布会。这款号称"三年打磨，满怀敬畏之心""十倍投入，自研关键技术""科技跨越，人车合一"的小米汽车首款作品，集万千宠爱、万千期待、万千光环于一身。

如果这一天晚上，你的朋友圈刚好也被 Xiaomi SU7"霸屏"，你就能感受到什么是"品牌"，什么是品牌"塑造"，什么是品牌"营销"，以及它们背后浓浓的企业文化，甚至"粉丝文化"（亚文化之一种）。对于 SU7 与保时捷外观超级相仿的做法，我保留自己的看法和态度。所谓瑕不掩瑜，依然希望小米公司继续走在让广大用户"相信美好"的路上。

五、文化与品牌：必须纳入企业年度规划

在商业舞台上，企业文化与品牌战略犹如一对"舞者"，它们相互交织、彼此衬托，联袂上演了一幅幅绚丽的画卷。事实上，它们更像两位充满智慧的"长者"，在默默关注着企业日常经营管理活动。例如，什么人才可以请进来，他们是否符合企业核心价值观？什么合作可以走起来，它们是否符合企业品牌战略及定位？

（一）企业文化是灵魂

企业文化，如同企业的灵魂，它深深根植于员工的内心，影响着他们的思维方式和行为举止。它不仅是几句口号和标语，更是一种深入骨髓的组织信仰和集体追求。当企业文化得到真正地贯彻和践行，它就会成为企业最宝贵的无形资产，为企业提供源源不断的发展动力。

因此，文化对企业的方方面面都有着强烈的影响，品牌战略当然也不例外。如前所述，当企业之间的竞争，经过"产品服务""市场营销"后，将毫无悬念地进入"品牌|文化"之争。本书将在第十一章，系统讲解企业文化与企业中各个功能板块的关系，如组织架构、人力资源、产品服务、资本运作等。

（二）品牌战略是企业文化的外在表现

品牌战略，是企业文化的重要外在表现形式。它承载着企业的核心理念和价值观，通过精心策划的市场定位和创新的传播手段，将企业文化的精髓传递给消费者。一个成功的品牌战略，不仅能够提升企业的知名度和美誉度，更能够赢得消费者的信任和忠诚，为企业创造持久的竞争优势。

以苹果公司为例，其独特的企业文化与品牌战略之间的共生关系堪称典范。

它一直秉承着"Think Different"的企业核心价值观，鼓励员工勇于创新、追求卓越。它的产品设计独特、品质卓越，每一款产品都充分展现了其品牌的核心价值。同时，它还通过精准的市场定位和创新的营销手段，将品牌理念传递给消费者，赢得了广泛的认可和忠诚。

（三）企业文化与品牌战略共生共赢

然而，企业文化与品牌战略的共生关系并非一蹴而就，而是需要企业长期的努力和坚持，精心打磨，精雕细刻，精妙安排。无论是惠普（HP）的战略分解工具，还是德勤（Deloitte）的战略解码方法论，其初始步骤往往离不开企业文化与品牌战略的明确。

例如，利用每年初制定年度经营规划的契机，我们可以不断在组织高层深化对文化和战略的理解。通过与组织成员一道回顾"初心"，明确企业的企业核心价值观和使命，以确保品牌战略与企业文化的高度契合，并将其分解和植入企业的年度目标任务。

（四）一些总结和建议

展望未来，企业需要更加深入地挖掘企业文化的内涵和价值，创新品牌战略的执行方式，确保品牌形象的持续升级和与时俱进，并在企业文化和品牌战略的指引下，升级我们的各类经营管理活动的"认知"。

我曾经多次组织不同企业的战略分解，并协助其管理层制订企业的年度经营规划。企业领导者会重点关注PEST（政治、经济、社会、科技）大环境、波特五力模型、同行竞争对手分析，以及SWOT分析等。高管团队也会利用年度经营分析会这个契机，对过去存在的"主要业务问题"进行盘点，对未来必需的"关键成功要素"进行展望，甚至还会对各级各部门之间的"内外依存关系"进行推演和匹配。

然而，对于"企业文化"和"品牌战略"，企业领导者要么不够重视，要

常备头脑中的SWOT分析工具

么针对它们的战略分解，以及目标制定的方法不够"专业"与"科学"。如此，对于企业文化与品牌战略，如果我们既不重视，又无相当的认知高度，则沦为平庸就不可避免。由此，我强烈建议"企业文化"与"品牌战略"，必须纳入企业的年度经营规划。

六、文化是品牌忠诚度的隐形推手

建立品牌的知名度，甚至美誉度相对容易，尤其是有资本助推时，但忠诚度才是衡量品牌成功的关键指标。它不只体现为消费者的重复购买行为，更是消费者对品牌深层次的情感依赖。诚然，在构建品牌忠诚度的过程中，企业文化悄然随行，发挥着至关重要的隐形推手作用。

（一）企业文化的魅力之源

企业文化是企业的灵魂所在，包含了企业的价值观、经营信条以及行为规范等，它是企业多年沉淀下来的独特印记。正如每个人都有自己的性格特点，每个企业也拥有其独特的文化气质。这种文化不仅左右着企业的日常运营，也在潜移默化中塑造了品牌的公众形象。无论何时，无论何地，任何抛开企业文化而独自行动的品牌打造，都会碰得满鼻子灰。

（二）企业文化与品牌忠诚度的联系

（1）情感连接的桥梁。当消费者发现某个品牌的价值观与个人信念相吻合时，"多巴胺"最终会战胜"内啡肽"，他们更容易建立起情感上的连接，更容易产生持久和深入的积极情绪体验。比如，那些强调环保和可持续发展的品牌，往往能够与越来越多关注环保的消费者产生共鸣，从而建立起忠诚的品牌群体。

（2）品牌形象的塑造者。正面、健康的企业文化能显著提升品牌形象，吸引志同道合的消费者。反之，负面、病态的企业文化则会对品牌形象造成损害。短视频时代，不断有超级IP横空出世，不断出现"潮牌"和"爆款"，不断有让人惊艳的粉丝经济，就是这个道理。

（3）口碑传播的助力。员工若真心认同企业文化，他们的真诚推荐，往往比任何形式的广告更具说服力。然而，一个负责销售的员工，如果他的微信朋友圈里极少展示企业的产品服务，可以想象他对企业文化的认同与认知程度。扩展一下，如果该企业大部分员工都这样呢？

（三）运用企业文化提升品牌忠诚度的策略

（1）**明确并传播企业的核心价值**。企业需明确自身的核心价值，并通过多种渠道进行传播，以增强内部员工的归属感，同时让外界消费者深入理解品牌的精神。在本书第十二章中，有许多企业文化落地的实操方案，可自行查阅。

（2）**培养文化大使**。将员工培养成企业文化的代言人，通过他们的实际行动向外界展示品牌的价值和魅力。如前所述，将员工冠以文化大使、形象大使、品牌代言、某某推荐官之类，其实操作层面上并不难，难的是让员工真正"走心"。常见一些企业，热衷于聘请明星作为"形象代言人"，实则于企业文化没多大好处。

（3）**创新文化体验**。结合当前潮流和消费者需求，如举办主题活动、线上社区等，让消费者更深入地接触品牌文化，创造更加新颖的企业文化体验。正如这些年火爆的新国潮，让无数"90后""00后"乐此不疲地追捧，其打法就是与时俱进的代表。事实上，如果我们以每25年作为一代新人的节奏，无论是品牌形象，还是企业文化，都必须随之更新。否则，就有OUT（出局）的危险。

（四）未来展望及"道"与"术"的一些感悟

写到这里，企业文化与品牌形象的章节接近尾声。作为长期奋斗在市场营销一线的部门负责人，只有深挖企业文化之"道"，才能从根本上提升品牌形象之"术"，进而增强消费者的认同感和忠诚度。

我也见过不少务虚高调的"理论家"，他们喜欢坐而论"道"，总是有意无意避开"术"的深入，仿佛一谈到实操的"术"，就自降身份、低人一等。因此，他们海阔天空、指点江山、口若悬河。同时，也有一部分务实低调的"实干家"，完全根据自己的经验和认知，凭着自己的热情和爱好，完成了不少企业文化甚至社会责任层面上"术"的行动，这其实也限制了视野的进一步开阔。

事实上，无论是企业文化，还是企业管理的其他方面，都离不开专业的"术"的触达。没有专业的"术"的操作，"道"就容易出错或者绕了弯路。比如，我见过不少初创企业，由于对股权问题一知半解，在股权设计这个"术"的层面，过于"疏忽"和"随意"，从而导致企业进一步增长时出现隐患甚至裂痕。

对企业领导者而言，知道为什么（Why），以及需要什么（What），远比明白怎么干（How）更重要。因为，How可以交给职业经理人来操刀，而Why和What，只能由企业领导者自己决定。至于企业文化建设，企业领导者则需要不断获取灵感和启发，找到哪里可以下手，何时可以出手，以及上手的节奏。

由此，"道"为"术"提供方向，而"术"为"道"提供实践。以"道"为原则，以"术"为方法，内外兼修并举，才能培养出既有道德品质，又有实际业务能力的人才，所谓"德才兼备"，人才如斯，品牌如斯，企业如斯。

第六章
企业文化的创新与发展

你不能靠旧思维来创造新事物。

——阿尔伯特·爱因斯坦

一、文化创新取决于企业领导者素质

当下,市场竞争日趋激烈,科技发展更加迅猛,传统的企业文化或许力不从心,或许不合时宜,不足以支撑企业发展新的需求。因此,文化创新不再是一种可有可无的选择,而是企业潜心经营、持续成长的必由之路。

就连百年老店全聚德,也在苦思冥想如何打造其全新IP——"萌宝鸭",并让它成为拥抱年青一代的"代言人"。而故宫的文创,则似乎找到了创新的密码,在网络时代不断收获着泼天富贵般的流量。

(一)企业文化创新的理念内核

关注可持续发展和企业社会责任,成为企业文化创新的理念内核及引路人。星巴克就是一个很好的例子。作为一个全球性的咖啡连锁品牌,它不仅提供咖啡,更致力于创建社区感和归属感,通过不断丰富其"第三空间"的概念,让消费者感受到家外之家的温暖。它还关注可持续发展,从咖啡豆的采购到店铺的运营,都十分注重环境保护和公平贸易。

文化创新,企业领导者关起门来独自进行是行不通的,它需要员工广泛参与。仍以H公司为例,它坚持自主创新,强化学习型组织,构建了既有鲜明特色,又能适应市场变化的企业文化。它强调"客户至上,奋斗者为本",其独特的领导魅力,通过内部的"狼性文化",不断激励员工突破自我,追求卓越。这打破了传统的组织和管理模式,而来自外部的打压,又让其不断创新、越战越勇。

(二)企业文化创新的实践路径

(1)制定创新战略。除上述案例之外,我们发现,某电商巨头如何通过独创的"六脉神剑"的价值观,指导企业文化的发展。该企业早期的价值观如下表所示,经过多年的稳健发展,它不断进化到现在的版本。这些原则不仅指导了企业的日常经营决策,也成为企业内部创新和发展的战略思想。

某知名电商企业核心价值观的创新

老版本	新版本
客户第一	客户第一、员工第二、股东第三
团队合作	因为信任，所以简单
拥抱变化	唯一不变的是变化
诚信	今天最好的表现，是明天最低要求
激情	此时此刻，非你莫属
敬业	快乐工作，认真生活

（2）组织结构创新。例如，字节跳动采用了扁平化管理，打破传统的层级结构，从而大幅度提高了决策效率。同时，它推行OKR工作法（目标与关键结果法，是一种企业目标管理工具），确保目标清晰、责任明确。此外，它还十分注重跨部门协作和团队自驱力，以激发创新活力，推动公司快速做出反应。

（3）建立创新平台。例如，北京故宫博物院一方面依赖新媒体；另一方面还借助现代科技建立了数字展览平台，让传统文化与现代科技完美结合，为观众带来全新的视觉盛宴及文化体验。又如，腾讯公司，创建了众多开放创新平台，不但鼓励员工跨界合作，汇聚多元创意，还全力打造产业新生态，推动众多企业共生共荣。这不仅促进了自身企业文化的创新，也为生态企业带来更广阔的发展空间。

（4）创新激励机制。如一些优秀的公司，为员工提供丰厚的报酬之外，鼓励员工持有公司股票，让他们参与公司成长，分享组织的成功，这有效提高了员工的忠诚度和创新积极性。相比之下，某些自以为是的企业负责人，动辄以"合伙人"名义给员工画大饼、讲情怀，实则忽悠员工低成本为其"打工"。这种看似聪明的做法，长远来看，实则得不偿失。

（三）企业文化在创新实践中的挑战与对策

创新，本来就难，何况企业文化。在面对企业文化创新的挑战时，不同的企业或许会采取不同的对策，以下一些案例可以为我们参考和借鉴。

（1）不破不立。当传统观念成为创新障碍时，通用电气公司（GE）采取了

"快速工程"模式，从而缩短产品从设计到市场的时间，打破了原有的缓慢决策流程。戴尔则创新了"按单生产"的零库存销售模式，引领了PC（个人计算机）生产的一种全新思路。而在如何控制创新风险方面，IBM则建立了一套"风险管理系统"，不仅评估项目的技术风险，还考虑市场和财务风险，多层次多维度地确保创新活动的可行性。

（2）员工参与。它是企业文化创新的重要一环。通过设立"创新小组"，微软公司鼓励全体员工大胆分享想法，并参与产品的研发，这种方式不仅鼓舞了员工火热的创新热情，也提升了员工对企业文化创新的认知和理解。为了鼓励团队关注新事物，大胆往前看，字节跳动的创始人张一鸣甚至要求团队不要迷恋"旧战场"。

（3）长效机制。它可以持续推动文化创新。例如，为鼓励员工自由探索，允许试错，并为员工提供充分的创新空间，G公司出台了"20%时间"制度，让员工将1/5工作时间，完全用于个人兴趣项目。此外，该公司还注重内部知识分享与团队协作，通过建立创新交流平台，让不同团队之间的合作与创意不断碰撞火花。这些长效机制和措施，培育了创新土壤，呵护了创新热情。

（四）案例分析：京东"无界零售"

京东的"无界零售"战略，打破了线上线下零售边界，通过数据驱动、技术引领和场景融合，实现零售全链条的优化和升级。该战略强调以消费者需求为核心，提供个性化、智能化的购物体验。它通过整合内外部资源，京东构建开放共赢的零售生态，与合作伙伴共同创造更大价值。

京东之所以能够持续增长，并在国内异常激烈竞争的电商领域有所成就，源于创始人刘强东不屈不挠的创新精神。他说："创造价值才有机会成功！不要被外界因素影响，想清楚你做的东西到底有没有价值。其次，你能不能为行业、为社会带来价值。"

（五）一些总结和建议

未来，随着业务全球化的加速，以及数字化转型的深入，企业文化创新的节奏也在加快，并将变得更加复杂和富有挑战性。一方面，企业需要更加深入了解自身业务与文化的特点，并为之匹配更为精妙的关系，持续探索和实践新的创新方法，从实践中来归纳提炼，又到实践中去校验和改良，以构建具有竞争力的、不断演进的企业文化。

另一方面，在节奏把握上，企业文化的创新也需要注意"动静结合"，不动则止，不静则摇。因为，长久不动，一潭死水，冷寂无声，企业也就容易停滞不前；反之，如果一直在动，没有片刻安宁，则企业就会让人心摇摆而不思劳作。创新理论鼻祖约瑟夫·熊彼特认为，一个企业能否取得创新的成功，往往取决于企业领导者的素质。因此，推动文化创新，与企业领导者的素质和能力、认知和格局、眼界和胸怀，关系重大。

二、不同时代企业文化的发展

企业要发展，文化紧相随！作为企业的灵魂和基石，企业文化不仅塑造了员工的思维和行为模式，更在无形中引领着企业的战略方向和市场定位。在全球经济一体化和市场竞争日益激烈的今天，培育与打造独一无二、与时俱进的企业文化尤为关键，破译其发展的动力和路径，有利于我们的文化创新和文化自信。

（一）企业文化发展的三大动力

企业文化的持续发展并非偶然为之，也非放任自流，更不是企业创始人或领导者一厢情愿，或者凭借一己之力可以完成的事情，而是由以下三大力量共同推动的结果。

首先，激烈的市场竞争，为企业文化的发展提供了外在动力。仍以H公司为例，其在通信行业的崛起，一方面得益于其深厚底蕴的企业文化推动。这种文化强调团队协作、快速反应和持续创新，使其在市场竞争中始终保持领先地位。另一方面，它之所以取得今天的成绩，就是被激烈的市场竞争甚至是残酷的各种外部打压"逼"出来的。

其次，多元化的员工需求，成为企业文化发展的内在驱动力。随着企业生命的延长，在那些动辄上万人的大企业里，"60后""70后""80后""90后""00后"共聚一堂，企业需要提供更加人性化和创新性的文化环境，以满足不同时代员工多元化、合理化的需求。如果没有这样"多元化"的内驱力，很难想象一个企业会主动变得"开放"。反之，如果员工"千人一面"，被动听任安排和差遣，毫无疑问这样的企业文化就会"懒政"。

不同时代员工的关注要点

"80后"员工	"90后"员工	"00后"员工
价值观：注重个性、追求自由、强调创新，同时也有较强的责任心和使命感	**心态**：个性随意但渴望成功，喜欢竞争，争强好胜	**心态**：个性更加鲜明，有着不同的兴趣和价值观，自我意识强烈
生活方式：多元化，需要灵活的工作制度，如弹性工作时间	**工作环境**：偏好快乐、舒适的工作氛围，注重团队活力	**工作体验**：注重有趣性和年轻化，喜欢灵活的工作环境、有趣的团队活动和弹性工作时间
职业发展：重视个人成长和发展，希望获得职业培训和晋升机会	**激励方式**：对物质奖励和精神激励都有较高需求，喜欢多样化的激励措施	**创新意识**：更加敏锐的创新意识，希望在工作中提出新想法和建议

最后，企业战略转型的需要，也推动了企业文化的发展。无论是传统的制造业，还是服务业，当"互联网+""AI+"逐渐成功引导我们产业大升级时，其文化也必然随之进行调整。例如，苹果公司在其转型过程中，成功塑造了以设计创新和用户体验为核心的企业文化，从而在全球市场上取得了巨大成功。事实上，即使强大如苹果公司，在面对一大批中国新能源汽车逐渐走向国际舞台中央时，也不得不在2024年的春天，宣布放弃其潜心多年已经投入巨资的"造车梦"。

（二）企业文化发展的多元路径

企业文化成长和发展路径各不相同，也并非一成不变，而是可以根据企业的实际情况和市场需求进行灵活调整。它必须"支撑运营"，它必须为"业绩买单"，它必须能"牵引梦想"。无论面对什么年代的员工，以下几条文化发展的路径都可借鉴和参考。

一是以人为本。通过增强员工的参与感和归属感，一起共建文化并推动文化的发展。例如，丰田汽车就通过其"持续改善"的文化理念，鼓励员工积极参与工作流程的改进和优化，从而实现生产质量和企业效率的持续提升。事实上，没有员工的广泛参与，其所谓的企业文化，很可能沦为企业负责人声嘶力竭的几声呐喊，或者是其朋友圈一些可有可无的、自嗨的"鸡汤"。

二是融合创新。借鉴其他行业的优秀文化元素，企业可以结合自身特点进行创新。亚马逊，将其在互联网行业中的"客户至上"理念，与传统零售业相结合，创造出独特的"一键购物"体验，赢得了广大消费者的喜爱。如果企业领导者自我封闭，高管团队各自为政；如果没有"抬头看路"，更没有"仰望星空"，单凭这样固执的"埋头拉车"，如何能够找到融合与创新之路？

三是制度保障。通过建立完善的制度体系，确保文化的落地和持续发展。麦当劳，依赖其全球统一的标准化管理体系，确保其"品质、服务、清洁和物有所值"的企业文化，在全球范围内的准确传播和一致实施。因此，通俗地讲，制度一定要为企业文化保驾护航。没有制度的保障和呵护，企业文化是脆弱的，是模糊的，在一些人眼中是可有可无的。

四是跨文化传播。随着企业加速推进其全球化进程，跨文化背景之下的文化传播和经营管理成为必然。例如，通过其全球化的营销策略和本土化的市场策略，可口可乐成功将其"快乐"文化传递给了全球消费者。开放，即企业发展之大势所趋。开放，必然会带来跨文化融合问题。

（三）关于文化自信的一些思考

前文谈到了跨文化的问题，文化自信是一个民族自我认同和自我价值的体现，它来源于对本民族历史、传统、语言、艺术等各个文化领域深刻地理解和自豪。在全球化的大背景下，文化自信成为维护文化多样性、促进文化交流与对话的重要基石。因此，**文化自信是企业文化健康成长的优质土壤。**

一个拥有文化自信的民族，才能够在世界舞台上坚定地展现独特的文化魅力，同时也能够更加包容和尊重其他民族的文化。然而，文化自信并非孤立自足，它需要在开放中不断吸收外来文化的精华，在交流中实现自身的发展与创新。真正的文化自信是建立在深厚文化底蕴和时代精神的基础上，它既不盲目自大，也不盲目媚外，而是在坚守中求进步，在发展中保持自我。

企业文化也一样，有的企业领导者，喜欢孤芳自赏，甚至简单粗暴地把自己在企业里发号施令，想当然地当成企业文化。在他们心中，既然自己乃一企之主，就连整个企业都是自己一手创建的，那企业里的"文化"自然也就自己说了算，这其实是对企业"文化自信"的另一种偏见和误解。

三、企业文化变革的管理与引导策略

前文讲到企业文化的"发展"，它指的是事物由小到大、由简到繁、由低级到高级、由旧物质到新物质的运动变化过程。本文讲企业文化的"变革"。何谓"变革"？变革是指事物发生根本性的改变或转变，意味着原有状态的中断。可见，相对于"发展"，"变革"的态度更为坚决和彻底。

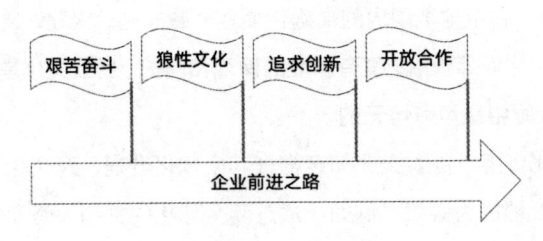

不断变革的企业文化

（一）企业文化变革的必要性

企业文化发展到一定阶段，其"变革"不仅是必要的，而且是迫切的，它必须符合"顺天、因时、依人"的规律。例如，前文所述某全球通信巨头，创业初期强调艰苦奋斗和狼性文化。随着公司发展壮大，它开始注重创新、开放和合作，推动组织向更加灵活、高效的方向转变。它的持续变革不仅提升了员工的归属感和创造力，还增强了它在全球市场的竞争力。该公司企业文化的变革之道，为我们提供了宝贵的经验和启示。

（二）企业文化变革的管理策略

（1）设定清晰目标。没有目标，就容易迷失方向。即使是企业文化自身，它的变革依然遵循目标管理的方法论。在变革之初，明确的目标是成功的关键。企业应根据自身的愿景、使命和战略，制定具体、可衡量的文化变革目标。

（2）精心规划路线。没有路线，就容易各行其是。变革之路充满挑战，详细的变革计划是不可或缺的。通过制定时间表、分配资源和明确责任人，可以保障企业文化的变革不偏离方向，不左摇右晃，能够按部就班地进行。

（3）建立沟通桥梁。没有沟通，就没有管理。有效的沟通是企业文化变革的润滑油。企业应通过多种渠道，如内部论坛、团队会议等，保持信息的畅通和透明，确保每个员工都能理解并支持变革。

（4）培养变革领导者。领导者是变革的推动者，尤其是具有卓越领导力的领导者。企业应识别和培养那些具有变革意识、愿景和能力的领导者，让他们在变革中发挥关键作用。此外，建立一支朝气蓬勃的领导者队伍或团队（leadership），无疑将放大变革的力量。

（5）营造变革氛围。"文化"本身就是一种"氛围"。通过举办文化活动、庆祝仪式等，企业可以营造一种积极、开放的变革氛围，使员工更容易接受和拥抱变革。"营销"就是"营造"一种"销售"氛围。虽然用在这里略显牵强，但似乎也说得过去——推销自己和IP，销售产品和服务，营销文化和理念。

（三）企业文化变革的引导方法

（1）领导者身体力行。企业文化的变革，离不开领导者的鼎力支持和率先垂范。各级领导者的言行对员工有着深远的影响。通过带头践行新的企业文化，领导者可以为员工树立榜样，引导他们跟随变革的步伐。没有领导者参与的企业文化"建设"，都是不会成功的，何况还是文化的"变革"。

（2）激励与约束并行。变革需要动力和约束，犹如汽车需要"油门"和"刹车"。企业应建立奖惩机制，对那些积极支持变革、取得变革成果的员工给予奖励，同时对那些阻碍变革的行为进行约束和纠正。我在多年的市场营销活动中，发现了"推拉"结合的妙处。"激励"和"约束"，与此类同，可资借鉴。

（3）借助外部的智慧。由于变革往往涉及复杂的问题和挑战，外部专家的经验和智慧可以为企业提供宝贵的帮助。通过引入恰当的企业文化顾问或管理咨询师，企业可以获得更专业的变革指导和建议。（有关"借力"技巧，可以参考本书第十二章《谋人与借力：高效成长之道》一文）

（4）培训与教育助力。培训和教育，是使员工接受和适应新企业文化的关键途径和必需步骤。通过精心组织和准备的培训和教育课程，可以帮助员工理解变革的意义和价值，掌握新企业文化所需的技能和行为。那种简单地搞一搞誓师大会、喊一喊行动纲领、贴一贴宣传标语的行为，只能博得一些粗浅的仪式感的客套与回应。

（四）企业文化变革的注意事项

尽管压力巨大、充满焦虑，但在企业文化变革的过程中，保持正确的出场姿势而不至于变形变态，企业尤需注意以下几点。

（1）**尊重员工**。毫无疑问，变革会带来不确定性和焦虑感，企业应理解并尊重员工的感受和需求，通过开放、坦诚的沟通，来消除其疑虑和不安。员工是企业的载体，也是企业文化的创造者、接受者、传播者。企业文化不能是，也不可能是企业领导者的"独舞"。

（2）**保持稳定性**。为此，企业应在保留优秀传统文化，并在此基础上进行变革，并非完全颠覆现有的企业文化。所谓优秀的文化"传统"，在企业里就是指文化的"传承"和"初心"，就是创始人当初的"目标""愿景""价值观"。在带领团队奔赴山海时，或许会起起伏伏、跌跌撞撞、兜兜转转，甚至忽上忽下，忽左忽右，企业领导者的"目标"和"梦想"通常不会改变。

（3）**持续监控与调整**。变革是一个长期的、动态的过程，企业领导者需要足够的耐心，持续关注变革的进展和效果，并根据实际情况进行调整和优化。管理企业文化变革，同样可以用到PDCA质量控制的"闭环管理"。我们不能只有计划，不能埋头执行，缺少监督检查，缺少纠正调整。没有监督和调整，我们的企业文化变革要么虎头蛇尾，要么失控。

PDCA质量"闭环"

（五）一些总结和建议

当企业文化的"发展"不足以支撑企业正常的经营管理时，企业文化"变革"势在必行。譬如，企业里主流声音缺失，八卦谣言满天飞；骨干员工以及核心人员异动过于频繁；业绩持续严重下滑，或者正常运营停滞不前等现象，这说明企业文化"变革"已经刻不容缓。

危机或许是企业文化的试金石。当形势一片大好时,"文化"的优劣不会被大家额外关注,就像鱼儿在水中畅游、鸟儿在天空飞翔一样。只有当"危机"出现,才能明白"水"和"空气"的重要性,才会反思并发现企业文化的优劣——哪些尚可,哪些无效,哪些在起反作用,哪些必须进行变革。

可以想象,企业文化变革,必将带来一场深刻的组织变革。展望未来,它必将成为企业发展的常态和核心竞争力的重要来源。**每一次成功的变革,组织都将迎接一次蜕变和重生。**企业文化的变革并非"为变而变",本质是为了突破某些旧有的樊篱,为了更好地生存和发展,从而以一种决绝的态度去推动组织文化的升维和进化。

四、案例分享:企业文化创新

纵观人类历史,从遥远亘古的石器时代,到农牧时代、工业时代、人工智能时代,以及未来的太空时代,其发展呈现一种"加速度"状态。尤其是当今世界的科技进步,可谓一日千里。因此,企业文化创新已成为企业提升竞争力和加速度的重要途径。

(一)企业文化创新案例

(1)G公司的开放创新文化。作为全球领先的搜索引擎和互联网服务提供商,它以开放、协作和创新的企业文化著称。它鼓励员工敢于尝试、勇于创新,并倡导跨部门合作与知识共享。通过扁平化的组织结构、跨职能团队以及丰富的培训资源,打造了一个充满活力和创造力的工作环境氛围。这使得它不断推出颠覆性的产品和服务,并持续活跃在这个风起云涌的互联网时代。

(2)H公司的奋斗者文化。作为全球领先的通信巨头,它强调艰苦奋斗和拼搏精神,提倡"以客户为中心、以奋斗者为本"的企业核心价值观。通过完善的激励机制、职业规划和晋升通道设计,不断激发员工的工作积极性和创造力。同时,该公司十分注重团队合作和集体主义精神,鼓励员工之间的互助和支持,共同应对市场挑战。这种奋斗者文化,让它越战越勇,成绩斐然。

(3)X公司的体验式文化。作为全球知名的连锁咖啡，它注重为顾客提供独特的体验式服务。通过营造温馨、舒适的购物环境，加强员工与顾客之间的情感联系，让顾客感受到家的温馨。同时，通过专业的培训和指导，不断提升员工的服务意识和水平。这种体验文化，使得它在全球范围内赢得了众多忠实用户，树立了独特的品牌形象。

（二）企业文化创新案例的启示

上述案例的成功经验为我们提供了宝贵的参考。尽管他们的文化创新各具特色，同时也具有如下共性。

（1）**强调创新与开放**。例如，企业定期举办高质量的创新大赛，开放平台共享资源，积极与业界合作，不仅可以激发员工创造力，还可以推动产品的持续创新。如此，企业在提升品牌影响力的同时，还可以吸引众多优秀人才与合作伙伴。阿里云、企业微信、钉钉、百度、文心一言、360智脑等，看似在搭建一个基于开放平台之上的"生态"和"生意"，实则是其"开放"和"创新"的企业文化使然。

（2）**关注员工成长与发展**。优秀员工是企业最宝贵的财富。因此，为员工提供完善的培训体系，鼓励员工参与跨部门项目合作，不仅可以帮助员工提升专业技能，还可以拓宽员工的视野。此外，设立多元化的晋升通道，让优秀员工有机会担任更高的职位，或者成为某个领域的专家，以实现自我价值。不要眼睛只盯着业绩，还要关注业绩背后的员工成长，这样的企业文化必将最终反哺企业。

（3）**营造独特的品牌形象**。苹果公司以其独特的企业文化，成功营造了鲜明的品牌形象，它强调设计美学、创新精神和用户体验。这种文化使得它的产品独具一格，深受消费者喜爱。同时，通过其独特的营销活动、店面设计和员工服务等方式得到展现，进一步强化了其文化与品牌形象。而小米的成功要素之一，来源于其极简风格的人性化产品设计，这让雷军被业界亲切地称为"雷布斯"。

（4）**平衡内外部需求**。某知名电商平台，对内强调员工成长、团队合作与高效执行，打造积极向上、富有创造力的内部氛围；对外致力于客户至上、诚信经营和社会责任，赢得市场认可与社会尊重。这种内外平衡之道，使得该平台既能满足员工发展需求，又能满足客户需求，同时保持对社会的贡献，实现了企业的可持续发展。

（三）一些总结和建议

由此可见，企业文化创新是企业发展的重要驱动力。既然创新如此重要，那到底什么是"创新"呢？关于"创新"的解读，我一直喜欢任正非接地气的说法，现摘录几段，供大家找一找感觉。

关于创新的需求源头，任正非认为，**产品创新一定要围绕商业需要**。对于产品的创新是有约束的，不准胡乱创新。关于创新的程度，他明确表示，利用率低于70%，新开发量高于30%，这不仅不叫创新，还是浪费，它只会提高开发成本，增加产品的不稳定性。

任正非进一步强调，**共享资源的创新才是真正的创新！**由于一些人不共享资源地创新，我们很多产品进行了大量的重复劳动，根本就不能按期投产，而且投产以后不稳定。在他看来，创新不是推翻前任的管理另搞一套，而是在全面继承的基础上不断优化。此外，创新必须通过转化变成商品，才能产生价值。

关于创新与稳定的问题，任正非表示，**要处理好管理创新与稳定流程的关系**。一个有效的流程应长期稳定运行，不因有一点问题就常去改动它，改动的成本会抵消改进的效益。关于管理软实力的创新，他表示，**管理的创新对高科技企业来说，比技术创新更重要**。

关于对创新精神的鼓励与宽容，任正非表示，**责任意识、创新精神、敬业精神与团结合作精神是我们企业文化的精髓**。实事求是，是我们行为的准则。过去人们把创新看作冒风险，现在不创新才是最大的风险。有创新就有风险，但决不能因为有风险，就不敢创新。

五、企业文化发展的趋势与挑战

作为企业的软实力，企业文化正悄然影响着一个企业的前途和命运。我们需要领悟其在发展过程中所呈现的新趋势、新挑战，让企业文化的建设并非那样的扑朔迷离。

(一)企业文化的多元与包容

某知名科技公司，在招聘过程中，不仅看重应聘者的专业技能，更关注其文化背景和思维方式的多样性。这种开放包容的文化氛围，不仅为公司把住了人才引进关，还使得新人可以顺利融入企业文化，团队交流也十分活跃，不同观点相互碰撞，激发出源源不断的创新灵感。

然而，随着全球化市场的拓展，不同文化背景的员工开始出现摩擦：有人直接明了，有人委婉曲折；有人尊崇权力，有人倡导平等；有人主动进取，有人被动配合……为了应对这一挑战，公司加强了跨文化培训，一方面提升员工的文化敏感性和沟通能力；另一方面，通过各类文化交流活动，让员工对不同文化有了更深了解和尊重，使得该公司的企业文化在多元中找到了和谐与统一。

(二)企业文化需要员工体验与参与

一家互联网巨头，强调员工体验与参与。它认为，员工是企业最宝贵的财富，只有让员工感受到自己的价值和归属感，才能激发出他们的工作热情和创造力。因此，公司提供了丰富的职业培训和发展机会，鼓励员工参与公司的决策过程。同时，通过各种数字化平台，广泛收集员工的意见和建议，让员工的声音都能够被听到。以人为本，使得这家公司在市场竞争中曾经一路领先。

随着科技的快速发展，该公司也遭遇到企业文化适应性的挑战。为此，该公司积极推动企业文化与科技创新的深度融合。他们利用大数据和人工智能技术，不断优化内部管理流程，提高工作效率；同时，公司还将这些技术应用于企业文化传播和员工培训等方面，使得企业文化更加符合并适应数字化时代的新特点。

(三)员工培训，共同应对

从上述两家企业的文化案例中，可以看到，我们必须以积极的心态，去接受挑战，去拥抱变革，去迎接趋势。在这个过程中，企业创始人或领导者，需要组织并发动全体员工，做好员工培训，共同积极应对。

如何做好员工培训？不少企业喜欢给员工"灌知识""练技能"，而忽视了"正态度"。如果不能先从企业文化层面上，端正员工的学习和培训态度，是很难形成良好的职业习惯的。

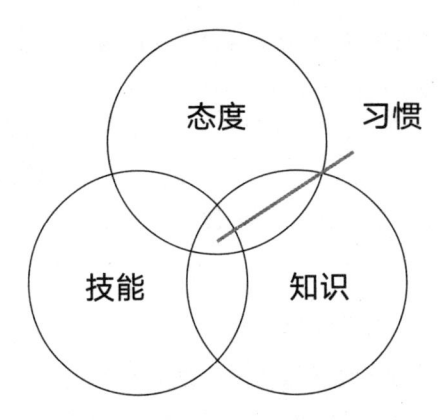

员工培训：3能力+1习惯

（四）防止文化变味和稀释

企业走出去，员工引进来，新老有更替……凡此种种，企业文化必然会变得"陌生"乃至跟之前"不太一样"。当企业规模较小时，员工之间相互认识并且相当了解，彼此什么秉性喜好都熟悉而自然。当企业规模超过几百人，跨部门跨单位之间，大家彼此熟识的，似乎就剩下"胸牌"了。

防止企业文化变味，或者被稀释得"面目全非"，企业领导者必须保持敏锐并采取果断措施：第一，强化企业核心价值观的传播与培训，确保员工的理解和认同；第二，领导层要发挥示范引领作用，带头践行企业文化；第三，奖优罚劣，维护企业文化的纯洁性；第四，企业必须及时更新、调整和完善企业文化；第五，通过客户、合作伙伴等外部监督和反馈，帮助企业不断完善企业文化。

（五）一些总结和建议

因此，我们要建立相对科学的企业文化的发展观，它是企业对自身文化建设的一种深刻认识和理解，它强调文化的持续性、创新性、传承性和实效性。展望未来，企业文化将继续发挥重要作用。那些能够成功应对挑战、不断优化和完善文化的企业，必将在激烈的市场竞争中脱颖而出，实现"各领风骚数百年"的梦想。

六、没有文化创新，就没有企业的持续发展

没有创新，就没有发展。企业如此，文化亦如此。在这个快速变革的时代，单纯依靠传统的企业文化，已难以应对日益复杂的挑战。因此，企业文化创新显得尤为重要，它不仅是企业持续发展的催化剂，更是企业在激烈的市场竞争中立于不败之地的关键。

（一）掌舵方向，引领时代潮流

文化的创新体现在对企业发展方向的重新定位上。以某知名互联网公司为例，面对互联网行业的巨变，该公司通过重塑企业文化，强调开放、协作与创新的企业核心价值观。这种文化的转变不仅使员工更加积极主动地拥抱变革，还推动了公司在短时间内推出了一系列颠覆性的产品和服务，从而牢牢占据市场制高点。

（二）凝心聚力，共筑企业家园

某制造企业，深知员工是企业最宝贵的财富，因此他们通过创新企业文化，打造一个注重员工成长、充满人文关怀的工作环境。在这里，员工不仅享有优厚的福利待遇，还能参与各种丰富多彩的文化活动。这种家园式的企业文化极大地增强了员工的归属感和凝聚力，为企业的发展注入了强大的动力。

京东刘强东曾表示，如果在员工身上"节省"成本，会让自己良心不安。因此，他拒绝通过某些"变通"的方式，克扣员工的"五险一金"。据悉，京东的员工在职期间，无论什么原因遭遇不幸，公司将负责该员工的孩子一直到22岁的学习和生活费用。试想，在这样的文化氛围中，员工的工作状态和心态，他们的工作成果和成就，一定远远超越其他绝大多数企业。

（三）品牌之魂，点燃文化之光

如前所述，文化创新对于品牌建设同样至关重要。某国际知名时尚品牌就是一个典型的例子。该品牌通过构建独特且富有创新性的企业文化，成功地将品牌的个性与价值观传递给消费者。这种文化的力量使该品牌在竞争激烈的市场中脱颖而出，成为时尚界的佼佼者。

在日常生活中，与其说我们在追逐某个品牌，还不如说是在追随该品牌的

企业文化，或者说是追随该品牌形象与企业文化的特殊"混合体"。毫无疑问，没有文化加持的品牌，只是靠无数商业广告和营销活动"轰炸"出来的一个苍白而空洞的"符号"。所以，讲好品牌故事，是文化建设的一小步。

（四）创新驱动，技术引领突破

在科技飞速发展的今天，文化创新对于提升企业的科技创新能力尤为重要。某科技型企业就是一个成功的范例。该企业通过营造"鼓励创新、宽容失败"的文化氛围，激发员工的创造潜能。在这种文化的熏陶下，该企业不断推出领先行业的新技术和产品，从而保持持续的市场竞争力。

其实，从"由内而外"的视角来看，企业的内核是文化，在企业的外部，是波特五力模型（供应商和购买者的讨价还价能力、潜在进入者的威胁、替代品的威胁、来自同行公司之间的竞争）。如果再把参照系数放大，就是企业所处的PEST大环境。而人类社会的进步，往往来源于"科技"的巨大进步。例如，农耕文明、工业革命、互联网普及、人工智能出现……

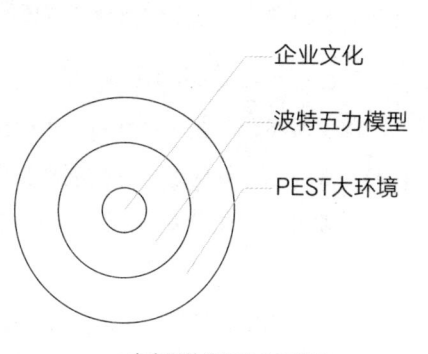

由内而外分析企业示意图（企业文化、波特五力模型、PEST大环境）

（五）应对挑战，方能化危为机

面对市场的风云变幻，不惧挑战的企业文化能够帮助企业化危为机。以某传统企业为例，面对数字化浪潮的冲击，该企业果断进行企业文化创新，积极拥抱数字化转型。通过培养员工的数字化思维和能力，该企业成功实现了业务模式的创新和市场的拓展，从而在数字化时代焕发出了新的生机与活力。

相反，那些因循守旧、不思进取、妄想一劳永逸的企业，正在逐步被时代抛弃。无论你是20来岁的大学生，还是年过半百即将走向退休的职场老兵，回想一下你所经历的，堪称一个轰轰烈烈的大时代。10年前，会议记录"音频转文本"也许是你的主营业务，而今，AI辅助同步输出精美的会议纪要，不但帮你节省了大量案头工作，甚至可能把你当年谋生的买卖直接"掐"了。

（六）责任担当，共建美好未来

企业文化创新还体现在企业对社会责任的积极担当。一些企业通过创新企业文化，将社会责任融入企业的日常运营中。他们不仅关注自身的经济效益，还致力于环境保护、社会公益等事业。这种具有社会责任感的企业文化不仅提升了企业的社会形象，还为企业赢得了更广泛的社会支持和可持续发展的空间。

即使是小企业，只要踏实经营，不忘初心，就有着小企业的责任与担当。大企业，如前所述的比尔及梅琳达·盖茨基金会，它已经超越了普通的CSR的范畴，体现了对人类共同追求的崇高使命与责任担当，也同样让人钦佩。（本书第九章会全面讲述企业文化与社会责任的关系）

（七）一些总结和建议

综上所述，企业文化创新是企业持续发展的不竭动力。通过重新定位、关注员工成长、品牌建设、科技创新、应对挑战，以及责任担当等方面的创新实践，企业可以不断激发内部的活力和创造力，从而在激烈的市场竞争中立于不败之地。

有必要指出，罗马，不是一天就建成的。企业文化因为其不断积累，不断发展，不断创新，而同时具有丰富且"多元"的含义。正如任正非所言，他们的企业文化也是用了30年时间，才逐渐能够"自圆其说"，形成一套相对完善的"企业文化"体系的。

※ 拓展阅读：一位企业家心中"多元"的企业文化

某优秀企业家，常在工作之余和高管团队探讨如何打造企业文化。一段时间中，该企业家脑海里陆续浮现出"狼文化""鹰文化""军文化""家文化"等多个念头。这个问题据说也困惑了高管们很久，这位领导者到底心里想的是什么样的"企业文化"？

直到某天清晨，我的脑海里突然闪现右图。原来，上述企业文化的"标签"完全可以共存——狼文化，象征力量、团结和进取；鹰文化，象征高度、格局和视野；军文化，象征团队、服从和执行力；家文化，象征温暖、融洽和安全感。可以将这些不同的文化"标签"看成CIS中的MI体系。

第六章 企业文化的创新与发展

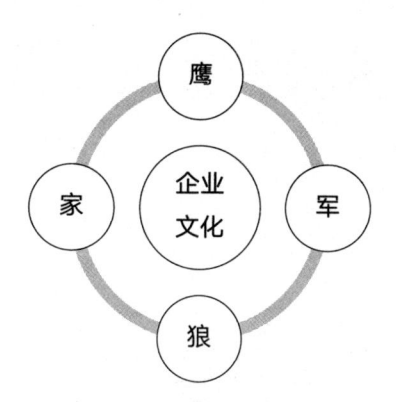

多元的企业文化示例

在上述四大文化"标签"中,"鹰"还可以衍生出战略的意味,"狼"可以代表战术的落地与执行,"家"和"军"有着宽严相济的感觉。文化其实本已存在,而解读有时需要一些技巧。

针对上述四个标签,配以相对应的图标来视觉化,可以看成VI体系。如果再配以一系列标准化动作,就是BI体系。这就是企业文化与CIS之间关系的通俗解读。以"鹰"为例:鹰文化→战略→高度|格局|视野(MI)→"鹰"徽标(VI)→各种代表战略及视野的标准化动作(BI)。

什么是BI体系呢?例如,每年初企业开局时,公司要组织各部门负责人一起制定年度经营规划,重大项目启动之前,公司会邀请外部专家,或者业务骨干一起参与可行性分析和立项评审……这一系列标准化动作,部分诠释了企业管理的高度和视野。

第七章
企业文化的沟通与传播

管理就是沟通、沟通再沟通。

——杰克·韦尔奇

一、有效的沟通是企业文化管理的关键

"管理就是沟通",通用电气前CEO杰克·韦尔奇坚信,有效的沟通是管理的关键所在。其实,这句话用在企业文化上,依然十分恰当。一套有效的沟通与传播策略,既能确保企业文化在内部得到理解和执行,又能让企业文化随着企业品牌和服务,影响外部市场甚至社会。

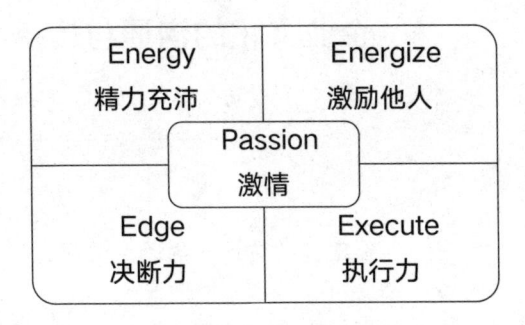

Energy 精力充沛	Energize 激励他人
Passion 激情	
Edge 决断力	Execute 执行力

杰克·韦尔奇4E1P领导者素质

(一)企业核心价值观的深化与共鸣

企业核心价值观是企业文化的基石。例如,苹果公司,它倡导的创新和完美主义,这些价值观不仅体现在产品设计上,更成为员工日常工作的行为指南。企业应通过各种渠道,抓住各种机会,持续地向员工传达企业核心价值观,使其成为员工的自我认同。结合埃德加·沙因的组织文化模型,企业可以通过强化文化层面的"基础假设",进一步巩固企业核心价值观的地位。所谓"基础假设",是指组织内部成员所共有的、未经明确表述但影响行为和决策的隐性、基本信念。

(二)内部沟通机制的创新与完善

通畅的内部沟通机制,是企业文化传播的保障。例如,通过每周"全员会议"和透明的"信息共享平台",耐克的经营信息在组织内部自由流淌。当然,建立内部论坛、企业微信群等通信工具,也有助于员工互动交流。同时,企业还需设置反馈渠道,让员工的声音被听到,并得到及时响应。

20年前我工作的企业就设置了总经理"意见箱",公司负责人把信箱钥匙郑重交给我保管,并叮嘱我定期取出后直接呈报。我发现,部分公司员工不过数十人,公司总经理就与一线员工"断绝"了往来,实在要不得。

(三)文化活动的策划与执行

毫无疑问,举办丰富多彩的文化活动,不但利于企业文化的沟通与传播,还有助于增强企业文化的吸引力。例如,宝洁公司,它定期组织"创新工作坊"和"志愿者活动",以便加强员工对企业社会责任和创新精神的认同。此外,企业还可以根据自身特色,设计与之匹配的文化活动,让员工在活动中感受企业文化,在乐趣中融入企业核心价值观。

常见两种极端情况:一类企业领导者对于营销活动相当重视,不但要求活动种类丰富多彩,其活动效果也必须列入当期考核。但对于企业文化活动,就不太上心,认为可有可无。另外一类企业领导者,热衷于参加或组织各种表面上的文化"秀",而对于日常经营管理,早已没有心情也缺少耐心去深入研究。

(四)领导层的示范作用与影响力

榜样的力量是无穷的。领导层的言谈举止,对企业文化的传播至关重要。星巴克前CEO霍华德·舒尔茨的领导方式和对企业文化的执着推广,成为员工学习的楷模。通过言传身教,而不是发号施令,领导者可以为员工生动展示企业文化的具体实践,从而推动文化的内化和传播。

本书第三章讲述了企业文化与领导力的关系。可以发现,领导者在文化塑造中的关键角色和作用,不同风格的领导力与企业文化如何同频共振,领导力的提升必须与文化协同发展。因此,假如你是领导者,在企业文化的舞台上,请一定不要置身事外,充当观众和"甩手掌柜"。

(五)培训与教育的持续投入

没有培训,就没有传承。没有理解,就没有践行。教育和培训,无疑是企业文化沟通与传播过程中,承上启下的关键环节。例如,迪士尼就非常注重员工的企业文化培训,通过"迪士尼大学",不断强化员工对于"服务文化"的理解。因此，企业应设计一系列企业文化培训课程，并结合日常的工作场景和身边案例，为员工进行持续的企业文化宣导。绝不能文化是文化，工作是工作，断然割裂两者之间的关联。找到工作中的文化"闪光点"，找到文化在工作中的"落脚点"，才算企业文化培育入了门。

需要注意的是，员工培训是一个长期的系统工作，那种在新员工入职前几天或者前几个小时，走一走过场就应付交差的方式，断然达不到企业文化传播的功效。新员工入职培训，虽然不必像"新媳妇进门"那样充满"仪式感"，但公司简介、企业文化、员工行为规范，以及行业认知等关键内容，必须认认真真、实实在在地上好这个基础课。在员工的培训和教育方面，永远没有"快进键"，更没有"暂停键"。

（六）多媒体和网络平台的广泛应用

利用内部网络电视和社交媒体，企业可以快速传递公司动态和文化理念。此外，企业还可以通过短视频、微信公众号等形式，创造性地传播企业文化，进一步拓宽传播的渠道和范围。为什么要唠叨这样一个常识？因为，当你企业的员工成百上千并分散各地时，一顿火锅几次吃茶，或许真的无法解决问题。

值得关注的是，无处不在的数字化工具，在方便沟通的同时，又在某种程度上造成了信息的干扰与泛滥，甚至让员工再也没有自己的休息时间，手机逐渐长成了人体形影不离、不可分割的某种新"器官"。某些企业负责人，喜欢半夜三更在公司微信群里分享什么心得和感悟，似乎与公司有关，似乎又关联不大。"鸡汤"变成了"鸡肋"，这会让员工感到茫然甚至反感。

（七）激励机制的设计与实施

事实证明，正面的激励机制，能够提高员工参与企业文化建设的积极性。例如，通过"文化之星"等奖项，联想表彰在企业文化传播和实践中做出杰出贡献的个人或团队。企业应建立多元化的激励体系，让员工在实践中感受到参与文化建设的价值和意义。业绩奖励是"末"，文化奖励才是"本"。希望越来越多的企业领导者，在企业文化的激励机制上多下功夫，那样，企业的经营绩效自然就会得到提升。

特别说明一下，有人把激励分为正激励、负激励。这只是换了一个相对复杂而讨巧的说法而已，犹如HR领域常见的"优化"，妥妥地把一个褒义词变成了贬义词。但有一点是值得认可，就是激励的确也需要"奖惩结合"。

（八）跨部门协作的推动与优化

推动跨部门的协作，对企业文化的一致性传播至关重要。例如，通过跨部门项目团队和工作小组，联合利华加强了不同职能间的沟通和合作。事实上，企业只有不断优化内部协作机制，打破部门壁垒和"信息孤岛"，才能建立起全方位的文化传播网络，从而推动企业的经营管理更加顺畅。

易宝支付在公司设立了企业文化基金，它要求本部门的文化基金，至少有50%必须用于跨部门的交流合作。此外，在其公司级部门长周例会上，其中一个环节就是"分享"和"感谢"——它要求在部门长分享的最新案例中，其感谢对象必须是来自其他部门。

（九）策略的及时调整与反馈

根据外部环境和内部发展的变化，及时调整文化的沟通与传播策略，是企业领导者的一种天然本能。诺基亚由于未能及时调整其企业文化，以及文化指引下的战略制定和目标分解的流程，从而错失了智能手机的历史性机遇。因此，企业必须保持警惕，定期对文化传播策略进行评估，并根据员工反馈和市场变化，迅速而灵活地做出调整。

20年前，国内某知名网游公司，由于先前错误选择了某个韩国游戏开发商，导致损失极其惨重，差点关门大吉。据说，就在该公司即将"凉凉"地"收尾"时，其地推人员在南方某个小网吧里，发现一大群玩家居然正热火朝天地玩着某款游戏。于是，该公司高层迅速采取行动，并将这款游戏推上了当年的TOP10宝座。而该公司也借此一举翻盘，不但"收复失地"，还持续大赚了好多年。

※ 拓展阅读：沟通能力

学会"沟通"，太重要了！因此，希望朋友们可以相对"科学"地理解什么是"沟通能力"，以及如何提升自己的沟通能力，而不是把它当成类似"企业文化"一样的模糊概念。

沟通维度一览表

沟通能力	(1)表达能力
	(2)争辩能力
	(3)倾听能力
	(4)设计能力
沟通关键	(1)多听少说
	(2)坚持原则
	(3)换位思考
	(4)适当引导
沟通层次	(1)出现冷场,不知道说什么
	(2)无知者无畏,什么都敢说
	(3)会根据对方的特性去沟通
	(4)让对方多说,自己多聆听
	(5)适度引导,达成预期目标

其中,沟通能力中的"设计能力"不易理解,它是指为了达到沟通效果,而准备的诸如形象设计、动作设计、环境设计等。例如,为了营造一种轻松的沟通氛围,你穿着随意,谈笑风生,选择了一个幽静的山居茶室,与友人促膝交谈,这就是一种"设计能力"。

彼得·德鲁克认为,有效沟通有四个基本法则:**沟通是一种感知**,有效的沟通取决于接受者如何去理解;**沟通是一种期望**,需要先明确接受者的期待;**沟通产生要求**,它也经常诉诸激励;**信息不是沟通**,我们可以用目标管理有效沟通。

二、传播企业文化的不同媒介分析

针对不同的目标受众,选择不同的传播媒介,往往有着不同的传播效果和意义。在市场噪声日渐鼎沸的当下,企业文化的传播不是单纯比拼谁的"嗓门"

大，而成为企业管理者的一门必修课。

（一）传统媒介：稳固的基石

（1）**内部刊物与宣传册**。这些定期发布的资料，如同企业文化的"百科全书"，让每位员工都能深刻理解企业的使命、愿景、价值观。例如，某知名互联网公司，通过内部月刊，分享企业成长故事、员工心得、企业新闻、行业动态等，有效增强了员工的归属感和认同感。当然，其传播范围有限，更新速度可能相对滞后。企业可以同步推出电子版本，以此作为一种补充或配套。我们的关注要点，不在于它是印刷品或者电子文档，而是它保持的一定更新频率。

（2）**会议与培训**。这些面对面的交流，是企业文化传播的"现场课堂"。例如，某大型制造业公司通过定期的团队建设活动和领导力培训，成功将企业文化理念融入员工日常工作中。记住，会议和培训成功的关键，在于**明确目标、充分准备和有效互动**。会议前，应明确议题和预期成果，提前通知参会者准备。培训时，应结合实际案例，采用生动有趣的方式传授知识。同时，鼓励参与者提问和分享经验，促进互动交流。

（3）**实体展示与标识**。无论是办公环境，还是各种企业标识，每一处细节都可以无声地传递着企业文化。例如，某创意公司以其独特的办公空间和醒目的标语，展示了其"创新、协作、自由"的企业文化。值得注意的是，部分企业领导者喜欢面子工程和形象工程，不惜花重金打造企业的展播厅。如果它不能与企业的实力和文化相匹配，长远来看会起反作用。

（二）现代媒介：开阔的视野

（1）**企业网站与社交媒体**。随着互联网的崛起，企业网站和各种自媒体矩阵，已经全面成为企业文化传播的"数字窗口"。例如，某时尚品牌，通过其官方网站和社交媒体账号，实时分享品牌动态、设计理念，吸引了大量粉丝和关注者。由于互联网信息的海量性和复杂性，为了避免劳而无功，它要求企业在内容策划上必须精心准备。

（2）**视频与音频媒介**。毫无疑问，生动形象的视听内容，能够直击人心，传递企业文化的核心价值。例如，某知名汽车品牌的宣传片，通过感人至深的故事情节，展现了其对品质的不懈追求。然而，高质量的视频和音频制作，需要专业的团队和较高的成本投入，经济实力比较雄厚的企业可以考虑这种方式。

（3）互动体验活动。让员工亲身参与，感受企业文化的魅力。例如，某科技公司举办的年度"创新节"，通过创意竞赛、技术研讨等活动，激发了员工的创新精神，提升了和团队协作能力。需要注意的是，这类活动组织难度较大，需要充足的人力和物力支持，更要注意控制活动的总体比重及频率，不能喧宾夺主，占用员工太多工作时间，否则容易造成"劳民伤财"。

（三）创新媒介：未来的趋势

（1）虚拟现实（VR）与增强现实（AR）技术。这些前沿技术为文化传播带来了全新的沉浸式体验。例如，某博物馆利用VR技术，让员工穿越时空，亲身体验历史文化的魅力。但相对高昂的技术成本和设备需求，限制了其广泛应用。我相信，随着混合现实（MR）以及扩展现实（XR）的进一步发展，未来这些前沿技术将服务更多普通企业的企业文化传播。

（2）移动应用App与小程序。便捷、灵活的移动平台App，成为企业文化传播的新宠。例如，某餐饮企业开发的移动应用，不仅提供点餐服务，还融入了企业文化元素和互动游戏，增强了用户黏性和品牌忠诚度。当然，开发和维护这些平台需要相对专业的技术团队和持续的投入。未来，当上述应用的标准化程度进一步提高后，其成本有望大幅度降低。

（3）AI加持下的数字IP。2024年以来，AI取得了突飞猛进的发展。在AI加持下的数字IP，如知名大V的数字人分身，开始与企业文化紧密结合。作为企业形象的新载体，通过AI技术的加持，企业的数字形象将更加智能，更具创意与活力，更有想象空间。未来，善用AI技术打造企业的数字IP，将会成为企业推动文化建设、提升市场竞争力的重要手段。

（四）策略建议：智慧地选择

（1）精准定位。根据目标受众的特点和需求，选择合适的媒介与渠道。例如，针对年轻员工，可以优先考虑社交媒体和视频内容；对于管理层，则可以通过内部刊物和会议培训进行深入沟通；面向外部客户，则可以是微信公众号、App、小程序等。

（2）多元整合。有条件的企业，可以综合运用多种媒介与渠道，从而形成更大的传播合力。例如，结合企业网站、社交媒体和视频内容，打造全方位、立体化的企业文化传播体系。在自媒体时代，企业常常愈加重视自媒体矩阵，它们既主体关联又内容独立，甚至很多知名的CEO也亲自出镜带货——产品推广，品牌输出，文化影响，一气呵成。

（3）持续创新。回顾互联网近20年的发展，从当初的博客BLOG、微博，到现今风头正劲的微信朋友圈、短视频……这些不断涌现的新媒体，以及VR、AR等前沿新技术，可谓层出不穷，值得我们关注。企业领导者需要因势利导，在恰当的时机，将其创新应用于企业文化的传播渠道中。

（五）一些总结和建议

综上所述，无论是依托传统媒介、现代媒介，还是使用当下的各种创新媒介，我们都必须深入了解各种媒介渠道的特点和优势，结合企业自身实际情况和目标受众需求，制定切实可行的传播策略和传播方案。

尽管"他山之石，可以攻玉"，你也无须"这山望着那山高"。适合你的才是最好的，"传统"的不见得就是"落后"的。此外，适当控制企业文化传播的"节奏"，也是一门学问，并非越快越好，越多越好，企业领导者需要用心找到这种微妙感觉！

三、企业文化活动的组织与实施

在当今快速变化的商业环境中，丰富多彩的企业文化活动，已成为塑造公司内部凝聚力和外部品牌形象的核心工具。它不仅能促进员工的相互了解和团队合作，还有助于培养员工对企业目标的共同承诺。

本文从企业文化活动的策划、实施、评估等多个环节，以实际的案例为读者提供一套系统的方法和框架，而非活动本身的执行方案，帮助企业更高效地组织和实施文化活动。文末，附有"20种常见的企业文化活动形式"。

（一）活动策划阶段

根据埃德加·沙因的组织文化与领导力理论，企业文化活动应体现公司的基本假设和价值观。例如，通过创新工作坊，G公司展示了鼓励员工自由思考和创意表达的文化理念。通过明确的活动目的和主题，成功地将员工个人目标与企业愿景相融合。

"公司之夜"是H公司的一个特色活动，通常在该公司的重要会议或活动中举办。它将科技与艺术、时尚等元素融合，为参与者带来一场视听盛宴。该活动通过周密策划和精确预算控制，不仅彰显了公司的专业精神，还通过文化庆典活动增强了员工的归属感和忠诚度。

某电商平台的"企业纪念日"，则体现了活动筹备小组跨部门的协作，保证了活动的多元性和创新性。据悉，每年5月10日的这一天，为了纪念2003年5月的"非典"时期该企业员工的激情和信念，该企业的员工可以带上宠物、穿着睡衣、带上孩子上班，或者举办各类庆祝活动。

（二）活动实施阶段

以腾讯公司为例，在活动前期，公司通过社交媒体和内部邮件系统进行宣传预热，有效提高了员工对活动的期待。而IBM技术研讨会，则聚焦于IBM最新技术成果与行业应用的交流平台，它汇聚业界专家，共同探讨前沿技术，推动企业数字化转型与创新发展。在活动实施阶段，它十分注重技术展示与深度交流，专家进行现场解读，企业进行案例分享，互动环节更为丰富，助力参会者深入了解IBM最新技术。

苹果设计大奖（Apple Design Awards），则是该公司每年全球开发者大会（WWDC）上举办的一个特别的评选活动，旨在表彰过去一年中在应用、游戏、配件等领域展现出卓越设计、创新精神和技术应用的开发者及其作品。评选标准：主要围绕设计、交互、功能、创新和技术等方面，强调作品的社会价值和对解决社会问题的贡献。这个活动，推动了整个生态系统的繁荣与发展。

（三）活动总结阶段

例如，在H公司的"创新挑战赛"企业文化活动结束后，公司采用了一套全面的评估和总结方案。首先，通过在线问卷调查，收集员工对活动的整体满意度、参与体验，以及创新点子的实施情况等的反馈。同时，组织专题座谈会，邀请各部门代表，深入讨论活动的成效与不足。此外，公司还邀请外部专家对活动进行独立评估，以提供客观的专业意见。

在总结阶段，该公司综合各方意见，归纳活动的亮点，同时也识别出活动的不足。针对这些问题，公司提出了具体的改进措施，如优化活动流程、加强前期宣传等，以期在未来的企业文化活动中取得更好的效果。须知，**没有评估，就没有改善；没有改善，就没有进步**。因此，大大方方地接受内外部评估，有助于你的更大进步。

（四）活动组织与实施的关键要素

戴尔公司的环保主题活动，以及苹果公司的产品发布会，分别体现了企业文化活动内容和形式的创新。注意，除了策划组织之外，活动成败的关键，在于领导层是否大力支持并积极参与。例如，企业CEO出席活动并发表讲话，能够极大提升活动的影响力和员工的认同感。

没有企业领导者深度参与的文化活动，要么不容易成功，要么活动的级别还没有上升到"企业文化"层面。反之，那些打着文化活动旗号的各种吃吃喝喝，要么把企业领导者累得半死，要么就是对企业文化的"一知半解"和肤浅解读。

（五）企业文化活动的一些启发

企业文化活动不仅能够丰富员工的业余生活，提升工作满意度，还能够促进员工之间的沟通交流，形成良好的工作氛围，更好地融入企业大家庭，共同为企业的发展贡献力量。

同时，企业文化活动也是企业对外形象输出、提升品牌价值的重要途径。因此，企业领导者应该视文化活动为一种长期投资，而不是一场无足轻重的SHOW，并加以不断创新和完善，以打造一个团结和谐、充满活力的企业环境。

※ 扩展阅读：常见的20种企业文化活动形式

常见的20种企业文化活动列表

项目	说明
年终庆典晚会	庆祝一年的辛勤工作，展望新年愿景

企业文化探秘

续表

项目	说明
团队拓展训练	通过团队合作游戏，提升团队凝聚力
员工生日会	为当月过生日的员工送上祝福和惊喜
企业文化宣讲会	深入解读企业文化内涵，增强员工认同感
主题分享沙龙	邀请内部和外部专家分享行业前沿某主题知识
志愿服务活动	组织员工参与公益，回馈社会
运动会	举办篮球、足球、羽毛球等体育比赛，增进员工友谊
文艺晚会	员工自编自演，展示才艺，增进交流
户外团建活动	如徒步、野餐、露营等，放松身心，增进感情
家庭日活动	邀请员工家属参与，增强企业家庭氛围
读书会	分享读书心得，提升员工文化素养（兴趣小组类同）
创意征集大赛	鼓励员工提出创新点子，激发企业活力
企业文化墙设计大赛	员工参与设计，展示企业文化特色
企业文化及知识竞赛	检验员工对企业文化及相关知识的了解程度
优秀员工表彰大会	表彰先进，树立榜样
团队聚餐	增进团队感情，加深了解
企业文化微电影拍摄	员工参与拍摄，传播企业文化
节日庆祝活动	如春节联欢、中秋赏月、圣诞派对等，营造节日氛围
企业开放日	邀请客户、合作伙伴等参观企业，展示企业文化
企业文化论坛	探讨企业文化发展趋势，分享经验心得

以上活动，基本属于企业文化"术"的应用。如果按照CIS标准来分类，可以把它们归为BI系统，我们可以通过上述一系列标准化的行为和动作，解读出其所蕴含的企业文化的某些"标签"。

换言之，当企业一提到某个"标签"所示的文化时，员工们自然就会联想到上述具体活动。例如，"主题分享沙龙""读书会"等活动，代表了"学习""上进"等企业文化元素。当企业呼喊"打造学习型组织"时，员工就会用上述系列活动与之对应，这就更加具象和感性，而不至于成为空洞的口号。

道本平常，无处青山不道场。作为企业的一员，身处职场，无论何时，无论何地，无论何种形式，只要用心去感受、去体验、去践行，都能发现修养企业文化的种种"机会"和"道场"。

四、要想传播好，故事少不了

心理学家杰罗姆·布鲁纳认为，人类更容易通过故事来组织经验、理解信息和记忆事实。在企业长期发展的道路上，那些真实生动的、不断丰富的，尤其是与创始团队相关的企业文化故事，承载着企业的灵魂、经营理念、品牌形象，是连接员工与企业、企业与市场的特殊纽带。

（一）企业文化故事的意义

企业文化故事，不仅是一段历史的记载，它更是企业精神的象征。例如，星巴克创始人霍华德·舒尔茨所讲述的"第三空间"概念，它不仅反映了公司的服务理念，也表达了其希望成为顾客生活一部分的愿景。故事的讲述，能够让员工在情感上与企业形成共鸣，增强归属感，同时对外树立企业独特的品牌形象，赢得市场好感与认同。

丰田公司的"丰田之道"（Toyota Way），是其企业文化的核心，它包含了一系列的管理原则和行为准则，它通过各种形式，记录并讲述其背后生动形象的真实故事，如工厂的现场导览、员工手册中的案例分析等，使员工在日常工作中不断体验和学习这些文化价值。

（二）企业文化故事的讲述方式

（1）**口头讲述**。它是最原始也是最具亲和力的传递方式。例如，国内某知名电商平台，其创业早期及关键阶段的各种故事，常常通过创始人和其他合伙人讲述出来，它们不但在网络上广泛流传，还直接传递了公司的企业核心价值观。这种直接且生动的讲述方式，能够迅速拉近员工甚至公众的距离。当企业的规模越来越大，员工人数动辄上万且分布全球时，那些有幸能够在某个特殊场景，亲耳聆听企业领导者的口头讲述，则成为一种尊崇的象征。

（2）**文字记录**。它方便保存和传播，它是持久和相对正式的讲述方式。比如，IBM的企业文化手册，详细记录了该公司的创始故事及其企业核心价值观，成为员工了解和传承企业文化的重要文献。小米公司，它的企业文化手册，开篇即强调"为发烧而生"的品牌理念，这不仅是小米产品的追求，更是其企业文化的核心体现。为实现这一愿景，小米坚持"真诚、热爱"的价值观，鼓励员工以真诚的态度对待工作，以热爱的心态追求创新。

（3）**视频制作**。例如，苹果公司通过制作产品发布会视频，不仅展示了产品特性，更传递了公司的创新文化和追求卓越的企业精神。马云早期推广中国黄页的媒体视频，就曾经激励了无数创业小伙伴。被誉为"中国式管理之父"的台湾著名学者、国学大师曾仕强，生前致力于中华文化的传承与发扬，他的众多演讲被剪辑成一系列精彩的短视频，至今依然在网络上广为流传。

（三）企业文化故事的传播渠道

（1）**内部传播**。内部传播是建设企业文化的基础。通过内部网站、员工大会等形式，如前述H公司，常常通过内部论坛分享其企业文化的相关故事，这无疑能够加强员工对企业文化的理解和认同。企业文化的传播，具有"由内而外"的特点。只有先得到内部员工认同，并在内部渠道得到积极正反馈，它才有走出去"见天地""见众生"的勇气和实力。

（2）**外部传播**。企业文化故事的外部传播，则有助于塑造品牌形象。社交媒体、广告和公关活动是常用的外部传播渠道。企业文化外部传播的关注要点，在于巧妙且清晰传达企业核心价值观、使命与愿景，塑造独特品牌形象。同时，企业要关注舆情反馈，及时调整传播策略，确保信息准确、积极。此外，企业还要主动与利益相关者沟通合作，提升企业的社会影响力。例如，通过微博分享"开心传递"的故事，可口可乐成功地在消费者心中打造了正面的品牌形象。

（3）内外结合。在短视频风靡的当下，越来越多的企业领导者纷纷"出道"，开始从幕后走向前台，制作了大量非常精美的内容，并及时在网络上面对企业内外同时进行传播，取得了相当不错的企业文化输出和品牌传播效果。例如，新东方的俞敏洪、小米的雷军、360的周鸿祎、格力的董明珠、创维的黄宏生，以及一些高校的优秀教师、学者等，他们的另一个身份俨然就是"视频"达人。事实上，当一个企业或者个人IP逐步"公众化"之后，内外结合将成为传播的常态。

（四）提升企业文化故事传播效果的策略

深入挖掘企业文化内涵和创新传播方式，是提升企业文化故事传播效果的关键。通过线上线下相结合的传播方式，例如，埃隆·马斯克的个人推特，他分享公司故事、重要动态，甚至是个人心情，都引发全球网民的持续关注。

而他旗下Space X公司的"星舰"（Starship）重型运载火箭，于2024年3月进行了第三次试飞，埃隆·马斯克就同步进行了线上线下直播。该火箭是人类历史上体积最大、推力最强的火箭，寄托着人类建立月球永久基地和登陆火星的愿景，更使其品牌和文化故事再一次得到全球范围的传播。

（五）一些总结和建议

综上所述，通过企业文化故事的持续讲述和创新传播，一方面能够在企业内外塑造企业文化，另一方面能成功地传递品牌形象。同时，品牌形象在企业故事的加持之下，更深入人心，从而在市场营销上帮助企业，形成更加清晰而准确的"定位"。

"场景、角色、剧情"，是让人沉浸学习或者娱乐的三大要素。而一则经典的企业文化故事，刚好满足这三点。因此，关于企业文化故事的讲述和传播技巧，需要注意融入上述三要素，并不断打磨出彩即可。你一个人无数次的重复讲述，面对一群新人而言都是精彩绝伦的亮相。

需要强调的是，企业文化故事，可以不讲，可以少讲，还可以低调神秘，但一定要注意符合历史真实。少一些艺术加工，绝不能刻意杜撰，或者胡编乱造抬高自己。因为,"虚伪"的种子一旦发芽,企业文化必将世风日下。

※ 拓展阅读:关于"段子手"

当下,短视频流行。一讲到公关传播,尤其是一讲到企业文化"故事"的传播,我们的脑海里似乎就会浮现出那些"段子手"们精彩的操作。于是,我就此简单说一说"段子手",无关褒贬,客观看待其传播技巧和特色即可。

常规意义的"段子手",是指以写小段子为主要工作的人。他们洞察人性,幽默风趣,善于提炼,擅长将日常工作与生活中的点滴感悟转化为幽默的表达,让人们在笑声中获得快乐,同时又能拨动其心弦。他们喜欢通过各种社交媒体渠道来发布自己的"小段子"作品,如微博、微信、抖音、快手、小红书、博客等,并利用文字、图片、短视频等多种形式进行充分展示,以更好地传达"小段子"的幽默与共情之处。

现在,段子手已经不再只是一种"职业",我们甚至还可以把它看成一项打造IP的高阶"技能"。譬如,他们很可能就是知名企业的CEO,很可能就是某个网络大V,创作段子已经成为他们日常工作与生活中重要的一项输出。一个高水平的段子手,一个看似随意的小段子,在个人IP和网络流量算法的双重加持之下,往往能够形成金句、引发共鸣、病毒式传播。

需要注意的是,段子手其实也存在相当高的风险。在人人都是自媒体时代,你的IP能否经得起考验,你的个人IP能否代表企业文化,也许是个未知数。尤其当你只是企业领导层一员的时候,内部员工以及外部大众,是无法将你的言谈举止,与企业文化进行理性区别对待的。前面讲过,**只有企业领导者的IP,通常才能与企业文化深度绑定**。

也许,今后我们在评估一个优秀企业领导者的"领导力"指标体系中,还需要郑重地增加一项:段子手——讲故事,你必须是擅长的。Are you OK?(你准备好了吗)

五、社交媒体与企业文化传播

30年前,我们习惯去邮局寄信;20年前,我们习惯打电话或者收发电子邮件；今天，我们通过微信或者其他社交平台，就可以轻松与人进行即时的文字、语音，甚至视频交流了。社交媒体的出现，改变了企业传统的沟通与传播方式，为企业提供了展示自身文化和价值观的全新平台。

（一）社交媒体的企业文化传播优势

由于社交媒体具有传播速度快、覆盖范围广等特点，企业文化能够迅速触达广泛受众。耐克通过推特（Twitter）等社交平台，分享其"Just Do It"（只管去做）的品牌理念，它鼓励人们不要犹豫，不要等待，直接行动，去追求自己的目标或梦想。这一积极向上的信息，迅速被全球消费者接受并传播。

而社交媒体的互动性，又可以帮助企业实时收集用户反馈，及时调整策略。例如，星巴克通过推特账号与顾客互动，获取意见，并用这些反馈来快速改善服务和产品。此外，社交媒体支持多种形式的内容传播，企业可以根据自身特点和需求，选择适合的传播形式，吸引不同受众群体的关注。

（二）企业文化的社交媒体传播策略

在社交媒体上传播企业文化，首先需要明确传播目标，即希望通过传播达到什么效果。例如，某知名电商平台在其微博和LinkedIn（领英）页面上，不仅发布公司最新动态，还经常分享其创始人的领导力思想，以及企业社会责任实践案例，深刻传达企业的创新精神和社会责任感。同时，高质量的内容制作，以及精心谋划的传播策略也至关重要。

前文所述G公司的"Doodle"是为庆祝该公司纪念日而诙谐并装饰性地变"G"为"D"改造了公司商标，它以创意和教育性内容赢得公众喜爱，加深了人们对公司文化的理解。而部分企业选择在小红书"种草"谈情怀、谈文化，在直播间完成产品和服务的"交付"，这也是一种在社交媒体上较为成功的传播技巧。

（三）社交媒体传播企业文化的注意事项

保持信息的一致性和准确性，是通过社交媒体传播企业文化时的关键。企业应定期评估传播效果，根据反馈优化策略。例如，IBM通过社交媒体分析工具监测其在各平台上的表现。同时，尊重用户，避免过度营销也很重要。企业可以通过提供有价值的内容、适当的曝光频率，以及真诚的互动来实现。此外，在面对社交媒体传播中的风险和挑战时，如何处理网络暴力、假新闻或者品牌形象受损等问题，也是企业必须关注的新话题。

（四）一些总结和建议

展望未来，企业在社交媒体上传播文化的趋势，将越来越个性化和精准化。社交媒体将提供更多的工具和展示，帮助企业更好地理解受众并进行链接，从而传播更有针对性的内容。

360的周鸿祎、新东方的俞敏洪、小米的雷军……各行各业的大V（网络上的贵宾账户）和KOL（关键意见领袖），都纷纷在合适的社交媒体开设自己的账号，并进行品牌及文化的综合IP（知名品牌形象，具有强大商业价值）输出。

同时，企业需要不断创新传播方式，以适应市场的变化和受众的多样化需求。当然，网络的群体效应、平台的算法，以及大数据等技术的应用，企业还必须学习应对社交媒体传播中可能的负面舆情，甚至必须通过危机公关策略，将有可能出现的负面信息，转化为增强企业文化传播力的机会。

※ 拓展阅读：社交媒体

社交媒体的英文是Social Media，通常用来描述那些允许人们创建、分享或交换信息、想法、图片和视频等内容的在线平台和工具。常见的社交媒体包括Facebook、Twitter、Instagram（照片墙）、Weibo（微博）、微信、抖音、快手、小红书等。

不同的社交媒体，有着不同的定位及用户画像，我在此不展开说明。相较于传统的广播电视、报纸杂志等媒介，这些新媒体平台在现代社会中扮演着越来越重要的角色，它们不仅为人们提供了交流和互动的社交新方式，还对企业营销、新闻传播等领域产生了深远影响。

单从传播受众和影响力两个方面而言，一个动辄拥有上百万粉丝的大V的社交自媒体，完全不亚于一份发行量几十万的传统报纸杂志。因此，当今企业文化的传播，已经离不开并无法忽视社交媒体平台的影响和帮助。

社交媒体与传统媒体的典型区别分析

项目	传统媒体	社交媒体
传播方式	通常采用点对面的传播方式，信息由少数权威媒体发布给广大受众	采用扁平化的传播方式，信息在用户与用户之间直接传播，形成了多对多的传播模式
信息发布	通常由媒体机构或专业记者操作，他们负责筛选、加工和发布信息	主要是普通用户，每个用户都可以成为信息的发布者和传播者，信息的来源更加多样
交互性	交互性相对较弱，虽然有一些反馈渠道，但通常反馈周期较长，互动效果有限	极高的交互性，用户可以即时评论、分享和转发信息，与其他用户进行互动，形成了强烈的社区感
内容形式	通常较为固定，如报纸的文字和图片、广播的音频、电视的视频等	形式多样，包括文字、图片、视频、音频等多种媒体形式，满足了用户多样化的需求
传播速度和范围	受限于发行渠道、发行周期、播出时间等因素，传播速度和范围相对有限	传播速度和范围通常远超传统媒体。热门信息可以在短时间内"冲头条""上热搜"扩散到整个网络
信息审核机制	较为严格，以确保信息的准确性、客观性以及公正性	相对宽松，用户可以相对自由发布信息，但同时也可能导致虚假信息或误导性信息的传播

六、企业文化传播的评估

通常，人们不喜欢被品头论足，即使是公众人物，企业亦然。然而，没有评估，就没有改善。企业文化传播是它塑造企业内部和外部关系的重要手段，有效的文化传播能够在竞争中为企业带来差异化、个性化的优势。

（一）评估的重要性

科学评估文化传播的效果，可以帮助企业检视是否达到了预期目标，以及员工和公众是否真正理解和接受企业的文化理念等。此外，企业可以通过反馈，及时调整传播策略，优化传播内容，增加传播有效性，提升传播的投入产出比。

看淡评估、看惯评估，只为找到优化策略和提升路径，同时也是企业公众化的必需的"代价"。没有反馈，就无法形成闭环。因此，在企业文化建设方面，反馈机制犹如"照镜子"，但我们不少企业领导者只喜欢做"追光灯"。

（二）评估指标体系

一个专业的评估指标体系，是确保客观、准确评估的基础。企业可以从以下几个角度全面构建符合自身特点的文化评估指标体系。

（1）员工认知。了解员工对企业文化的理解和认同，是构建和塑造企业文化不可或缺的一环。设计详尽的调查问卷，可以系统地收集员工对于企业文化的看法、感受和体验。而深入的访谈则能够更直接地触及员工的内心，挖掘出他们对企业文化深层次的理解和认同。这样的调研工作有助于企业更好地把握员工的思想动态，从而更有针对性地开展企业文化建设。

（2）行为改变。企业文化的企业核心价值观不是一句口号，应该体现在员工的日常工作中。观察员工是否真正将团队协作、创新、客户导向等价值观融入工作中，是检验企业文化建设成果的重要标准。只有当员工在日常工作中自然而然地体现出这些价值观时，我们才能说企业文化逐步走入人心。

（3）品牌形象。企业文化与品牌形象息息相关。一个积极向上的企业文化有助于提升品牌的认知度、美誉度和忠诚度。通过市场调研，我们可以了解公众对于企业品牌的看法和感受，进而评估企业文化传播对品牌形象的影响。在必要时，引入专业的第三方评测机构进行更客观、全面的评估，能够为企业提供更准确的决策依据。

（4）传播渠道。在互联网时代，传播渠道的选择至关重要。如前所述，不同的传播渠道具有不同的特点和受众群体，因此我们需要分析不同渠道的传播覆盖率、受众反馈等数据，以确定最有效的传播路径。通过合理利用各种传播渠道，我们可以将企业文化传播给更广泛的受众，提升企业品牌的知名度和影响力。

（5）内容质量。传播内容的质量优劣，直接关系到企业文化传播的效果。我们需要确保内容准确表达企业文化的核心价值，并且能够引起受众共鸣。在内容创作过程中，要注重创意性和实用性，让受众如沐春风，自然接受文化的熏陶。同时，我们还要不断优化传播内容，使其更符合受众的口味和需求，增强传播效果。

企业文化传播评估五大体系

（三）评估的方法论

Q12是一种独特的员工敬业度和工作环境测量工具，它由盖洛普Gallup公司研究并提出通过12个核心问题，深入探索员工对工作的满意度、投入度以及组织氛围的感受，为企业提供全面细致的员工心声反馈，助力企业优化管理和提升员工满意度。为向盖洛普Q12致敬，本书引言部分，就提出了12个问题，助你对当前的企业经营管理水平，进行一个简单但实用的"自我诊断"。

此外，平衡计分卡（Balanced Scorecard）也可以用于评估。它允许企业从财务、顾客、内部流程和学习成长四个维度，评估企业文化的传播效果。例如，从顾客维度看，企业文化传播是否提升了顾客满意度和品牌忠诚度；从内部流程维度看，传播活动是否优化了工作流程和提高了效率。以下是更多通用的评估方法，可以进一步确保评估的全面性和准确性。

（1）问卷调查法。它是一种广泛应用的调研方法，通过设计一系列问题形成问卷，然后发放给目标受众进行填写，从而收集到关于员工或客户对企业各方面的看法和反馈。这种方法具有标准化、可量化的特点，能够较为准确地反映受访者的意见和态度，为企业决策提供有力支持。

（2）访谈法。它是一种更为深入、直接的调研方式。通过对员工、客户等受众进行面对面的交流，可以更加细致且直观地了解他们对企业文化的理解和感受，善于访谈的人，还可以挖掘出更深层次的信息和观点。访谈法不仅有助于发现问题，还能够为解决问题提供思路和方向。

（3）数据分析法。它是一种基于数据的调研方法，通过收集和分析大量的数据，来揭示传播渠道的有效性和受众互动情况。这种方法能够客观地评估不同传播渠道的传播效果，为企业选择合适的传播策略提供依据。同时，科学的大数据分析，还可以帮助企业了解受众的行为习惯和偏好，从而更有针对性地满足其需求。

（4）案例分析法。它是一种通过分析具体案例总结经验教训的方法。通过对众多传播案例的深入剖析，可以提炼出成功因素和不足，为未来的传播活动提供借鉴和参考。成功的案例，不仅有助于提升企业的传播能力，还能够为企业的长远发展积累宝贵的经验，甚至提炼形成标准作业流程（SOP）。

（四）一些总结和建议

综上所述，当举行一场企业文化传播活动后，及时进行效果评估，相当必要。否则，你无法证实活动的有效性，你就无法打消领导者的顾虑——到底值不值得投入，活动后都将有什么改观和进步？如果活动组织者没有答案，或者"信息、情报、数据"不够全面而语焉不详，你又如何保证企业领导者会放心批复下一笔预算？

其实，我们可以把企业文化的传播，看成一场主题特殊的市场营销活动，而市场营销方案所必须遵循的5M法则如下。

市场营销5M法则

任务（Mission）	明确营销活动的目标和具体计划
资金（Money）	确定实现目标所需的预算和投入
信息（Message）	设计并传递吸引目标受众的广告信息

续表

媒体（Media）	选择适合目标受众的传播渠道
衡量（Measurement）	评估营销活动的效果和产出

这5个要素，共同构成了一次活动方案的核心框架。当我们制订企业文化传播计划时，无论方案的表现形式如何，无论计划多么复杂或者简洁，我们都需要把上述5个M讲清楚。5M法则，提纲挈领，大道至简，对于企业文化传播之后的效果评估和衡量，依然好用和适用。

第八章
跨文化视角下的企业文化

管理的最高境界是文化的管理。

—— 彼得·德鲁克

一、跨文化管理的挑战与机遇

在全球化浪潮中，企业经营如舟航海。跨部门、跨地区、跨国界、跨语言、跨历史、跨文化的企业越来越常见。因此，深入理解跨文化管理的挑战与机遇，或许能够为那些正在布局全球化业务的企业提供一些有价值的参考。

（一）跨文化管理面临的挑战及应对

（1）**沟通障碍**。作为著名的文化心理学家和社会学家，赫夫斯泰德在跨国企业、组织文化、国际关系等领域有深入的研究，尤其以价值维度理论闻名。他认为，**不同文化下的沟通方式差异可能导致误解**。例如，美国公司Uber（优步）在亚洲市场推广时，未能充分适应"高权力距离文化"（一种强调层级、权力差异和服从权威的文化形态），导致了管理上的沟通问题。因此，企业可通过建立跨文化沟通专项培训，确保信息的准确传达。

（2）**团队矛盾**。多元文化团队冲突理论的重要研究者霍夫曼认为，**团队内部文化差异常常会引发团队成员之间的矛盾**。因此，G公司很早就意识到这个问题和现象，并通过设置跨文化沟通培训，成功缓解了团队内部的文化冲突，增强了团队成员之间的顺畅协作。

在面临新老团队的"冲突"时，我曾经认为，当有新人加入时，老员工适当的"排异"很正常，如果恶意的"排挤"，就说明是老员工的不对和问题了。换个角度，新人加盟一个企业时，是一种"融入"状态，还是给人以"侵入"的感觉，也是很重要的。现在看来，这也是典型的跨文化管理问题。

（3）**文化不适应**。美国人类学家奥伯格认为，当一个人进入不熟悉的文化环境时，由于失去自己熟悉的所有社会交流的符号与手段，可能会产生迷失、疑惑、排斥甚至恐惧的感觉，这就是所谓的"文化休克"。例如，当日本索尼公司的员工面对异国文化不适应时，公司提供了针对当地的文化适应性培训，帮助外籍员工克服"文化休克"，从而更加顺利地融入当地文化，并提升了整体经营绩效。

（二）跨文化管理面临的机遇及利用

（1）融合创新。多样性理论作者斯科特·佩吉认为，文化多样性有着相当积极的一面，它很可能就是企业创新的催化剂。事实上，团队成员在知识、技能、视角等方面的差异，无疑将对团队创新和绩效产生积极影响。例如，IBM积极举办跨文化交流活动，鼓励员工分享不同文化背景下的经验与见解，从而促进文化融合与创新思维的碰撞。小米的雷军就不断激励团队中的年轻人，"**要敢想敢干，不要那样多压力，不要听人家这个建议那个建议，要勇于尝试**"。

（2）团队互补。英国管理学家、团队角色理论之父梅雷迪思·贝尔宾博士指出，团队中每个成员都具有双重角色职能——由专业知识和技能决定的职能角色，以及由气质、性格决定的团队角色。通过扮演不同的团队角色，团队成员可以实现优势互补，从而提升整体绩效。贝尔宾博士描述了九种团队角色：**智多星、外交家、协调者、塑造者、资源调查者、监控评估者、协作者、执行者和完成者**。

据说，当年诺基亚学习和利用了这一团队互补优势，极大地提高了市场竞争力。事实上，在一个团队里，每一种角色都不完美，每一种角色都很重要。没有完美的个人，但可以有接近完美的团队。在《西游记》里，唐僧团队之所以能够历经艰辛耗时十余年去西天取得真经，这与团队的完美分工与配合是分不开的。

（3）品牌形象。品牌形象是企业长期竞争优势的源泉，跨文化管理能力对于提升品牌形象至关重要。例如，宜家家居的一款名为"全球融合"的沙发设计，就充分体现了其多元文化的设计理念。这款沙发采用了来自亚洲的丝绸面料，融合了欧洲的简约线条，以及非洲的鲜艳色彩，形成了独特的视觉效果。这种跨文化的设计元素组合，既展现了宜家家居对全球文化的深刻理解和尊重，也满足了不同地区消费者的审美需求。

（三）应对策略及未来展望

（1）沟通机制。建议企业采用MBTI（职业性格测试）工具，它是全球流行的一套权威的性格分类系统之一，它通过四个维度揭示个体的行为、情感和思维方式，帮助人们深入了解自己，促进有效的人际交往。事实证明，该工具有助于提高跨文化沟通效率。例如，德国大众汽车公司就通过MBTI培训，改善了跨国团队的沟通和合作。

（2）适应能力。评估员工适应能力可结合面试、问卷和观察等方法，运用DISC、MBTI等性格分类工具及情景模拟或案例分析等理论，全面考量员工在不同情境下的应对和表现，从而提升员工的跨文化适应性。法国达能集团通过定期的跨文化交流活动，提高了员工的文化敏感度和适应能力。

（3）融合策略。泰勒的文化多元主义理论强调文化多样性的重要性，主张尊重与包容不同文化群体，促进文化间的交流与融合，以创造丰富多彩的社会。星巴克在全球范围内推广本土化策略，同时保持品牌的全球一致性，平衡了全球化与本土化的需求，由此可见文化融合的重要性。

（四）一些总结和建议

在企业迈向全球化发展之路上，跨文化管理是必须蹚过的"河"、必须迈过的"坎"，企业需正视挑战，把握机遇，采取有效策略，以适应复杂的市场环境。福耀玻璃在跨文化管理上，也一度面临不同国籍员工间的沟通障碍的烦恼。后来，通过组织跨文化培训，福耀增进员工对不同文化的理解，建立共同价值观，此举有效促进了团队协作，提升了公司在国际市场的竞争力。

福耀创始人曹德旺，个人捐款100亿元人民币创建福耀科技大学，这既是对国家制造业发展的支持，也是对当前人才培养模式的改进和创新，以及对未来跨文化人才融合的有益探索。据悉，该大学将致力于培养理工科急需的技术人才，特别是研发型和应用型人才，这也展现了其深厚的社会责任感和前瞻性的战略眼光。2024年3月，曹德旺与王树国握手的"家国情怀"，轰动一时，让人钦佩。

※ 拓展阅读：DISC性格测试

DISC性格测试是国外企业广泛应用的一种人格测试，用于测查、评估和帮助人们改善其行为方式、人际关系、工作绩效、团队合作、领导风格等。DISC理论来自美国心理学家马斯顿博士。

他基于人的行为风格,将人的行为划分为支配(D)、影响(I)、稳健(S)和服从(C)四种类型,从而帮助企业和团队更好地理解和评估员工的个性特点。通过DISC,企业可以更加精准地把握员工的沟通方式、工作风格和潜在优势,进而优化团队配置,提升团队协作效率,实现个人和组织的共同发展。

DISC模型示意图

二、不同文化背景下的企业文化

随着经济全球化和信息化的迅猛发展,我们需要在不同文化背景下,运营和管理自己的企业。文化差异带来的不仅是语言和习俗的区别,更深层次的是价值观、思维模式和行为准则的不同。如何在保持自身特色及主流文化的同时,融入多元文化,接纳部分"亚文化",是我们面临的新课题。

(一)企业文化差异的体现及其影响

(1)价值观差异。价值观是文化的核心,它和使命、愿景共同构成了企业文化的内核。在东西方文化对比中,价值观的差异尤为明显。例如,G公司强调"不作恶",而H公司则提倡"狼性文化",前者强调自由与创新的"底线"思维,后者注重团队和执行力。这些价值观的差异直接影响了企业的战略决策和管理方式。

(2)沟通风格差异。在国际商务交往中,不同的沟通风格尤为突出。高低语境文化表明，不同文化背景的人在沟通时，他们对"直接性"和"隐晦性"的依赖程度不同。例如，美国微软与日本索尼在合作时，微软的直接沟通风格和索尼的含蓄沟通风格，一度导致双方理解的偏差和误解，甚至影响了项目的进展。

高语境文化，相对隐晦，注重语境，理解对方的意图和意义，往往需要通过深入解读这些丰富的语境信息，来实现"艺术"的领悟，也就是"弦外之音"。低语境文化，相对直接，更注重语言表达本身，通常比较直白、直观、明确，符合SMART原则，可以"科学"训练。因此，它有助于减少沟通障碍，提高沟通效率。

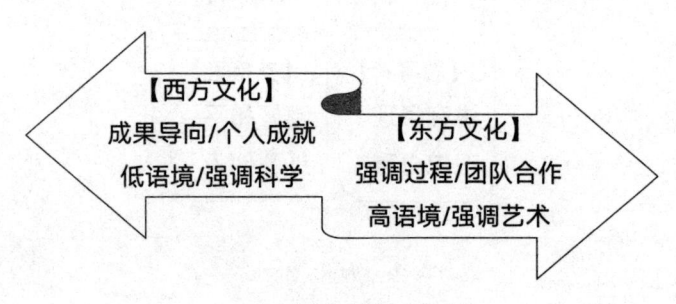

【西方文化】
成果导向/个人成就
低语境/强调科学

【东方文化】
强调过程/团队合作
高语境/强调艺术

东西方管理方式差异对比

（3）**管理方式差异**。在不同文化背景下，管理方式也呈现出差异性与多样性。根据跨文化管理的开创者冯斯·琼潘纳斯的分析，文化因素对企业经营的影响是显而易见的，西方企业倾向于成果导向和个人成就，而东方企业则可能更强调过程和团队合作。例如，在IBM与联想合并后，双方在管理方式上的差异，一度成为内部整合的阶段性难题。

（二）企业文化差异对企业运营和管理的影响

（1）**积极的影响**。文化差异为企业带来了创新的机会。不同的视角和思维方式能够激发创意，推动产品和服务的革新。例如，宝马集团在中国市场的成功，很大程度上得益于将德国工艺与中国消费者的喜好进行了结合。

（2）**挑战与问题**。文化差异也可能带来沟通障碍和管理冲突。例如，法国零售巨头家乐福在中国市场的失败，在于没有很好地理解和适应中国的零售文化和消费习惯，导致了战略失误。韩国乐天退出中国市场，不只是其文化差异带来的挑战，而且是韩国支持部署"萨德"反导系统，引发中国民众的强烈反对与不满，从而导致其业务陷入困境。

（三）应对企业文化差异的策略

（1）**跨文化沟通培训**。有效的跨文化沟通培训，能够帮助员工克服文化障碍，提升沟通效率。例如，阿迪达斯通过跨文化交流活动，增强了各地员工之间的团队协作。前面也多次讲到，众多优秀跨国公司在跨文化沟通培训方面的积极案例，值得深入研究学习。

（2）**重视文化包容**。企业应在其内外部政策中体现对多元文化的尊重和包容。星巴克在全球范围内推行的"第三空间"概念，就是一种成功的文化包容实践。在文化自信的基础上，企业文化包容是一个趋势和潮流。

（3）**适应性经营策略**。所谓适者生存，企业文化必须为经营发展服务。企业应根据不同文化的特点制定灵活的经营策略。例如，迪士尼在开设海外乐园时，就会结合并融入当地文化特色，适当调整乐园的主题和游乐设施。

（4）**培养跨文化人才**。企业应注重跨文化人才的培养，通过国际交流和培训计划，提高员工的全球视野和文化敏感性。例如，宝洁公司的全球人才培养计划，培育了一批具有国际视野的管理精英。而以"我们只雇用最聪明的人"闻名的G公司，在前端的"慢招聘"就颇有特点：速度慢，甄选严。

跨文化差异应对策略

它要求跨区域、跨部门的人员共同参与应聘候选人的面试。这样，既可以观察面试人员的协作能力，考察其与应聘者的共事意愿，又能够比较全面客观地评估应聘者是否符合企业文化。每个参与面试的人员，都将郑重写下评语并影响应聘者的结果。

（四）一些总结和建议

在全球化的今天，不同文化背景下的企业文化差异相当正常，不应被视为困难和障碍，而应被看作企业发展的机遇。企业需要持续探索和实践有效的跨文化管理方法，不断提升自身的国际竞争力，为全球经济的共同繁荣作出贡献。

只有正视并积极拥抱文化的多样性，企业才有可能在不断变化的市场中吸纳更多的人才，并顺利融入当地的市场竞争，从而使企业立于不败之地。同时，我也注意到，"一带一路"倡议对于跨文化交流具有深远的意义，它不仅推动了中华文化与世界各国文化的交流与融合，也为构建人类命运共同体作出了积极贡献。

※ 拓展阅读：

G公司的"不作恶"文化

据悉，"不作恶"（Do not be evil）是G公司一项非正式口号，也是其经营理念之一。它强调公司在经营过程中，必须始终坚守道德底线，不采取任何损害用户利益、违反社会伦理和法律规定的行为，**才能在长期的经营中获得更好地回馈。**

"不作恶"的理念，要求该公司在商业竞争中保持公平和正直，不得采用任何不正当手段来获取利益。同时，公司还致力于通过其技术和产品，为社会带来积极的影响，推动信息的自由流动和知识的普及。

总的来说，"不作恶"是该公司企业文化的重要组成部分，也是其成功的重要因素之一。它提醒公司在追求商业利益的同时，也要关注和追求企业社会责任CSR的"高限"和不得触碰道德伦理的"低限"，为社会作出积极的贡献。

关于"亚文化"

亚文化，也有人称之为次文化或非主流文化。它体现了特定年龄、特定人群、特定职业、特定身份、特定生活圈子和生活状态的特定文化内容、形式和价值观。常见的亚文化现象有嬉皮士文化、粉丝文化、嘻哈文化等，它们在不同时代都有着不同的表现形式。**在短视频自媒体风靡的当下,"直播"也逐渐形成一种不可忽视的亚文化。**

亚文化群体通常由非主流群体或一些相对边缘群体组成,其中青少年亚文化的影响尤为显著。他们往往通过独特的穿搭、音乐、行为等方式表达自我,彰显个性,甚至挑战主流文化。亚文化对社会和家庭的和谐稳定、青少年的健康成长具有重要影响,因此受到社会各界越来越多的关注。

这里重点说一下**粉丝文化**,它是一种围绕偶像或特定对象形成的亚文化现象,表现为粉丝群体的共同行为、情感和价值观。适当的粉丝文化不仅可以丰富大众文化娱乐等内容,也体现了粉丝们的创造力和凝聚力,对文化产业的发展和社会文化的塑造产生了一定的积极影响。然而,极端的粉丝文化,也会引发盲目崇拜和过度狂热的现象,滋生网络骂战甚至人肉搜索等网络暴力,一些不良商家还利用粉丝文化,进行欺骗营销等市场乱象的制造。

随着全球信息的互联互通,以及东西方企业之间合作愈加频繁,各种行为举止,各种风土人情,各种区域文化,以及各种价值观,纷纷涌了进来。**我们不能一概而论、拒之门外,也不能不闻不问、全盘接受,更不应该以"8小时之外管不着"为借口对此置若罔闻。**而是要加以鉴别,加以引导,这对于广大年青一代,以及企业里越来越年轻化的员工尤其重要。

三、跨文化沟通与企业文化的深度融合

管理本质上就是沟通。随着企业不断向全球市场拓展,跨文化沟通的挑战与机遇并存,这不仅考验着企业管理者的智慧和应变能力,更是一次对企业文化的深刻洗礼。跨文化沟通并非简单的语言交流,它涉及不同文化背景、价值观和行为习惯的碰撞与交融。

(一)跨文化沟通的挑战与机遇

企业在全球范围内运作时,文化差异往往成为沟通的障碍。高低语境文化理论为我们提供了深刻的洞察。如前所述,东方国家如中国、日本倾向于高语境沟通模式,强调非言语信息的传递,注重言外之意;而西方国家如美国、德国则倾向于直接明了的低语境沟通模式。

这种文化差异如果处理不当,可能导致误解和冲突,甚至影响合作关系的稳定。然而,正是这种文化多样性,也为企业带来了无限的机遇。多元文化的交流可以激发创新思维的碰撞,拓宽市场视野,为产品创新提供更多可能性。

以宝洁为例,它在进入不同国家的市场时,会先深入研究当地文化,并据此调整其产品线和营销策略。这种以文化为先导的市场策略,赢得了消费者的认可,为企业带来了可观的收益。可见,跨文化沟通,也可以是企业发展的机遇。

(二)企业文化在跨文化沟通中的核心作用

企业文化在跨文化沟通中发挥着至关重要的作用。一个开放包容的企业文化,能够打破文化隔阂,让不同文化背景的员工产生共鸣。G公司"开放与创新"的企业文化就是一个生动的例子。它让来自世界各地的员工,都能够在共同的价值观下和谐合作,共同推动公司的创新和发展。这种文化氛围,不仅增强了员工的归属感和忠诚度,也为企业带来了源源不断的创新动力。

乐高集团,其主营业务为积木玩具的生产和销售,同时涵盖乐园、教育等衍生业务。它的企业文化核心是"创新、品质、乐趣",这种文化让乐高在全球范围内树立了良好的品牌形象,也让乐高在跨文化沟通中取得了显著成效。通过不断创新和追求卓越品质,乐高为全球玩家带来了无尽的乐趣和满足感。

(三)跨文化沟通与企业文化融合的策略实践

要实现跨文化沟通与企业文化的有效融合,企业需要采取一系列策略措施。

首先,培养开放包容的企业氛围是基础。这种氛围能够让员工感受到尊重和信任,从而更加积极地投入工作中。IBM公司在这方面做得非常出色,它推动多元化工作环境,尊重个体差异,让不同文化背景的员工都能够充分发挥自己的潜力。

其次,提升员工的跨文化沟通技能是关键。企业可以通过举办跨文化沟通培训、组织海外交流等方式,帮助员工拓宽视野,增强对不同文化的理解和认同。这样不仅能够减少误解和冲突,还能够促进员工之间的合作与交流。

此外,企业在制定战略和决策时,也应充分考虑跨文化因素。深入了解目标市场的文化特征,制定符合当地文化的营销策略,更好地融入市场,赢得消费者青睐。例如,星巴克在进入中国市场时,就充分融入了中国元素,成功打动了中国消费者的心。

（四）一些总结和建议

综上所述，在企业领导者的远见卓识和坚定决心下，企业需要建立开放包容的文化氛围、不断提升员工跨文化沟通能力、保持敏锐的市场洞察力和应变能力，从而制定符合当地文化的战略和决策。只有这样，企业才能迈过"跨文化"门槛，才能实现真正的全球化发展。

※ 拓展阅读：SMART原则在沟通与表达中的重要作用

无论是东方企业相对"艺术"的高语境模式，还是西方企业相对"科学"的低语境模式，我个人认为，沟通的目标，都在于结果的达成。因此，不妨借用目标管理中的SMART原则，它不只适用于目标设定上，还能让彼此表达与沟通更加高效。不信，你可以把下表中的"目标"，换成某件需要交流的"事情"来试一试。

SMART原则

Specific（具体的）	目标要清晰明确，不要似是而非，不要笼统，必须让考核者与被考核者都能够准确理解目标
Measurable（可测的）	目标要量化，在考核和评估时，可以采用相同的标准进行准确衡量，或者验证目标的数据和信息是可以获得的
Attainable（可达的）	目标不过低和偏高，通过努力可以实现可以达成
Relevant（相关的）	目标要与被考核者的工作或职责具有相关性，如果不是被考核者的工作，就别设置为目标
Time bound（时限的）	目标要有时限，时间一到，就要看结果

当下，除了人与人之间的"**跨文化**"沟通交流之外。在AI逐渐走进我们生活的今天，我们还必须学会与AI这个"**跨物种**"的沟通与表达。我甚至相信，用不了多久，我们的微信通信录里，就会冒出来一系列各具特色的AI"智能体"朋友——有的可以陪你聊天解闷，有的可以陪你谈星座命理；有的是"茶博士"，

有的是"红酒达人",有的是健身"小搭子"……

其中,"提示词"(Prompt)是我们与AI交流时,所提供的输入指令或关键词句(可以理解为"对话模式")。如果你习惯采用高语境的"艺术"交流方式,你就不能聪明(SMART)地告诉AI,它到底应该执行什么样的任务,以及生成什么样的输出,这也许会让你自己"抓狂"。或许,聪明的AI不得不像训练有素的"教练",反过来引导你学会如何与它进行"沟通"。

以下是一些经典的与AI对话时的提示词框架和方法论:TAG框架(Task-Action-Goal,任务—行动—目标)、CHAT框架(Character-History-Ambition-Task,角色—背景—目标—任务)等。上述提示词框架,与SMART原则异曲同工。无论与人,还是与AI,善于沟通,事半功倍。

四、浅析跨国企业的文化整合策略

在当今全球经济一体化的背景下,跨国企业的文化整合策略显得尤为重要。它不仅关乎企业能否有效管理多元文化的内部环境,还直接影响到企业在不同市场中的竞争力和可持续发展能力。本篇将通过理论框架与实际案例相结合的方式,对跨国企业的文化整合策略进行深入分析。

(一)跨国企业文化整合的重要性

除了当地法律之外,文化整合对跨国企业至关重要,因为它涉及员工行为规范、决策方式以及对外部环境的适应。霍夫斯泰德的文化维度理论(见本篇"拓展阅读")揭示了不同国家间在权力距离、个人主义与集体主义、男性化与女性化等方面的差异,帮助企业预判并应对可能的文化冲突。

迪士尼在法国的经历,向我们展示了文化差异带来的挑战。初始时期,迪士尼试图将美国的运营模式和企业文化直接复制到法国,却忽视了当地消费者的文化习惯和偏好,导致经营出现障碍和困难。最终,通过调整开放时间、餐饮选择、服务语言等适应当地文化,迪士尼才在法国取得了成功。

埃德加·沙因的组织文化理论,为企业文化建设提供了指导。他认为**组织文化是由表层的文化工具、中层的价值观和核心层的基本假设共同构成的多**

层结构。例如，宝洁公司通过其广告和内部沟通，以不断强化"Quality is our top priority"（品质至上）的信息，这有助于在全球员工中传播公司企业核心价值观。

（二）跨国企业文化整合的具体策略

（1）深入了解并尊重文化差异。文化差异是客观存在的，不同文化背景下的员工在思维方式、行为习惯、价值观念等方面都有所不同。企业需要通过市场调研、员工访谈等方式，了解不同国家、地区的文化背景和差异，增强对文化差异的理解和尊重。同时，企业还需要加强员工对多元文化的培训和教育，增强员工的跨文化意识和能力。

（2）制订明确的文化整合目标和计划。文化整合是一项系统工程，需要企业设立专门的文化整合团队或委员会，负责统筹规划和实施。企业可以依据奥卡姆文化适应理论（OCAI）诊断和规划组织文化发展，明确文化整合的方向和目标。同时，企业还需要制订具体的文化整合计划，包括文化整合的时间表、具体措施、责任分工等，确保文化整合工作有序进行。

（3）建立共同的价值观和行为准则。共同的价值观和行为准则是企业文化整合的基础。企业应塑造统一的企业核心价值观，强调诚信、创新、协作等共同理念，并在此基础上包容文化多样性。同时，企业还需要制定明确的行为准则，规范员工行为，确保员工能够遵守企业的规章制度和道德规范。

（4）加强跨文化沟通和协作。有效的沟通是消除误解、增进理解的桥梁。企业应建立多种沟通渠道，如定期召开座谈会、设立匿名建议箱等，让员工能够畅所欲言，表达自己的想法和意见。此外，企业还可以通过团队建设活动、文化交流等方式，促进不同文化背景下员工的相互了解和合作。

（5）灵活应对文化冲突和变化。在文化整合过程中，难免会出现文化冲突和变化。企业需要提高员工的文化适应能力，鼓励员工积极应对文化挑战。同时，企业还需要建立灵活的文化调整机制，根据市场环境和员工需求的变化，及时调整文化策略。

（三）跨国企业文化整合的实践案例

H公司和MTN集团在跨文化整合方面的成功案例，可以为其他企业提供宝贵经验。该公司在非洲的成功不仅因其产品的适应性强，更在于其尊重当地文化和社会需求的企业策略。在肯尼亚，它们通过与当地运营商合作，推出符合当地市场需求的移动服务，获得了消费者的高度认可。

南非的MTN集团则通过推广多元文化的工作环境，促进了员工之间的交流与合作。MTN在扩展到中东和欧洲市场时，充分考虑到了当地文化的特点，在产品和服务设计上进行了本地化调整。同时，在内部文化上推崇多样性和包容性，从而在新市场获得了成功。

（四）一些总结和建议

数据显示，中国近五年在出海方面取得了显著成就。2023年，中国全行业对外直接投资超过1万亿元人民币，企业类型和行业分布日益多元化。同时，在海外营收、资产规模和跨国经营方面，我们也取得了积极进展。从货物贸易出口来看，中国继续保持世界第一大货物贸易国地位。其中，太阳能电池、锂电池、新能源汽车的出口都实现了超高速增长。

在这样的大时代背景之下，跨文化整合毫无疑问将是跨国企业全球战略的重要组成部分。一方面，我们需要深入理解和尊重文化差异，建立共同的价值观和行为准则，以加强跨文化沟通和协作；另一方面，我们还需要加大对跨文化的关注和研究，培养一大批跨文化管理人才，有了这样的"软实力"，才能更好地帮助更多的企业顺利出海。

※ 拓展阅读：跨文化适应与文化维度

跨文化适应指的是个人或组织在跨文化环境中学习并采纳新文化的知识、行为和规范，以便更好地融入和作用于这一环境的活动。例如，跨国企业派遣经理到海外分支机构时，可能需要他们参加文化适应培训，以便理解和尊重当地的商业礼仪、工作方式和社交习惯。

文化维度是一套用于比较不同文化的理论框架，可以帮助人们理解各种文化间的差异。比如，权力距离维度，描述了社会成员对权力不平等的接受程度。在高权力距离的文化中，如俄罗斯，通常对权威有较高的尊重；而在低权力距离的文化中，如瑞典，则更倾向于平等和协商的管理风格。

五、全球化背景下企业文化的变革与创新

在全球化浪潮中,跨国公司如群星般点缀着全球经济的天空。它们不仅是经济的坚实柱石,更是文化交融的活跃前沿。因此,面对全球化的步伐,我们必须开放与融入,企业文化的革新不可或缺。

(一)全球化视野下,企业文化转型的三大驱动力

(1)适应全球竞争的潮流。企业要想生存和发展,必须具备敏锐的竞争意识和不断创新的能力。通过企业文化的改革和创新,能够建立共同的价值观和行为规范,促进不同文化背景的员工交流与合作,实现高效的跨文化管理,从而适应全球化市场的白热化竞争。

(2)应对跨文化管理的考验。在全球化的大背景下,企业必然会接触到多元文化背景的员工、客户以及合作伙伴。文化差异可能引发沟通不畅和价值观的碰撞,对企业的运营和管理构成挑战。企业文化的转型和创新能够激发员工的创意和热情,推动技术、产品和市场的革新,从而加强企业的市场地位和竞争力。

(3)提升企业的创新力和市场竞争力。企业文化是推动企业创新和竞争力的源泉。面对全球化带来的快速变化,企业需要不断地自我更新。提供培训和学习机会,激发员工的创新精神;设立创新奖励机制,鼓励员工积极参与创新;建立创新团队或实验室,为员工提供良好的创新平台。这些举措都将有助于企业的创新能力和市场竞争力的提升。

(二)创新企业文化的具体策略

(1)扩大企业核心价值观的影响力。企业核心价值观是企业文化的核心,它指导员工的行为和选择。在全球化的大潮中,企业应当加强企业核心价值观的宣传,让它贯穿公司运营的各个层面,成为员工共同追求的目标。同时,企业也应根据市场的变化和内部需求的演变,不断地调整和完善企业核心价值观,确保其与时俱进。

(2)营造开放包容的文化氛围。面对不同文化背景的员工和客户,企业必须倡导一种开放和包容的文化氛围。企业应尊重并欣赏文化差异,鼓励员工学

习其他文化的长处,促进不同文化背景下的员工交流与合作。此外,建立有效的沟通机制也至关重要,以消除障碍,增进员工间的理解与信任。

(3)**培养员工的创新思维和能力**。如前所述,创新是企业持续发展的动力。培养员工的创新思维和能力是企业持续发展的关键。创新思维是推动企业进步、突破固有模式的重要力量。企业文化要鼓励员工敢于尝试、不怕失败,营造开放包容的创新氛围。通过培养员工的创新思维和能力,企业能够不断推陈出新,保持竞争优势,实现长远发展。

(4)**执行跨文化管理策略**。跨文化管理是应对全球性挑战的关键。企业应制定清晰的跨文化管理策略,涵盖文化适应、融合和创新等多个方面。企业要了解并尊重不同文化的特征,避免文化冲突;寻找不同文化的共同点,促进文化的交流与融合;结合多元文化的优势,打造具有特色的企业文化。

(三)企业文化的未来趋势

(1)**人性化**。随着全球化的不断深入,未来的企业文化将更加关注员工的成长与发展,突出人性化的管理理念。企业将关注员工的需求和期望,提供个性化的培训和发展机会,帮助员工实现自我价值,并为企业创造更多价值。

(2)**可持续**。面对全球环境问题和社会责任的挑战,未来的企业文化将重视可持续发展。企业将实践环境保护、资源节约和社会责任,推动绿色发展和社会责任的履行。

未来企业文化的三大趋势

(3)**数智化**。随着数字化和智能化技术的发展,未来企业文化将注重这些技术的应用。企业将利用大数据、人工智能等技术,提升内部管理效率;通过数字平台,加强员工沟通协作,促进知识共享和创新。

(四)一些总结和建议

事实上,全球化带来的挑战多种多样。例如,贸易保护主义抬头、地缘政治紧张局势、经济不平等加剧、资源与环境压力、文化冲突与融合难题等。面对这些挑战，一方面，需要各国共同努力，通过加强合作、推动创新和完善机制等方式应对，以实现更加公正、包容和可持续的全球化进程；另一方面，作为企业而言，不断创新和完善企业文化，也是当务之急。

尽管全球化存在着上述挑战，甚至说危机。但它同时也可以推动企业不断开放创新，以吸收多元文化精髓，塑造具有时代特色的企业文化。在此基础上，优秀的企业文化可以帮助吸纳更多跨国人才加盟，能够提升企业的国际竞争力，从而促进企业的可持续发展和全球化进程。

六、放大参照系，在多元文化交织下破浪前行

当今时代，全球化的足迹几乎遍布世界每个角落，跨国企业如同勇敢的航海者，在多元化的经济大潮中乘风破浪，它们不断"走出去、引进来"，涌现出非常多的成功案例。在这广阔的海域中，跨文化交流是企业领导者必须驾驭的风帆。

企业文化作为企业灵魂的象征和核心竞争力的体现，其发展趋势在多元文化的碰撞与融合中呈现出别样风采。本篇将从跨文化的视角，审视企业文化的发展轨迹，并提供一些对企业文化建设有益的洞见。

（一）多元文化视角下的企业文化内涵

企业文化不仅是员工共同奉行的一套规范，更是企业在全球舞台上展示自我形象与特色的关键。在多元文化的视角下，企业文化的内涵丰富而深邃，它包括国际化视野、跨文化沟通技巧、文化的包容性以及对创新的不懈追求等。事实上，多元的跨文化影响，让企业文化的外延也更为宽广。

（二）企业文化的未来发展路径

（1）**文化融合与共存的新常态**。以前，企业往往在一个地方"从一而终"，因此其文化也就相对固定、少变化。随着全球化步伐加快，不同文化的交流与碰撞变得日益频繁。企业在坚守自身文化特色的同时，也要学会借鉴其他文化的精髓，打造具有跨文化特征的企业文化。这种文化的融合与共存，不仅能够增

强企业在国际市场上的竞争力，也能让员工感受到更深层的认同与归属。

（2）文化适应性与组织灵活性的重要性。毫无疑问，当今社会加速发展。在多样文化的交织中，企业须具备敏感的市场触觉和迅速的文化适应能力，并根据目标市场的文化特性，及时调整经营策略和管理模式，同时又保持组织的灵活性，以便快速响应跨文化环境的变化。

（3）提升跨文化沟通与合作的能力。正如学习外语可以让我们方便对外交流一样，学习跨文化则让你的企业文化交流变得顺畅。有效的跨文化沟通与合作，是企业走向国际化的基石。强化员工的跨文化沟通能力，建立良好的跨文化沟通机制，促进不同文化背景员工之间的理解与协作，对于企业全球化战略至关重要。

（4）文化创新作为企业发展的推动力。在多元文化的背景下，企业必须不断地进行文化创新以适应市场的变化。企业应鼓励员工勇于面对新环境、大胆尝试新思维和新方法，激发创新精神与创造力。同时，构建一个鼓励创新的环境和机制，支持员工的创新行为。

（三）面对挑战：跨文化视角下的企业文化建设

（1）文化差异引发的沟通障碍。不同文化背景下的个体在思维方式、价值观、表达方式等方面存在差异，这可能导致信息误解、情感冲突甚至合作失败。为克服这一沟通障碍，需增强跨文化意识，学习不同文化习俗，提升语言和非语言沟通能力，同时保持开放和尊重的态度，以建立有效的跨文化沟通机制。

（2）文化冲突对企业稳定性的影响。无数案例表明，文化的差异可能导致冲突，如果企业不能妥善处理，将破坏企业内部的和谐氛围，降低员工凝聚力，进而影响企业的稳定运营。因此，企业需要倡导文化的包容性，尊重并接纳不同的文化差异，并建立有效的文化冲突解决机制。

（3）营建开放包容的企业文化氛围。当下，"地球村"让我们彼此的时空距离进一步缩小。因此，建立一个开放而包容的文化氛围，不仅有助于激发员工的创造力，促进多元思想碰撞，还能增强员工的归属感，有助于企业吸引和留住优秀人才，从而为企业的长期发展提供坚实的文化基石。

（四）一些总结和建议

当今中国，作为世界第二大经济体，其经济增长速度居世界前列，经济总量和综合国力稳步提高。中国是全球贸易大国和外资理想的投资场所，对世界经济发展作出了重要贡献。正是在这样的大背景下，我们用整整一章的篇幅，系统研讨"跨文化视角下的企业文化"，就是为了给更多的企业走出国门做准备。

"文化"与"业务"两手都要抓，两手都要硬。未来的企业将更加注重企业文化的融合、适应、沟通、协作以及创新。企业在保持自身文化特色的同时，需要吸收其他文化的优点，打造有特色的跨文化企业文化。同时，加强员工的跨文化培训，提升其文化素养和能力，才能更好地支持企业全球化战略。

※ 拓展阅读：中国成功走向世界的十大知名品牌

改革开放40多年以来，越来越多优秀的企业走出国门，走向世界。我列举了以下十大知名品牌，其排名无分先后，也没有参照什么分类。它们通过不断的技术创新、市场拓展，以及跨文化的交融等艰苦卓绝的努力，从而成功登上世界舞台，展示了中国产品和服务在全球市场的综合竞争力，树立了良好的国际形象。

中国十大知名品牌及概况

品牌	概况
华为	全球通信技术的领军企业，其产品和服务已覆盖全球170多个国家和地区。其在5G、云计算、人工智能等领域的技术创新，让其在全球市场赢得广泛认可
联想	全球最大的个人电脑供应商之一，产品线覆盖个人电脑、服务器、智能设备等多个领域。联想通过持续的创新和品质提升，在全球市场上树立了良好的品牌形象
海尔	中国家电制造业的佼佼者，海尔的系列家电产品在全球市场上享有很高的声誉。其通过实施全球化战略和市场拓展，海尔顺利实现了品牌的国际化
格力	全球最大的空调制造商之一，格力在空调领域的技术和品质都处于领先地位。其产品不仅在国内市场占据主导地位，还出口到全球多个国家和地区

续表

品牌	概况
阿里巴巴	全球最大的电子商务公司之一，它为全球消费者提供了便捷的在线购物体验。通过创新的商业模式和技术手段，成功引领了全球电子商务的发展潮流
腾讯	中国最大的互联网企业之一，腾讯在社交、游戏、金融等多个领域都取得了显著的成就。微信、QQ等社交平台在全球拥有数亿用户，成为全球范围内广受欢迎的社交工具
字节跳动	凭借抖音、TikTok等短视频平台的成功，字节跳动在全球范围内赢得了广泛的用户群体。通过创新的算法和内容推荐机制，为全球用户提供了丰富多彩的娱乐体验
中国移动	全球最大的移动通信运营商之一，中国移动在提供高质量的通信服务方面有着丰富的经验。网络覆盖全球多个国家和地区，为全球用户提供了便捷的通信服务
五粮液	中国白酒的代表品牌之一，五粮液以其独特的酿造工艺和卓越的品质赢得了全球消费者的喜爱。其产品在国际市场上享有很高的声誉，成为中国白酒走向世界的重要代表
中国银行	中国最大的商业银行之一，中国银行在国际金融市场上也有着举足轻重的地位。其通过提供全方位的金融服务，为全球客户提供了便捷、安全的金融解决方案

20年前，北京、上海、广州那些灯火辉煌的写字楼内，无数知名的外企曾让我等有志青年羡慕有加。诸如微软、戴尔、丰田、佳能、联合利华、摩托罗拉、西门子、大众、可口可乐等，曾经吸引了那个时代我们清澈而灼热的目光。它们不仅为中国消费者提供了优质的产品和服务，还为中国的经济发展和技术进步做出了积极贡献。它们也曾经为我们贡献了很多现代的企业管理之道和不少宝贵的经验和教训。

今天，中外企业之间的合作愈加紧密，东西方文化交流愈加频繁，从而让这些跨国企业的"跨文化"管理也愈加深入。由此，**我们需要不断放大自己的坐标系和参照系，将自己置身于更为广阔的时空。**

第九章
企业文化与社会责任

企业的目标应该是赢得社会的尊重和信任,这比追求利润更为重要。

—— 稻盛和夫

一、企业文化之根与社会责任之花

企业文化如同树木的根系，深深扎根于企业的内部，它内敛深沉，携带着企业的价值观念、行为准则和经营哲学。而企业社会责任，犹如枝头盛开的花朵，它外显张扬，是企业在追求经济效益的同时，向社会、环境以及利益相关方郑重展示的承诺和担当。

（一）企业文化：社会责任的坚实基础

作为企业精神面貌的集中体现，企业文化塑造了企业的行事风格，以及它对外界相关利益群体的姿态。一家视社会责任为己任的企业，其文化中必然渗透着诚信、公平、责任与担当等企业核心价值观，这些理念贯穿企业的日常运营。

可以说，企业文化是企业社会责任的根基，是驱动企业履行社会职责的内在动力源泉。没有良好的企业文化，企业的社会责任也就沦为空谈。同时，若没有经营业绩做保障，企业将无暇顾及社会责任。

（二）社会责任：提升企业文化的精神境界

企业在勇于担当社会责任的过程中，也在默默雕琢和提升自身文化的精神境界。在积极回应社会需求、关注生态环境、关怀员工发展的同时，企业文化在这样的反哺中得到丰富和升华。

比如，参与社区服务、关爱弱势群体、倡导可持续发展等行为，无疑能够增强企业的社会责任感和使命意识，从而提升企业文化的内在品质，让企业的顶层设计（目标、使命、愿景、价值观）更加清晰和高大。

（三）企业形象：由企业文化和社会责任共同塑造

企业文化和社会责任共同构成了企业形象的两大支柱。企业文化通过其核心价值和行为规范展现出企业的个性和灵魂，社会责任则通过企业的具体行动彰显出对社会、环境和各方利益相关者的关怀和投入。两者的有机结合共同塑造了企业的良好声誉,提升了品牌的形象、价值和市场竞争力。因此,如果企业社会责任缺席,企业形象将不再完整和丰满。

$$企业文化 + 社会责任 = 企业形象$$

企业形象的核心构成

(四)企业发展:文化与责任的双轮驱动

一方面,健全的企业文化能激发员工的活力和创造力,增强团队的凝聚力和向心力,成为企业发展的不竭动能;另一方面,积极的社会责任行为能够赢得广泛的社会赞誉和支持,为企业的发展营造良好的外部环境。同时,企业文化和社会责任还能相辅相成、相得益彰,共同促进企业朝着可持续发展的目标前进。可以说,没有社会责任,企业发展的"格局"就会十分低小。

(五)实践意义:深刻把握文化与责任的联结

深刻理解企业文化与社会责任的相互关系,对企业的实际运营有着至关重要的意义。

首先,在承担社会责任过程中,我们应认清企业文化的关键作用,通过培养正面、积极的企业文化,引导员工建立正确的价值观念和行为规范,进而推动企业更好地履行社会职责。其次,**将社会责任融入企业文化的核心内涵,确保在追求商业利益的同时,不忘对社会的关怀、承诺、回馈**。最后,以具体行动去践行企业文化与社会责任,将抽象的理念转化为可见的成果。

(六)未来展望:企业文化与社会责任的协同发展

未来,企业需要更加注重将社会责任的理念和行动融入企业文化中,并借助企业文化的力量,积极推动社会责任的履行。同时,企业还需不断创新社会责任的实践方式,探索与自身特色和时代要求相符的责任模式。此外,政府、社会团体和公众等各方也应积极参与和支持,共同促进企业文化与社会责任的融合与发展,从而构筑一个和谐与可持续的社会大环境。

※ **拓展阅读：企业社会责任**

企业社会责任是指企业在创造利润、对员工和股东承担法律责任的同时，还要主动承担起对消费者、社区和环境的责任，它要求企业必须超越"把利润作为唯一目标"的传统理念，强调要在生产过程中加强对人的价值的关注，以及对消费者、社会、环境的贡献。

中国社会科学院《企业社会责任蓝皮书》是由中国社会科学院每年发布的社会责任研究报告，已经连续发布15年，深入剖析国有企业100强、民营企业100强、外资企业100强以及10余个重点行业、部分优秀企业，该报告是在社会责任管理和信息披露方面的表现，是国内权威的社会责任领域的研究报告。

本章《在社会责任引领下提升企业文化格局》一文对永辉超市的年度社会责任报告进行了简单解读。

二、企业社会责任的实践与评估

企业社会责任思想的起点，是亚当·斯密的"看不见的手"，有兴趣的读者可以深入研究。经过长期的发展，我国企业的社会责任已经发展到相对高级的阶段，一些优秀的企业开始追求经济责任、社会责任和环境责任的动态平衡。

（一）企业社会责任的战略意义

对优秀企业而言，CSR不仅是道德和法律要求，更是其战略规划的核心部分。通过有效的CSR实践，企业可以提高其品牌价值，增强与消费者的联系，促进员工满意度和忠诚度，同时还能够预防潜在的法律和财务风险。长远来看，CSR还有助于企业系统建立与社会和环境协调发展的良好关系，实现可持续增长。

（二）企业履行社会责任的实践模式

企业在履行社会责任时，不仅关注经济效益，更将社会责任视为企业长远发展的基石。为此，众多优秀企业采取多元化的实践模式，将社会责任融入日常运营和决策中。

首先，环保创新是其中一大亮点。例如，某知名汽车制造企业，通过大力研发新能源汽车技术，成功推出了多款零排放的电动汽车。这不仅降低了汽车尾气对环境的污染，还引领了行业的绿色转型。同时，该企业还优化了生产流程，采用环保材料，减少生产过程中的废弃物和污染物排放，实现了经济效益与环境保护的双赢。

其次，社会投资也是企业履行社会责任的重要方式。比如，一家跨国零售巨头，在多个发展中国家设立了教育基金，为当地贫困儿童提供奖学金和学习资源，帮助他们获得更好的教育机会。此外，该企业还投资建设了医疗设施，改善了当地社区的医疗条件，提升了居民的健康水平。

再次，人力资源关怀则是企业履行社会责任的内在要求。一家知名互联网公司，注重员工的职业发展和工作满意度。他们提供丰富的培训资源，鼓励员工不断提升自我，实现职业成长。同时，公司还建立了完善的福利制度，包括弹性工作、健康保险等，确保员工能够在良好的工作环境中充分发挥自己的潜力。

最后，透明治理则是企业履行社会责任的重要保障。一家全球领先的金融机构，建立了严格的公司治理结构，确保企业决策的公正性和透明度。他们定期公布财务报告和业绩数据，接受社会监督。同时，企业还积极回应社会关切，参与公益事业，展示了高度的社会责任感。

（三）国内外企业社会责任案例

某知名电商平台：作为中国的电商"领头羊"，它不仅在商业模式上取得了巨大成功，同时也在履行社会责任方面作出了积极贡献。其中，"蚂蚁森林"项目就是其履行社会责任的杰出代表。该项目通过用户的日常行为积累"绿色能量"，进而在虚拟世界中种植树木，实现推广碳减排的目标。这一创新的方式不仅让普通民众参与了环保事业，还成功推广了绿色消费观念，让环保理念深入人心。此外，该电商平台还通过其他方式，如优化物流体系、推广可再生能源等，实现了商业模式与环保理念的深度融合，为社会的可持续发展贡献了自己的力量。

H公司：作为全球领先的通信设备供应商，该公司始终将技术创新和员工福利作为企业的核心。它注重员工的职业发展，提供了良好的工作环境和丰厚的福利待遇，激发了员工的创造力和工作热情。同时，它还积极投入研发，推出了众多具有创新性和竞争力的产品,为全球通信事业的发展作出了巨大贡献。此外,它还在社会公益领域积极履行责任,支持教育、扶贫等公益事业,展现了企业的社会担当。

星巴克:作为全球知名的咖啡连锁品牌,它一直致力于推动公平贸易和可持续农业的发展。星巴克通过与供应商建立长期稳定的合作关系,推行负责任的采购政策,确保咖啡豆的产地农民能够获得公平合理的报酬。同时,星巴克还积极推广环保理念,鼓励顾客使用可重复使用的杯子,减少一次性杯子的使用,降低对环境的影响。这些举措不仅提高了整个咖啡行业的环境和社会标准,还为消费者带来了更加健康和可持续的消费体验。

易宝公益:作为中国有影响力的互联网公益平台代表之一,它创建于2008年5月,是易宝支付旗下的公益平台,原名"易宝公益圈"。易宝公益自成立以来,一直为所有合作公益机构提供"零费率"支付服务。2015年改版之后,开始实践"互联网+公益"的创新,以便从以公益项目、公益机构为中心的传统公益模式,转化为以公益志愿者为中心的创新模式。

(四)企业社会责任成效的评估方法

为了避免把CSR活动简单地当成公益慈善捐赠行为,确保CSR活动能够有效实现目标,企业需采用科学的评估方法来衡量其成效。以下是几种常用的CSR成效评估方法。

(1)社会影响评估(SIA)。它是一项用于深入探究项目实施后,可能带来的多方面社会效应的决策工具。无论是经济层面、文化冲击,还是社区健康和社会结构的潜在变动,SIA都能提供宝贵的洞察。借助这种评估,企业不仅能够预先感知潜在的社会影响,还能在项目启动前进行必要的调整,确保项目的正面社会效果最大化,同时减少潜在的负面影响。

(2)生命周期评估(LCA)。它是一种全面的环境分析工具,可以剖析产品或服务从原材料采集、生产制造、运输分销,到最终使用及废弃处理的整个生命周期全过程。通过评估,企业能够清晰了解产品或服务在各个环节中对环境的潜在影响,从而有针对性地识别并解决关键环保问题。LCA不仅有助于企业实现绿色生产,提升环境绩效,还能为消费者提供更为环保的产品。

（3）绩效指标体系（PIS）。为了更有效地推动CSR计划的实施，一套完善的绩效指标体系尤为关键。它通过精心设计的量化指标，如节能减排量、员工满意度、社区参与程度等，不仅为企业提供了明确的执行标准，还能定期监测和评估CSR计划的执行情况。通过这种方式，企业能够及时发现并解决存在的问题，确保CSR计划真正落地生根，为社会和环境带来积极的影响。

我很高兴地看到，一些行业主管部门，已经在协助和辅导企业优化其CSR方面，做出了很多有益的探索，并取得不少的成果。这使得企业在推进CSR的过程中有了参照和相对科学的评价体系。同时，一些经营状况良好的企业，通过当地的商会、协会、慈善公益等组织，也在主动承担越来越多的企业社会责任。

（五）一些总结和建议

通过创新的CSR实践，企业不仅能够提升自身品牌形象，以及综合竞争力，还能为社会带来积极的回馈与进步。只有这样，企业才能在追求经济效益的同时，真正实现对社会和环境的贡献，达到可持续发展的目标。

我很钦佩国内越来越多的优秀企业家，在身体力行地推进企业社会责任的落地。根据胡润慈善榜，以及2024年国内公益领域的相关动态，美的的何享健、小米的雷军、腾讯的马化腾、字节跳动的张一鸣、联想的杨元庆等优秀企业家，纷纷带头捐赠，回馈社会，其实力与风范，其责任与担当，其认知与境界，让人敬佩。

三、探讨"公益"与"营销"的关系

我们时常关注到"公益"与"营销"的诸多结合事件，但讨论这两者之间关系的文章并不多。作为一名营销老兵，我曾经在10年前，参与并负责某个大型网络公益捐赠平台的管理和运营，在此分享一些感受，供大家参考指正。

（一）公益营销

所谓公益营销，就是企业与公益组织合作，充分利用其权威性、公益性资源，搭建一个能让消费者认同的"营销+公益"平台，从而促进其市场销售的一种新型营销模式。"公益营销"概念的提出，以及该学科的由来，还没有实证性的统一说法，但它作为一个常见现象，并逐渐被越来越多的企业运用，这就足以引起我们的重视并加以分析。

（二）公益+营销

如果我们在"公益"中加入"营销"元素，估计大部分人会有些反感，认为这有违"公益"的初衷。因为他们认为，一旦加入了"营销"，公益就变得不再"单纯"了。当然，群众雪亮的眼睛，正严密地注视着某些变味的"营销"元素，却打着"公益"的幌子。譬如，小区附近菜市场边上，某些小药房往往打着"公益+免费"的幌子，拉拢大爷大妈们去测试血压心率之类，后面暗藏的目的和动机让人不齿。

还有，当下流行的各种"大神"的网课，他们也常常以"免费"和"公益"的"公开课"形式招揽生意，作为前期的引流手段。然后，逐步筛选出精准的、真正高价值的目标客户，其后期的课程往往价格不菲，甚至一些不良商家还会埋伏各种套路。如此，硬生生把"公开课"这么一个好词语、好模式给带到阴沟里。

（三）营销+公益

反之，如果我们说在"营销"中加入了"公益"元素，估计大部分人就顿生好感，认为这个企业还颇有业界良心。譬如，当年在北京时，为了方便快捷地解决早餐问题，我经常光顾公司附近的"小西餐"麦当劳。在它的餐盘垫纸上，常常悄然写着一些正在举行的公益捐赠的项目信息，这让我很长一段时间里，对它的早餐青睐有加。

（四）一些感悟

我们不妨先放下"公益"和"营销"的主次关系的探讨，先来说一说这两者之所以结合的一些常见缘由。

（1）公益与CSR。CSR即企业社会责任，是指企业在创造利润，对股东负责的同时，还应承担起对劳动者、消费者、环境和社区等利益相关方的责任。随着社会的进步，CSR的内涵更加丰富，外延更加扩大，这是一个好现象。所以，对于企业而言，我们可以将"公益"当成我们常见的通俗的CSR元素之一。

（2）公益与企业文化。企业文化也称组织文化。它是一个组织由其价值观、信念、仪式、符号、处事方式等组成的其特有的文化形象。简言之，它就是企业在日常运行中所表现出的"精气神"的各个方面。

事实上，"公益"就是我们常见的企业文化的要素之一。一个企业有无爱心，有无大爱，可以通过其"公益"理念和行动来展现。一般来说，一个真正热心公益慈善的企业，对员工、对股东、对合作伙伴、对客户……通常也不会差。

（3）公益常用于营销的切入口。所谓"市场营销"，是商品或服务从生产者手中移交到消费者手中的一个过程，是企业或其他组织以满足消费者需要为中心进行的一系列活动。通俗地理解就是，营销人员针对市场而开展的经营活动、销售行为全部过程，也可以理解为通俗的"买卖"。

由于"公益"具有普适性，A和B两个看起来或许"毫不相关"的企业，就可以通过"公益"这一共通元素，将他们的营销活动联结起来。因为，任何企业的"营销"的高级追求，都可以上升到企业社会责任，几乎无法排斥"公益"。于是，"公益"常用作双方或者多方营销合作的切入口和通行证。

（4）公益与品牌的美誉度。美誉度是衡量一个品牌的重要指标之一，它是市场中人们对某一品牌的好感和信任程度，也是现代企业形象塑造所追求的重要组成部分。如前所述，"公益"更能给社会公众以好感。因此，将"公益"与企业"品牌"深入结合，无疑将为品牌的美誉度增色不少。

需要说明的是，部分创新和发明，譬如当年爱迪生发明的电灯，看起来不像是我们常见的"公益"或者说"慈善"行为，然而它们却是能够带动人类福祉的事情。这也说明了科技的革命和更新换代，对于人类和社会进步而言，是一种强大的助推力，它们是更高维度的、远超一个企业的"公益"！

（5）合理的减税或者财务抵扣。根据我国相关规定："企业发生的公益性捐赠支出，在年度利润总额12%以内的部分，准予在计算应纳税所得额时扣除；超过年度利润总额12%的部分，准予结转以后三年内在计算应纳税所得额时扣除。"它体现了主管部门对企业"公益"行为的鼓励和支持。

（6）营销为公益提供持续的资金来源。回到开篇的话题，到底我们应该是在"公益"中加入"营销"，还是在"营销"中搭载"公益"？不同的前后顺序、主从关系,看起来给大众的感受完全不同。

在政策许可的范围内,只要规范运营,问心无愧,"公益"和"营销"就无所谓谁前谁后,谁主谁次。因为换一个角度看,前后主次还有那么重要吗?然则,"营销"可以为"公益"提供必要的、持续的资金来源,却是不争的事实。

(7)慈善需要激情,公益需要理智。"慈",是指长辈对晚辈的爱;"善",是指人与人之间的友爱和互助。"慈善"事业是人们在没有外部压力的情况下,自觉自愿地奉献爱心与援助的行为,是一种扶弱济贫的社会事业。通常,慈善事业的活动对象、范围、标准和项目,由施善者确定。

"公益"是公共利益事业的简称,它有关社会公众的福祉和利益。"公益"是个人或组织自愿通过"做好事、行善举",而提供给社会公众的公共产品。可见,"公益"活动是现代社会不断进步的产物。

倡导"日行一善,人人可慈善",就是告诉大家,公益慈善,并非"富人"的"专利"。我们每一个普通人,普通的每一天,都可以做一些"力所能及"的事情,以帮助更多的人,让这个世界更加美好和谐。

(五)一些总结和建议

无论是"公益"与"营销",还是"公益慈善"与"企业文化",其结合可以很复杂,也可以很简单。说它复杂,是因为按照专业的标准,它的确有诸多条条框框;说它简单,是因为它完全就是发自企业创始人的"初心"。当然,企业社会责任,并非企业领导者进入公众视野的"入场券"。

其实,"公益营销"就是CSR的一个更小范畴,企业完全没必要"率性而为",或者"跟着感觉走"。在规范、有序、专业的加持下,企业的"公益"和"慈善"之路,以及更广义的CSR,必将会越走越顺、越走越宽!诚然,当我们的企业文化中不断注入社会责任的元素时,品牌形象必将随之提升并变得高大。

四、案例分享:深化企业社会责任沟通

今天,企业社会责任不再是企业经营的附加项,而是致力于成为优秀企业发展战略中不可或缺的一环。CSR的实施,不单是对社会的一份承诺,更是企

业内在文化、品牌形象乃至市场竞争力的直接体现。

然而，CSR的价值要想被充分认知和认可，还在于如何将这份责任与担当传达给公众并形成共鸣。接下来，我们将深入剖析企业在社会责任沟通与传播方面的策略，并探讨其深远的社会意义。

（一）企业社会责任传播的核心价值

有效的CSR传播策略，对于企业塑造正面形象、构建信任桥梁至关重要。它不仅能够让公众见证企业在环保、慈善、员工关怀等领域的努力和行动，并自觉接受社会监督，还是企业在激烈的市场竞争中赢得公众稳固的支持基础。

同时，积极传播企业社会责任，能够促进企业与政府、媒体、NGO（非政府组织）等深度对话，使企业更加贴近社会脉动，及时调整战略以适应社会变革。更为重要的是，当企业将自身的CSR成功经验和实践分享给社会时，能够激励并带动更多的企业和个体投身社会责任行动，共同推动社会的和谐进步与持续发展。

（二）企业社会责任沟通的实践策略

（1）**明确沟通定位**。企业在开展CSR活动之前，必须设定清晰的沟通目标，以确保信息的传递既准确又具有针对性。这些目标可能包括树立品牌形象、加深社会信任、促进多方合作等。前面讲过的市场营销5M法则，依然适用。

（2）**多元传播平台**。为提升品牌影响力，企业需精准洞察目标群体特点，并灵活运用多元化的传播平台。传统媒体稳健可靠，社交网络迅捷广泛，线下活动则增强互动体验。通过多平台协同作战，确保信息快速、精准传递至目标受众，实现品牌信息的广泛覆盖与高效传播，从而增强企业的品牌影响力。

（3）**故事化传播**。在传播CSR的过程中，企业可以讲述那些真实感人的故事，借助故事情节、人物形象和情感表达等元素，通过引起听众的共鸣和情感反应，更好地传递所要表达的内容，从而让公众感受到企业的真诚与温度，并进一步与企业建立更深的情感连接。

（4）**互动合作机制**。通过政府引导、企业主导、社会参与的方式，建立资源共享、优势互补的互动合作机制，共同推进社会公益事业的发展。同时，积极倡导社会各界一起参与，形成合力，在提升企业的社会形象和品牌价值的同时，还能进一步拓展企业资源，增强企业的市场竞争力。

（5）反馈与优化。没有反馈，就没有改进。因此，设置反馈机制，对公众的意见和建议进行及时分析和回应，可以不断优化沟通策略，提升CSR活动实效。值得欣赏的是，在相关部门的指引下，越来越多优秀企业坚持公示年度CSR报告。

（三）两种不同风格的典型案例分析

某著名科技公司，在CSR的沟通与传播过程中，通过社交媒体平台，积极发布年度CSR报告；通过实时直播慈善活动，向公众展示其深厚的社会责任感。与此同时，该公司还积极与政府、非政府组织（NGO）等合作，共同推进环保项目和扶贫工程，进一步扩大了CSR行动的社会影响力。这些专业的操作，值得学习。

鸿星尔克这家生产高品质运动鞋的企业，多次因其"破产式捐赠"的慷慨行为而引发大众关注和喜爱。2021年7月，它宣布向受灾的河南驰援5000万元物资，被意外送上"热搜"而一鸣惊人。2023年12月，面对甘肃地震的严峻灾情，它又一次宣布捐赠2000万元物资。

事实上，鸿星尔克的公益慈善行为，远不止这些。它持之以恒的CSR行动，被广大热心网友记在心里并以故事相传颂。网友们投桃报李，在直播间里，几度"野性"消费，将该企业的产品库存"清空"。所以，只要企业发自内心地去履行和承担社会责任，并保持坦诚、务实的原则，通过有效的沟通策略，它一定能够与公众同频共振，一起推动企业和社会向前发展。

（四）一些总结和建议

但行好事，莫问前程，何况"互联网是有记忆的"。因此，关于CSR，无论是优秀大企业的职业化操作，还是那些朴实无华的业界"良心"，都是值得学习的，都是值得肯定的。只要有能力，只要有意愿，积极承担企业社会责任，我们都是践行企业社会责任之路上的一道道美丽风景！

在CSR的沟通与传播方面，作为企业，我们要保持开放心态，主动向那些优秀的企业学习；作为用户，我们要以实际的行动，对那些真正践行CSR理念的企业给予积极回馈。如此，既可以彰显一个企业的社会担当，也可以鼓励更多企业积极承担社会责任。让我们大家携手同行，共建和谐社会。

五、企业文化：激活社会责任的原动力

在当今快速发展且充分竞争的商业时代，企业社会责任已经成为衡量一家企业综合实力的重要标准，它不仅关系到企业的声誉和品牌，更是企业可持续发展的关键。

（一）企业文化，铸就社会责任的基石

前面多次讲到，企业文化是一个企业固有的价值观念和行为准则的总和，它深刻地影响员工的思想和行为。例如，某著名公司提出的"以客户为中心，以奋斗者为本"的企业文化，强调了对客户负责以及对社会贡献的重要性。在这样的文化熏陶下，员工也会将社会责任视为自己义不容辞的责任，积极参与各类社会公益活动，体现企业和个人的社会担当。可见，企业文化是铸就CSR的基石。

（二）企业文化，指引社会责任的方向

如同一盏灯塔，企业文化为CSR前行之路指引方向。例如，耐克公司将"创新"和"可持续性"融入企业文化中，致力于生产更多环保型产品。这种文化导向，使得企业在发展中，始终坚持绿色理念；在产品设计和制造过程中，不断减少对环境的影响。由此可见，优秀的企业文化对于CSR的导向作用。

（三）企业文化，塑造社会责任的形象

一个积极的企业文化，能够有效提升企业形象。星巴克以其"关爱社区"为企业核心价值观，通过开展多种社区服务项目。例如，向低收入家庭捐赠咖啡，帮助他们渡过难关等，赢得了社会的广泛赞誉。可以说，没有积极承担社会责任的企业文化，就不会有一系列CSR行动，企业也就不存在什么社会形象，企业家充其量只是一名有钱的商人。

（四）企业文化，唤醒员工的社会责任

只有让员工内心认同，员工才会积极主动参与社会责任实践。G公司的"不作恶"文化，更像一种行动指南。在它的指导下，员工自觉参与多项社会公益项目，如支持教育、应对气候变化等，展现了员工高度的社会责任感。所以，广大员工认同并积极参与CSR活动，无疑是企业文化价值与意义的证明。

（五）企业文化，优化社会责任实践的动力源

企业文化需要与时俱进，不断地调整和完善。在这一动态过程中，企业需要持续监测和评估自身的社会责任实践，不断吸取经验、改进不足，以期在社会责任的道路上越走越远。苹果公司就是一个典范，通过持续的供应链管理和劳工权益保护，增强了社会责任实践的效果，还为行业树立了标杆。

（六）企业文化与企业社会责任，相得益彰的双赢模式

企业文化与社会责任，互动互补，相得益彰。一方面，良好的文化能够促进社会责任的实施；另一方面，社会责任的成功实践反过来充实和丰富企业文化，从而形成一种良性的循环，推动企业和社会共同前进。

例如，快手App，是中国流行的短视频和直播应用之一。作为普惠数字社区，它始终坚持"一切为了用户"的初心，运用有温度的科技，助力每一个与众不同的个体，更热情、勇敢地拥抱每一种生活。同时，它还帮助人们发现所需、发挥所长，与海量用户及其广泛需求双向奔赴，打造有温度和值得信任的社区。

（七）一些总结和建议

总体来看，企业文化是提升企业社会责任的核心要素。我们应当致力于建设积极向上的企业文化，将其与社会责任紧密结合，从而提升企业的视野和格局，并通过不断地实践和完善，实现企业与社会的和谐共生。

试想，那些没有良好企业文化的公司，那些忽视企业文化建设的公司，那些在企业核心价值观里，压根儿就没有"责任"和"义务"这些底层元素的企业，它们即使多赚了一些金钱，又怎么会主动想到去承担更多的社会责任呢？

由此可见，企业文化的力量无穷，它不仅能推动企业在经济上走向成功，更能在企业的"灵魂"层面，确保企业成长之后的社会责任表现。只有无数企业的"责任"与"担当"，才能携手共创可持续发展的美好未来。

六、在社会责任引领下提升企业文化格局

正如亨利·福特所言，"企业的首要责任是服务社会，而利润只是检验我们是否有效履行这一责任的指标"。当我们企业的利润"达标"之后，企业社会责

任就成了衡量企业综合实力与持续增长的更高标准和更高追求。

（一）企业文化建设与社会责任的融合

建设一个以社会责任为导向的企业文化，意味着将CSR作为企业核心价值观植入企业的方方面面。这样的文化强调企业经济效益与社会利益的平衡，确保企业在追求财富的同时，积极履行对环境、社会和各方利益相关者的责任。换言之，当我们的企业度过初创期并取得稳健成长后，企业已经有能力回馈员工、股东之外的更广泛的大众，则企业社会责任相比于经济指标，就必然将上升到一定的权重。

企业综合竞争力常见指标

（1）市场份额	（2）品牌形象	（3）供应链渠道	（4）创新及研发
（5）财务表现	（6）人才团队	（7）企业文化	（8）企业社会责任

（二）社会责任与企业文化建设的互惠共赢

（1）提升品牌形象与社会信誉。企业的社会责任行为能够显著提高其品牌形象和公众信任度。这不仅有助于在市场中获得消费者的支持，还能吸引合作伙伴和投资者的目光，为企业的未来发展提供坚实的基础。

（2）激发员工潜能与创造力。将社会责任理念纳入企业文化，能够激励员工认同企业价值观，增加他们的工作热情和创造性。企业应通过培训和激励等措施，引导并促使员工参与社会责任活动，这不仅能够提升团队精神，也有助于员工个人能力的提升，还能增强员工的荣誉感和自豪感。

（3）促进企业的可持续发展。企业在社会责任的驱动下可以更好地实现可持续发展。通过减少资源消耗和污染，企业将与环境达成和谐共存，同时关注员工福利和职业生涯规划，可以提高员工满意度和忠诚度，从而保证企业稳定向前发展。

（三）实施策略

（1）明确社会责任导向。企业必须建立明确的社会责任价值观，并将其融入企业文化核心。员工应通过各种形式的宣传教育，深入理解并拥护这些价值观，形成共同的目标和追求。

（2）制订与执行社会责任计划。企业需根据自身特色，量身打造社会责任战略与行动计划，确保其既符合社会发展需求，又彰显企业核心价值。同时，建立科学的考核与奖励机制，激发员工积极性，确保战略落地生根，推动企业与社会和谐共生。

（3）强化员工责任培训。企业应定期组织社会责任培训，加深员工对社会责任的认识与理解，培养他们的创新精神与协作能力。通过培训，员工将更积极地投身社会责任实践，共同为企业与社会的可持续发展贡献力量。

（4）加强利益相关方沟通。企业与利益相关方的良好沟通是社会责任实践的重要组成部分。企业应主动与政府、媒体、非政府组织等建立合作，了解他们的需求和期望，共同促进社会责任的实践。

（5）持续优化企业文化。随着外部环境的变化，企业文化也应与时俱进，不断演进。企业应积极引入新的思想和方法，以开放的心态拥抱变革，持续改善和创新自己的文化，确保企业文化始终符合时代要求，引领企业走向更加辉煌的未来。

（四）一些总结和建议

我们知道，企业的目的是盈利，但它的目的又不仅仅是盈利。在社会责任的指引下构建企业文化，企业能够有效提高其竞争力和社会影响力。同时，激发员工的积极性和创造力，为企业的长期发展注入活力。因此，企业需要将社会责任视为文化建设的核心和高级阶段，不断推进和实践以实现企业与社会的共赢。

※ 拓展阅读：案例分析——永辉超市的年度社会责任报告解读

以下信息，来自永辉超市公开的2022年度社会责任报告。我对此进行解读的目的：一是让读者朋友们，加深企业文化与CSR之间关系的理解，二是希望企业领导者，可以意识到CSR是一个专业化程度要求越来越高的事情，三是说明政府主管部门，在CSR方面积极的引导作用，将有助于企业CSR朝着更加规范有序、更加健康持续的方向进步。

永辉超市的相关简介。在发展中，永辉超市积极承担企业社会责任，始终在农超对接、稳价保供、应急救灾、助农扶贫、解决"卖难买贵"等行动中努力发挥带头、骨干的示范作用，热心致力于慈善超市、助学支教、扶贫济困、助残助孤、赈灾救难等公益事业，向社会捐赠资金及物资累计数亿元。

永辉超市的"社会责任领导机构"。永辉超市董事会是永辉履行社会责任的最高领导机构,各战区、门店是社会责任的工作机构,按照"分工协作、各司其职、各尽其责"的原则承担履行应有的社会责任,各工作机构分别设置专职或兼任的人员负责落实分配的社会责任。

永辉超市的"企业社会责任核心领域"。对股东的责任、对政府的责任、对消费者的责任、对员工的责任、对社区的责任、对环境和可持续发展的责任。永辉超市积极与政府、行业协会、股东、供应商、消费者、员工、农民、农业生产型企业、特困户、青少年、新闻媒体等利益相关方,保持紧密的联系,听取各利益相关方的诉求、意见和建议,以便了解其核心期望,并建立和逐步完善与之匹配的回应机制。

篇幅所限,不展开赘述。越来越多国内知名企业,如上市公司,参照了上海证券交易所《公司履行社会责任的报告编制指引》、中国社会科学院《中国企业社会责任报告编写指南》等规范,对外正式发布纸质版或电子版的CSR报告,以便公众查阅。此举可让我们更加全面专业、更加深入细致地了解企业社会责任,从而让企业文化开出更加美丽的企业社会责任之花。

第十章
企业文化的未来展望

企业文化是未来的竞争战场,谁拥有文化优势,谁就拥有竞争优势、效益优势和发展优势。

——约翰·科特/詹姆斯·赫斯克特

一、探索企业文化的发展趋势

过去未去，未来已来，时间轴是一条连绵不断的线。未来企业文化将如何演变？我们是积极引领还是顺其自然？诚然，以当下的眼光去探索未来，不见得多靠谱，但以下九大趋势值得我们关注。

（一）创新与包容性的双重驱动

"创新"与"包容"已成为企业文化的两大支柱。以苹果公司为例，其不断推出的创新产品，彰显了强大的创新能力；而包容的工作环境和氛围，则吸引了全球范围的顶尖人才，共同推动了企业的高速发展。这充分证明了在未来更加快速变化的市场竞争中，创新与包容的文化特质，是助推企业走向成功的关键因素。

（二）可持续发展与环境保护的责任担当

随着全球环境问题日益严重，"可持续发展"和"环境保护"将成为企业文化的重要组成部分。企业在不断追求经济效益的同时，更要主动承担起更多的社会责任，积极参与环境保护和可持续发展行动。这样更高格局和更大视野的企业文化，才能将企业顶层设计的"天花板"升级换代，从而全面提升企业的社会形象，为企业的长远发展打开更为广阔的成长空间。

（三）社会责任与公益精神的价值内化

越来越多有实力、有胸怀、有担当的企业，正逐渐把"社会责任"和"公益精神"发展成为企业文化的核心元素。例如，某知名电商企业，它通过设立公益基金会、推动教育公平等项目，积极履行社会责任，展现了企业的大爱与担当，实现了企业价值与社会价值的深度融合。值得注意的是，企业社会责任的外延十分宽广，它不等同于公益慈善。

（四）数字化与智能化管理的前沿践行

未来，信息技术的发展将更加迅猛，企业文化必将把握住"数字化"与"智能化"的新风潮，而延展出新的理解。例如，通过引入智能物流系统，京东不仅大幅提升了配送效率，还优化了用户体验。这充分展示了数字化与智能化管理，在推动企业现代化、提升市场竞争力方面的重要作用。

事实上，科技作为PEST大环境中四大要素之一，每一次科技的革命，或升级换代的重大突破，都将对企业文化甚至人类文明起到立竿见影的作用。例如，AI时代的来临，数字人客服、数字人向导、智能助理、智能心理医生、老年人的智能陪伴等，都将逐步走进我们的学习、工作与生活。相信不久以后，我们在进行"人机对话"的同时，或许不得不面对"人机文化"的重修与塑造。

（五）员工发展与福利保障的深入关注

时代在发展，社会在进步。"员工发展"与"福利保障"已逐渐成为企业文化的重心和关注要点，尤其是当企业度过"生存之忧"、解决了"温饱问题"之后。G公司著名的"20%时间"政策，不但允许员工自由探索创新项目，而且提供丰富的员工福利，从免费餐饮到健康保险。这不仅可以提升员工的满意度和忠诚度，更为企业带来了源源不断的创新活力。在此基础上，无论是员工，还是股东；无论是企业，还是社会，我们的胸襟才能更加开阔，我们才有条件去追求一些更有"价值与意义"的东西。

（六）跨界合作与文化融合的拓宽视野

在全球化浪潮下，"跨界合作"与"文化融合"正成为企业文化创新的重要方向。以耐克与苹果合作为例，双方结合造就了一段"运动与科技"的佳话，它们推出了智能运动鞋等创新产品，不仅拓展了市场，还为用户带来了全新体验。这种跨界思维与文化交融，不但实现资源共享与互补，还为企业带来了更广阔的发展空间与机遇。

曾记否，当年茅台与蒙牛联名出品的茅台冰激凌，一经推出便火爆"出圈"。这种将传统白酒与冰激凌相结合的创新方式，打破了消费者的传统认知，将两个截然不同的、几乎没有交集的用户群体，进行了重新排列组合，从而彼此擦出火花，也为这两大品牌带来了全新的市场机会。

当下，国家进一步开放和激活"低空经济"。按照传统的认知，今后也许无法定义那些在低空游走的设备，它们到底是"飞机"，还是"汽车"，很可能就是"飞行的机车"。同理，新型的跨界汽车，已经开始游弋在江河上面，未来这样的情形将逐渐习以为常，难怪网友笑言"车船使用税"的先见之明。

（七）品牌建设与文化传播的战略布局

作为企业的灵魂和象征，"品牌建设"与"文化传播"显得越发关键。例如，可口可乐，不仅以其独特的口味赢得消费者喜爱，更通过持续的文化传播和品牌建设活动，如赞助奥运会等，深化了全球消费者对其品牌的认知和忠诚度。这凸显了品牌建设与文化传播，在提升企业市场地位和影响力方面的战略意义。

（八）以人为本，提升人文关怀

相对于上述"员工发展"与"福利保障"，"以人为本"和"人文关怀"更为深沉和持久。前者只是操作工具，后者才是底层文化。以星巴克为例，其推行的"伙伴关怀计划"，不仅为员工提供全面的健康保险和福利，还鼓励员工之间的互助合作，营造了一个温馨和谐的工作环境。这种人文关怀的实践，提升了员工的归属感和工作满意度，也为企业带来更高的忠诚度和凝聚力。

（九）多元化与差异性管理的推广

可以预料，未来全球化将日益盛行。因此，我们在企业文化建设过程中，需要更加注意"多元化"和"差异性"管理。例如，宝洁公司，不仅在全球范围内招聘不同背景的员工，还通过制定公平的晋升政策和提供多元化的产品，满足了全球各地消费者的需求。这种对多元化和差异性的尊重和包容，不仅增强了企业的内部凝聚力，也极大地拓展了外部市场。

（十）一些总结和建议

综上所述，所谓的"趋势"，犹如季节变换，虽然每天都有气温波动，但整体上，我们能感受到大自然一年四季轮回的趋势。除此之外，在社会、经济、科技等多个领域，"趋势"都是企业领导者非常重要的观察对象，它可以帮助我们预测未来，作出相应的计划和准备。无论对于个人，还是一个企业，"趋势"的力量都不可逆转。

记得20年前，在某地各大高速路口，常见有人举着"10元带路"的纸板，他们希望利用对当地路况熟悉的优势，帮助外地司机在当地"认路"。然而，当卫星导航软件普及之际，谁还会拿着皱巴巴的纸质地图，死记硬背那些大街小巷吗？甚至，你还期望组织一支"带路"小分队，进行公司化运作吗？

因此，关于未来企业文化到底该如何建设，我们可能有多种适合自身特色的方案，我们或许会走走停停、磕磕绊绊、跌跌撞撞。但是，永远不要逆势而行，因为，它的趋势就在那里。一旦错过趋势，将是企业最大的代价。小米的雷军创立的顺为资本，或许也是对"趋势"的一种直观推崇和解读——顺为，顺势而为。

二、文化与战略：企业持续成长的双引擎

我们的工作从何而来？来自目标。我们的目标从何而来？来自战略。我们的战略从何而来？来自企业的使命和愿景。而使命、愿景、价值观，就是企业文化，就是企业的精神内核，就是企业的顶层设计。由此可见文化与战略的某种联系。

在企业的成长之路上，文化与战略犹如一对默契的舞伴，共同演绎着企业持续成长的华丽舞步。企业文化，是组织的灵魂与精髓，它凝聚着员工的共同信仰和价值观；而战略规划，则是"Dream Big，Think Long"（深谋远虑），它高瞻远瞩，是企业前行的蓝图与指南针，引领着企业走向未来的成功之路。

战略的四大特点：注重取舍、聚焦效能、强调重大、关注长远

（一）企业文化对战略制定的深层影响

企业文化对战略的制定与执行具有深远的影响。一个积极向上、乐观自信、百折不挠的企业文化，使得企业在制定战略时的眼光将更加长远，它能够激发

员工的热情与创造力，推动他们为实现企业的战略目标而努力奋斗。同时，企业文化还能够塑造企业的品牌形象，提升企业的市场竞争力。

当企业文化与战略目标相契合时，企业便能形成强大的凝聚力与向心力，共同迎接市场的洗礼与挑战。而当企业文化与企业战略相悖时，两者之间的冲突和摩擦必然会导致内部不和谐，使员工困惑不前，甚至可能影响企业的整体发展和企业的生命，这样的例子不胜枚举。

（二）战略规划对企业文化的塑造要求

在企业的长远发展道路上，战略规划的制订与实施至关重要。而在这一过程中，来自企业文化的助力与支持不可忽视。一个开放、创新的企业文化，不仅能为企业的战略转型提供源源不断的创新思维与动力，更能让企业在瞬息万变的市场环境中灵活应对，始终走在行业前沿。

试想，当我们战略需要"注重取舍"和"聚焦效能"时，我们的文化氛围就绝不能要求兼顾"鱼"和"熊掌"，更不能"面面俱到"，从而拖着后退。同理，当我们的战略需要"强调重大"和"关注长远"时，我们的文化氛围就绝不能追求"细枝末节"和"活在当下"。

（三）企业文化与战略融合的有效途径

事实证明，即使文化正确，战略正确，但要让两者深度融合并发挥效能，企业只有采取一系列有效措施，才能为之找到"落地"的路径，"文化"与"战略"才能找到"拉手"与"接力"的感觉。

首先，企业在制定战略时，必须深入剖析并尊重企业文化的精髓，尤其是企业的企业核心价值观，充分考虑企业文化的特点和发展需求，确保战略与企业文化相互协调，相互促进，共同推动企业向既定目标稳步前进。关于"战略"，我有一个不成熟的观点：1年之内定目标，3年之上定规划，5年之外定战略。小米的雷军给创业者的建议是：看五年，想三年，认认真真做好一两年。我觉得很有道理。

```
┌─────────────────────┐
│ 近期：1年之内定目标  │
└─────────────────────┘
┌─────────────────────┐
│ 中期：3年之上定规划  │
└─────────────────────┘
┌─────────────────────┐
│ 长期：5年之外定战略  │
└─────────────────────┘
```

战略规划观点

其次，战略规划需要经过目标分解，才能成为企业各级各部门的工作计划。而"文化建设"本身就可以展开成一系列具体行动，列入各部年度目标管理中的一项基础工作。诚然，把企业文化"具体化"到工作计划中，成为日常经营中看得见、摸得到、可评价的具体管理行为，务实且可行！

再次，企业需要加强员工的文化培训，以及战略解码的方法论和技巧掌握的教育，使员工不但能够理解彼此的逻辑，还能深刻认同企业的价值观与战略目标。无论是惠普的战略分解方法，还是德勤的战略解码工具，企业文化与品牌战略都是放在首要的位置和初始步骤。

最后，通过目标管理，以及举办各种文化活动与战略研讨会，企业需要持续增强员工的归属感与使命感，从而激发员工的工作热情与创造力。关于目标管理的重点，公司级，抓好年度目标，重在明确思路和步骤；各部门，抓好季度目标，重在保障落地和配合；各岗位，抓好月度目标，重点在于检查和监督。

（四）企业文化与战略融合的实践案例

以某知名科技公司为例，该公司一直秉持着"创新、协作、客户至上"的企业文化，并将其贯穿战略始终。在战略规划阶段，公司注重创新驱动，致力于推动技术革新与产业升级。在战略实施阶段，公司积极营造开放、协作的工作氛围，鼓励员工敢于尝试、勇于突破。同时，公司还建立了完善的激励机制与评估体系，以表彰在战略实施中做出突出贡献的员工和团队。

说到"用户至上"，某知名互联网公司前高管认为："提供使用简易而让用户一见倾心的产品，利润将唾手可得。我们相信只要聚焦在用户身上，钱自然就会来。在互联网生意方面，如果你的产品足够成功，足够有必要，人们就会订购，或者就会有足够多的用户而引来广告商。"由此可见，文化与战略的融合，完全没必要"高高在上",完全可以"说人话"。

(五)一些总结和建议

"搭班子,定战略,带队伍"是联想集团创始人柳传志的一句名言。这句话强调了在企业管理中,搭建高效的团队、制定明确的战略并带领团队有效执行的重要性。柳传志认为,这些要素是企业成功的基础,对于任何想要在竞争激烈的市场中立足的企业来说都至关重要。

综上所述,"文化与战略",深厚内敛,着眼未来,它们是推动企业持续成长的双引擎。"产品与服务",精益求精,追求卓越,它们是企业生存的基础和保障。只有"文化与战略"紧密结合、相互促进,企业才能推出更好的"产品与服务",并在竞争激烈的市场中立于不败之地。

三、数字化时代企业文化的创新之道

在数字化浪潮的冲击下,各种新科技、新应用、新场景层出不穷,不仅改变了企业传统的经营模式,更对企业文化提出了全新的挑战和要求。"互联网+应用""区块链+应用""AI+应用"……甚至有人说"所有行业,都值得再做一遍"。因此,创新企业文化以适应数字化时代的发展,不仅是业界关注的"焦点",更可能是企业成长的"痛点"。

(一)数字化时代对企业文化的影响

数字化时代带来了信息的爆炸性增长和高效传递,使得企业文化必须多一些互联网思维,更加开放、创新、协作和注重客户体验等。企业需要在快速变化的市场环境中,保持敏锐的洞察力,鼓励员工勇于尝试和创新,同时也要注重团队协作和知识共享,以应对日益复杂的商业挑战。

(1)创新与开放。它是推动社会进步的双翼。创新是源泉,为发展注入源源不断的动力;开放是桥梁,连接世界,共享智慧与资源。二者相辅相成,共同拓宽我们的视野与可能。只有不断创新,保持开放,我们才能在变革的时代中掌握主动权,书写更加辉煌的未来。因此,我们的企业文化应鼓励创新思维,培养员工适应快速变化和挑战的能力。

（2）协作与共享。它是团队精神的精髓。协作凝聚力量，让我们携手共进，攻克难关；共享促进交流，让智慧与资源流动，推动共同进步。当下，工具层面已经愈加成熟，文化层面就不能拖后腿。飞书、钉钉、企业微信等数字化工具的运用，使得团队协作更加方便快捷、更加无边界。因此，企业文化应促进知识共享和团队协作。否则，再好的工具，也会被"掉链子"的团队拒之门外。

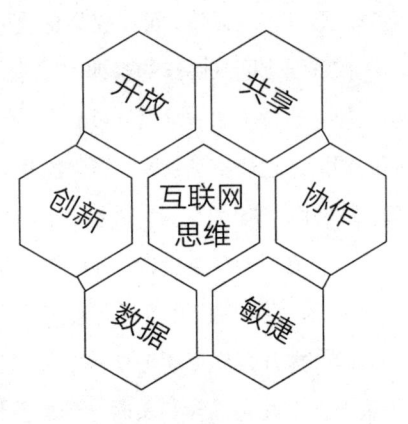

互联网思维

（3）客户体验与服务。它是企业竞争力的核心。优质服务，可以赢得客户信赖；卓越体验，才能铸就品牌口碑。我们倾听客户声音，满足客户需求，不断优化服务流程，提升客户满意度。只有用心服务，才能提升用户体验，让每一位客户感受到我们的真诚与专业。企业文化应着眼于提高客户满意度，通过数字化手段优化服务流程和提升体验。

（二）企业文化创新路径与数字化转型的结合

做好企业文化创新路径与数字化转型的结合，有助于企业抓住数字化的时代红利，并迅速拉开与其他企业的差距，以下是一些可以参考和借鉴的具体策略。

（1）塑造创新导向的文化。通过实施具体的创新项目，如设立特定的创新实验室，鼓励员工进行跨领域的探索和学习，同时建立一个相对宽容的容错的环境，减少惩罚性条款，增强员工尝试新方法的勇气。我经历并见证过20年前互联网的第一波浪潮，它通过商业模式创新，让无数优秀的创业者可以"在睡觉时躺着挣钱"，这在其他传统行业里，通常是难以想象的。

（2）营造开放包容的氛围。营造开放包容的氛围，是构建和谐社会的基石。我们倡导多元文化的交融，尊重差异，包容个性，让每个人都能在自由平等的环境中施展才华。这样的氛围，将激发创新活力，促进社会进步，共同创造更加美好的未来。于企业而言，积极组织跨文化交流活动和行业交叉培训，强化员工的全球视野和多元思维，可以提高企业的适应性和创新能力。

（3）强化团队协作的精神。"文化"和"工具"的双重影响，员工很容易通过引入协作软件（如云桌面、OA、企业微信、钉钉、飞书等）促进跨地域、跨部门的即时沟通和信息共享，强化团队间的协同效率。事实上，当今企业的经营管理，跨地区、跨时区、跨文化、跨语言，已经逐渐成为常态。而数字化工具又让上述常态更加无缝连接，变得自然。例如，现在的跨境电商销售，企业通过AI数字人主播，即可轻松甚至毫无痕迹地用外语向外国人推销讲解和互动。

（4）提升客户互动与体验。数字化技术正深刻改变着客户体验。通过智能化服务、个性化推荐和实时互动，我们为客户带来更加便捷、高效和愉悦的体验。数字化不仅提升了服务质量，更拉近了与客户的距离，让每一次交流都有可能成为一次美好的相遇。比如，企业可以利用CRM系统、用户行为分析等数字化工具，多方位多层次收集客户的反馈，根据数据进行服务流程优化和个性化服务设计。

当然，值得注意的是平台"算法"的"双刃剑"效应，一些网络用户有被大数据"杀熟"的经历，也有被"信息茧房"封闭"投喂"的担忧。我曾在短视频上不经意"刷"到动物园的熊猫宝宝们，因其憨态可爱、超级治愈，吸引我在视频上多停留了几分钟。结果，在接下来的日子里，我就高频率地在短视频里"巧遇"各种动物园的熊猫宝宝们了。

（三）具体实践案例的扩展分析

互联网公司案例。以某知名电商巨头为例，该企业通过创新云平台、设立创新基金等方式，推动了企业文化的创新。其云平台的建立为企业提供了创新的工具和服务，推动了技术创新和商业模式的革新。而其创新基金则支持了众多创业项目，如飞猪旅行、钉钉办公软件等，这些项目的成功不仅提升了企业的竞争力，也丰富了企业文化的内涵。

制造业公司案例。海尔的"人单合一"模式，是由其创始人张瑞敏提出的一种创新商业模式，它重塑了员工与企业的关系，将决策权、用人权和分配权下放，使员工转变为拥有"三权"的创业者和动态合伙人，这种管理革命大大提高了员工的主动性和满意度，据统计，该模式下的员工创新提案实施率提升了

30%，生产效率提升了15%。

（四）一些总结和建议

试想一下，10年前如果你要聆听企业创始人的讲话，除了偶尔亲临现场这样的稀有机会之外，估计就只有电话会议、视频电话了。而今，通过全息技术，"远在天边"的企业领导者立马可以"近在眼前"，通过三维形式捕捉并重现身体的完整信息，为你带来逼真的立体视觉体验。而企业领导者的数字人分身，甚至高度训练的某些AI智能体，更可以与你进行 7×24 小时的互动交流。

由此可见，在数字化浪潮中，企业的机遇与挑战共存。首先，企业需巧妙平衡创新与传统，坚守企业核心价值观的同时，引入新思维，确保文化创新与长期战略相契合。其次，文化传播与培训同样关键，利用在线平台和社交网络等新工具，让企业文化通过数字化传播更加深入人心。最后，建立科学的评估体系至关重要，通过数字化手段实时追踪文化创新效果，结合员工反馈以便灵活调整策略。只有这样，当企业在进行数字化转型与升级时，我们的企业文化才不会掉队！

※ 拓展阅读：数字化转型与升级

2020年5月，国家发展改革委官网发布了"数字化转型伙伴行动"倡议：政府和社会各界联合起来，共同构建"**政府引导—平台赋能—龙头引领—机构支撑—多元服务**"的联合推进机制，以带动中小微企业数字化转型为重点。倡议的出现，掀起了数字化转型和升级的热潮。有专家指出，数字化转型与升级，不仅涉及IT软硬件层面的改变，更是对组织活动、流程、业务模式和员工能力的全面重新定义。

那些小微企业很容易成为被"数字化"遗忘的"角落"。因此，呼吁各位企业负责人，尤其是负责信息化建设的CIO（首席信息官、信息主管）、CTO多走一走，多问一问。在你的企业里，逐步推行一系列数字化"工具"和"平台"，当大家习惯并发现"数字化"所带来的种种好处之后，才能为"转型"和"升级"做铺垫、打基础、拉序幕。

四、企业文化与可持续发展：共筑绿色未来

在投资人眼里，梦想、成长性、可持续性，是评估一家优秀企业的"金标准"。"企业文化"，这一企业之魂，与可持续发展战略紧密结合，正成为构筑企业绿色未来的关键。事实上，"绿色"的外延相当丰富，文末附有拓展阅读。

优秀企业的"金标准"

（一）文化与战略的共鸣

企业文化并非空洞的口号，而是员工共同遵循的价值观和行为准则。当这些准则与可持续发展战略产生共鸣，企业的成长便获得了一面坚固的盾牌作保护。以宜家为例，其"为大众创造更美好的日常生活"的企业文化，自然延伸到对环保和可持续等更多社会责任的关注。宜家不仅推出众多环保产品，还积极参与全球可持续发展项目，真正实现了文化与战略的和谐统一。

又如，某企业以环保为核心文化，倡导绿色生产。其战略聚焦于清洁能源技术的研发与应用，通过创新推动产业绿色转型。这种企业文化与战略的深度融合，不仅提升了企业竞争力，也为可持续发展提供了有力支持，树立了行业典范。

（二）企业文化的"绿色"力量

在推动可持续发展方面，企业文化具有得天独厚的优势。为什么这样说呢？因为常规意义的经营管理，其重点往往是产品和服务的市场营销，企业管理者的关注焦点在于目标绩效的达成。而企业文化则看重更长远、更深层的东西，这就是企业的可持续发展。同时，通过企业文化的传播，企业还能在消费者和合作伙伴中树立良好的"绿色"形象，以进一步提升市场竞争力。

因此，它将潜移默化地影响员工的行为，让员工从内心认同并践行广义的"绿色"理念。"绿色"不仅代表了可持续，还代表了无限"生机"与蓬勃"力量"。身在南方的读者朋友，或许对满眼的"绿色"见惯不惊，但当你前往遥远的北方某些城市，看看那里的沙漠，看看那里漫山遍野浅灰色的岩石上，几乎没有几株绿色的杂草时，这种震撼或许终生难忘，你或许更能解读"绿色"与"可持续"的深层含义。

（三）文化与战略的融合之道

首先，企业要明确可持续发展的理念，并将其核心地位融入企业的使命和愿景中。其次，通过建立学习平台，打造真正的学习型组织，推动团队始终处于一种旺盛的学习状态，鼓励员工在可持续发展道路上不断深造和创新。再次，加强内部和外部沟通，既要确保每一位员工都能理解和支持企业的绿色战略，又要尽可能影响和带动更多的企业外部资源。最后，通过设立激励机制，不断激发员工参与可持续发展的热情。

10年前，我参与并负责了国内某个知名网络公益捐赠平台的制作推广，才有机会深入了解"西部抗旱"和"母亲水窖"等公益项目。也正是这些项目，让我对"可持续发展"有了更深的体会。我们随意浪费的水，我们不经意忘关的灯……都是他们翘首的期盼。

（四）案例分析：苹果的绿色实践

苹果公司以其在环保和社会责任方面的卓越表现而著称。其企业文化中的创新精神和对完美的追求，同样体现在其对可持续发展的承诺上。从使用可再生能源到推广循环经济，它用实际行动诠释了企业文化与可持续发展战略的完美结合。

据悉，苹果公司正在全球范围内加大对清洁能源和水资源保护项目的投资力度。同时，公司正携手供应链各方，通过多维度的持续创新，加速推进其碳中和目标实践。它还与卡内基梅隆大学等学术机构合作，旨在进一步利用人工智能、机器学习、机器人技术和自动化，在回收领域发挥更大的作用。

除了产品之外，它的环保实践还体现在建筑施工上。苹果公司遍布全球的100多家零售店、公司办公室和数据中心，均通过了能源与环境设计领先认证

（LEED）和英国建筑研究院环境评估方法（BREEAM）。

（五）一些总结和建议

展望未来，那些能够将企业文化与可持续发展战略紧密结合的企业，必将在激烈的市场竞争中脱颖而出。它们不仅将赢得消费者的青睐和合作伙伴的尊重，还将为地球的绿色未来贡献自己的力量。让我们携手共进，以企业文化为引领，共同筑造一个绿色、和谐、可持续的未来。

※ 拓展阅读：企业常见的10条"绿色"可持续之道

企业的"绿色"社会责任涉及多个方面，以下10条内容，供参考。

（1）**环境保护**。企业在生产经营活动中，应严格遵守国家和地方的环境相关法律法规，确保生产活动符合环保要求。积极采取节能减排的措施，包括但不限于使用清洁能源、优化生产流程、减少能源消耗，以及采用先进的排放控制技术减少污染物的排放。通过这些措施，企业保护了生态环境，减少了对自然资源的负面影响。

（2）**资源节约**。企业应合理利用资源，推行循环经济模式，实现资源的有效回收和再利用。这包括优化产品设计，减少不必要的材料消耗，以及采用高效的生产技术和设备来提高资源利用效率。降低资源消耗，不仅缓解资源紧张，还能为企业的可持续发展奠定坚实的基础。

（3）**绿色采购**。企业在采购过程中，应优先选择环保材料和产品，确保供应链的绿色化。企业应优先与那些具有绿色生产理念和良好环保实践的供应商合作。通过绿色采购，推动整个供应链的绿色转型，共同为环境保护做出贡献。

（4）**绿色生产**。在生产过程中，企业应采用环保工艺和技术，确保生产活动对环境的影响最小化。这包括采用清洁生产技术、减少有害物质的使用、优化生产流程以降低能耗和排放等。通过绿色生产，企业不仅能够降低生产成本，还能提高产品竞争力。

（5）**绿色办公**。企业应倡导节能减排的办公方式，减少办公过程中的资源浪费和环境污染。这包括推广电子签约、电子文档的使用、减少纸张消耗、优化办公设备的能效、提倡员工采用公共交通或骑行等低碳出行方式等。

（6）**废物处理**。企业应对产生的废物进行分类处理，尽可能实现废物的资源化利用和减量化排放。这包括建立完善的废物管理制度、采用先进的废物处理技术、推广废物的回收和再利用等。通过废物处理，减少对环境的污染，还能实现废物的资源化利用，提高经济效益。

（7）**环保宣传与教育**。企业应加强员工环保意识的培训和教育，通过举办环保知识讲座、开展环保实践活动等方式，增强员工的环保意识和责任感。同时，企业还应积极向公众宣传环保理念，通过媒体、社交平台等途径普及环保知识，增强全社会的环保意识。

（8）**参与环保公益活动**。企业应积极参与和支持环保公益活动，如植树造林、湿地保护、环保志愿者活动等。通过参与这些活动，企业能够直接为环境保护贡献力量，同时展示企业的绿色形象和社会责任感。

（9）**推动绿色技术创新**。企业应投入研发资金，推动绿色技术的创新和应用。通过研发新技术、新工艺和新材料，降低生产过程中的能耗和排放，提高产品的环保性能。同时，企业还应加强与科研机构、高校等的合作，共同推动绿色技术的研发和应用。

（10）**公开透明机制**。企业应定期公布环保信息和社会责任报告，接受公众监督。通过公开透明的方式，企业能够展示其在环境保护和社会责任方面的努力和成果，增强公众对企业的信任和支持。同时，公开透明也有助于企业发现自身在环保方面存在的问题和不足，及时采取改进措施。

以上内容，共同构成了企业"绿色"社会责任的核心。我们希望，越来越多的企业，积极行动起来，形成日常经营管理的更多"绿色"之道，把"绿色"可持续发展融入企业文化的血液中。

事实上，只有无数优秀的企业，才能组成进步的社会。大型纪录片《公司的力量》展示的是作为最有效的经济组织形式，"公司"的出现被称作"人类的成就"，"公司"被公认为是现代历史中最引人注目的现象之一，"公司"实现了人类经济生活的一个新篇章。

五、企业文化：不良现象、常见误区和典型偏见

在企业文化的建设过程中，我们常常会遇到以下不良现象，甚至说误区和一系列偏见。我在这里郑重地提出来，希望大家以此为戒，都能顺利"避坑"，

让你的企业少生病,就会让它的生命力更加顽强。

(一)企业文化的不良现象

(1)**缺乏诚信和信誉**。鉴于生存的压力,一些企业在经营过程中十分短视,甚至毫无底线地无视诚信和信誉。这会导致员工和客户失去信任,影响企业的品牌形象和市场地位。拒绝短视,文化绵长,事业才能恒远。

(2)**缺乏尊重和关爱**。企业文化氛围不正,充满恶意竞争,上级对下级缺乏必要的指导和帮助,更不要说尊重和关爱了。这会导致员工之间相互排斥、勾心斗角,影响企业的凝聚力和战斗力。可以想象,办公室政治让员工是多么内耗。

Facebook认为,如果所有人得到的信息都一样,就很难有办公室政治。为此,他们鼓励"开放"和"透明",以便能及时倾听公司内的多种声音,甚至不惜让越级"合法化"。与此同时,Facebook尽力让每个人的话都起作用,这样"个人偏见"就不会轻易进入决策。

(3)**官僚主义和形式主义**。企业过于注重形式,或者在导向上形式大于内容。这会导致员工的工作效率低下,浪费时间和资源,影响企业的经营效率和创新能力。某个曾经风光一时的企业,老板在听员工讲解PPT(幻灯片)时据说只看前3页。如果不符合自己的胃口和当时的心情,就打回去让员工重写。于是,员工不得不反反复复为老板"优化"着同一主题的几页PPT。

与之相反,亚马逊推崇极具特色的"6页纸"文化。据悉,在内部召开项目会议时,公司不太建议使用烦琐花哨的PPT来展示,而是要求主讲人的讲话稿不超过6页纸,便于与会成员20分钟就能会前完成阅读,且无须解读便可以掌握大部分重要信息。

(4)**过度竞争和利益至上**。这种观念若在企业盛行,就会侵蚀员工的团结与信任,员工相互猜疑、互相挤压、相互拆台,使企业内部关系紧张,合作氛围淡化。这不仅损害企业的凝聚力,更可能阻碍其长远发展的步伐。因此,那些动辄"只要结果"的企业,需警惕此类现象,注重适当平衡利益与和谐。

(5)**缺乏自我反思和改进**。遇到问题绕着走,缺乏自我反思和改进,会导致员工态度消极、应付了事。长此以往,企业的产品和服务质量必将大打折扣,从而影响其声誉和市场竞争力。例如，有的企业推行绩效管理，但这种考核已经变了味，成了向员工"扣钱"的依据，而不是帮助员工找到不足和问题，一起制定切实可行的改进措施。

（二）企业文化的常见误区

（1）企业文化政治化。有的企业的核心价值和行为准则过于侧重政治色彩，而忽略了企业自身的经营目标和市场特性。这可能导致企业文化的僵化和脱离实际，不利于企业的经营与发展。例如，有的企业领导者，不惜重金把展播厅装饰得富丽堂皇，乐于搞接待、搞观摩，这其实造成了不少浪费。

（2）企业文化口头化。把企业文化建设当成一种口头宣传，或者顺口一说，或者轻描淡写，而没有什么实际行动。有的企业领导者认为，自己在企业的各种讲话，就是企业文化。在不少员工心里，他们认为企业文化就是领导者的文化，这是一种非常片面的理解。

（3）企业文化表面化。它是指企业仅仅在形式上追求文化的外在表现，如口号、标识等，而未能真正将文化理念融入员工行为和企业管理中。有些企业认为，只要在办公室挂几张文化主题海报、张贴几张活动巨幅照片，就有了企业文化。这种表面化的文化，由于缺乏实质性的内涵和价值，浮于表面，难担重任。其实，只有用实际的行动和行为去丰富和支撑企业文化的内涵，它才不会"空心"。

（4）企业文化形式化。把企业文化建设当成"走过场"，而不是"走心"。企业过于注重文化的外在表现形式，而忽略了其内在的精神实质。这种文化仅停留在表面的一些浩大声势，缺乏深度和实际影响力，导致文化与实际工作脱节。例如，有的企业热衷于组织各种吃吃喝喝，他们认为这就是团建，就是企业文化。

（5）企业文化模式化。把企业文化建设当成一种固定的模式，僵化而没有灵活性。企业在构建文化时，过于追求标准化和统一化，忽视了不同部门、团队和员工的特性和需求。这种文化难以适应多变的市场环境和员工需求，可能导致企业失去活力和竞争力。

比如，一个互联网企业，往往在其市场营销或者商务部门，员工都习惯于西装革履职业范儿，因为"职业"可以为他们加分；而在其技术部门尤其是软件开发部门，员工大多对西装"过敏"，感觉浑身不自在。

（6）企业文化复制化。把企业文化建设当成一种简单的拷贝行为，而没有自己的特色和主见。企业盲目模仿其他成功企业的文化，而非根据自身特点和发展需求来构建。这种简单复制化的文化缺乏独特性和适应性，无法真正融入企业并发挥积极作用，甚至可能导致文化冲突和员工疏离。

（三）企业文化的典型偏见

（1）把企业文化视为一种奢侈品。他们认为只有大型企业才需要关注文化建设。这种偏见忽视了企业文化对于企业发展的推动力和重要性。其实，无论企业规模大小，都应该注重企业文化的建设，越小的企业，越是初创的企业，其创始人对于企业文化的悉心打造更能保障企业健康成长。

（2）将企业文化与企业管理割裂开来。这种偏见认为企业文化只是员工之间的一种情感交流，与企业的实际运营和管理无关。然而，企业文化与企业管理是密不可分的。企业文化应该成为企业管理的重要支撑和指导，通过文化的力量来推动企业的发展和创新。

（3）学历歧视偏见。这表现为部分企业过于强调高学历或名校背景，认为只有高学历的员工才能更好地理解和践行企业文化。这种偏见限制了不同学历背景员工的参与和发展。实际上，只有打破学历歧视的偏见，才能构建真正开放、共赢、有进取心的企业文化。360的周鸿祎曾公开表示，其企业里的不少技术人才并非都是名校学霸，高中毕业甚至大学肄业的高手大有人在。

（4）性别歧视偏见。有些企业可能认为男性员工更适合承担决策和领导角色，而女性员工则更适合被安排被领导，应该从事一些细致、耐心的工作。这种偏见不仅限制了员工的个人发展，也阻碍了企业文化的多元化、包容性、公平性。真正优秀的企业文化，应尊重每个人的独特性和价值，消除性别偏见，让每位员工都能在公平的环境中充分展示才华。

（5）地域歧视偏见。就是所谓的"地域黑"，或者某些企业可能表现出对某些地区文化的刻板印象或者过度倾向，从而对不同地域的员工采取不同的对待方式。其实，加强跨地域交流和合作，培养员工的全球视野和跨文化沟通能力，有助于构建更加健康、包容的企业文化，为企业发展注入新的活力。

（6）经验歧视偏见。某些企业可能存在经验偏见的情况，认为经验越丰富的人能力越强，从而给予更好的待遇和机会。这会导致其他员工感到不公平，降低员工的士气和积极性。过度依赖过往经验，可能导致企业故步自封，难以适应快速变化的市场环境。企业应保持开放心态，勇于尝试新方法，不断挑战传统观念，以推动企业文化的持续进步。

以上，有则改之，无则加勉。是为戒。

※ 拓展阅读：反思——防止企业文化被"滥用"和"乱用"

在此之前，关于"企业文化"的各种探讨，我多是从积极作用和正面意义的角度出发，似乎只要我们倡导"企业文化"，就可以"包治百病"。其实，**过犹不及，过分强调企业文化，或许存在一些不妥之处**。

因此，在打造企业文化的同时，我们也要注意防止和警惕文化被"滥用"，尤其是被一些打着"企业文化"旗号而假公济私，甚至排除异己的人的"乱用"，以下是一些主要的考虑。

（1）**限制创新和多样性**。如果企业文化被过分强调并僵化地执行，它可能会限制员工的创新和多样性。员工可能会害怕提出与企业文化不符的新想法或建议，而被拒绝和嘲笑，他们更担心被视为不符合公司价值观或行为标准而遭到排斥。这种无形中的限制和压力，无疑会阻碍企业的进步和适应变化的能力。

（2）**忽视个体差异**。由于每个员工都有自己独特的背景、经验和个性。过分强调企业文化，可能导致忽视这些个体差异，使员工感到无法在工作中展示真实的自我。这可能使得员工士气低落，减少工作满意度和参与度。通俗地说，就是员工必须"装"着融入企业文化，才能开展正常的、本职的工作。

（3）**形式化远大于实质**。有时，企业文化可能被强调为一种形式化的东西，而失去了实质意义。例如，仅仅追求某种仪式、口号或标识，以及表面文章和肤浅的"团建"等，从而忽略了企业文化对于员工行为和价值观的实际影响。这样的企业文化只是空洞的外壳，无法真正发挥作用。

（4）**可能产生权力滥用**。如果企业文化被用作组织之内一种特殊的控制工具和默认规则，深谙此道的主管可能会滥用权力，压制员工、排除异己，这会导致员工尤其是新员工感到被束缚和限制，从而缺乏自主权和自我决策能力。比如，一个业务技能完全合格的新员工，在试用期间，可能除了"诚信"之外，来自某位高层一句"企业文化不够融入"的评价，就可能将该新人拒之门外。

六、面向未来，才能最终走向卓越

面向未来，以终为始，塑造一种卓越的企业文化，不仅是企业应对挑战的关键，更是实现可持续发展的基石。未来是什么？于企业而言，就是企业创建伊始所设定的目标、使命、愿景、价值观。

（一）确立与战略相融的企业核心价值观

我曾经多次跟一些企业创始人，深入探讨其企业年度目标，我们进行战略分解的第一步，是明确企业的目标、使命、愿景、价值观，简单理解，就是"回顾"创始人的"初心"。因此，塑造面向未来的企业文化，必须从确立与企业战略相契合的企业核心价值观开始。这些价值观既是创始人的"初心"，又是员工的道德"指南针"。当组织齐心协力，共同践行这些价值观时，文化才能落地生根、开花结果。

（二）培育创新和适应变革的文化氛围

在不断变化的环境中，唯有创新可以永恒。因此，面向未来，企业文化应随着外部环境和战略调整而灵活变化，企业领导者也必须保持开放心态，不断吸收新思想。同时，通过设立奖励机制和创新培训，鼓励员工勇于实验、敢于创新，从而激发员工的潜能，并将创新融入产品开发、服务优化以及管理改进中。漫漫征途，不怕问题多，就怕踏踏实实、认认真真地苦练基本功。

（三）重视员工个人成长与职业发展

优秀的员工，才是企业最重要的资产。而不是那些厂房、设备，甚至引以为傲的专利技术。因此，卓越的企业文化应当注重员工的发展。企业可以通过提供多样化的培训和职业晋升机会和通道，创造积极健康的工作环境，从而帮助员工实现自我价值，增强员工的归属感和忠诚度。

例如，亚马逊的"职业选择"（Career Choice）项目，可以为员工提供预付学费，支持他们学习市场需求高的职业技能。而我当年所在的不少企业，不但有免费学习的众多机会，还有非常丰富的培训课程，供员工根据自身特点和需要去选择。值得关注的是，不少优秀的企业商学院也在发挥积极作用。

吉利商学院，依托世界500强吉利控股集团，深入开展"产学融合，校企合作",坚持"走进校园是为了更好地走向社会"的办学理念,为企业和社会培养了众多人才。早在2000年,吉利就能拥有如此超前的眼光,并于北京创办了吉利大学,这无疑是今天吉利汽车一系列突出成就所提前种下的美好"前因"。

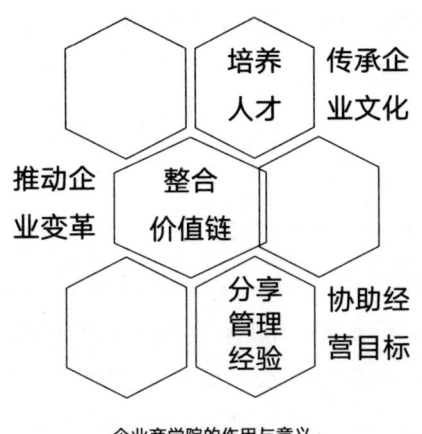

企业商学院的作用与意义

(四)加强内部沟通与团队协作

毫无疑问,社会的进步呈现"加速度"状态,导致企业经营管理的节奏也在逐步加快。因此,有效地沟通与协作是提高企业效率的关键。例如,IBM的"无边界"管理模式打破了部门壁垒,建立了通畅的沟通渠道和协作平台,这无疑将促进信息共享,提升团队解决问题的能力,以此提高整体运营效率。

(五)履行社会责任,迈向可持续发展

企业的可持续性发展,与社会的和谐进步,需要现代企业承担起相应的社会责任。同时,企业在满足员工权益的基础上,也需关注公益慈善,支持生态环保,采用可持续的技术和生产模式,减少对环境的负面影响,实现社会利益与经济效益的双重收益。我们有理由相信,未来将出现越来越多的优秀企业,把企业社会责任融入企业文化和日常经营中。

(六)营造积极健康的工作环境

人与自然,诗意的栖居。一个积极向上的、健康和谐的工作环境是培育卓越企业文化的重要因素。企业应定期组织文化活动和团队建设,强化员工的凝聚力,同时关注员工心理健康,为他们提供必要的支持和关怀。华为公司的松山

湖，环境优美，碧水环绕，绿树成荫，这里不仅拥有先进的研发设施，还注重生态平衡与可持续发展，展现了该公司在科技创新与环境保护方面的双重追求。

（七）加强领导力的塑造与应用

领导力是一种能激发团队潜能、引领组织发展的综合能力。优秀的领导者具备远见卓识、决策果断、善于沟通等特质，能够带领团队应对挑战、实现目标。因此，领导力对于企业文化的塑造至关重要，企业应重视领导力的培育，选拔具备卓越领导能力的人才担任关键职位，成为员工学习的榜样和引领者。

（八）持续审视和优化企业文化

任何事物都是发展变化的，企业文化的构建也是一个动态的过程，需要企业不断地审视和优化。企业应定期进行文化评估，及时调整和改进，并根据市场动态及行业趋势，不断更新企业文化的内容和表现形式。通过实施以上策略，企业能够打造出独具特色的卓越文化，为长期发展奠定坚实的基础。

回顾历史，可以预见未来。今天的我们，如果我们能够溯源历史，穿过那些迷雾森林，并成功解析众多百年老店的企业文化基因，就可以感知当下企业看似遥远与不可确定的未来。面向未来，砥砺前行！

第十一章
文化对企业各功能板块的影响

企业文化就是企业的DNA，它决定了企业的行为和表现，渗透到企业的每一个细胞中。

—— 吉姆·柯林斯

企业文化探秘

一、企业文化对经营业绩的影响

无论企业的经营业绩如何，如果溯源，我们都能从企业文化那里找到答案。看似无形的企业文化，实则悄无声息地影响着企业的每一个角落：员工行为态度、品牌声誉、创新机制、协作效率等，而它们直接决定了企业经营业绩的交付和输出。

（一）对员工行为的影响

企业文化对员工的影响显而易见。在一个倡导创新、鼓励挑战、积极健康的企业文化氛围中，员工才会更有动力去挖掘自身潜能，积极寻找提高工作效率和作业质量的新方法。以苹果公司为例，其独特的创新文化使得员工不断突破自我，敢于"不同凡响"，创造出一款又一款颠覆性的产品，从而推动公司业绩持续攀升。

在文化认同基础之上，企业管理的制度流程就会更加顺畅。同时，优秀的企业文化还能吸引优秀人才加盟，减少骨干员工流失，降低招聘和培训成本，增强员工的归属感和忠诚度。这些对员工的积极影响，无疑可以进一步提升企业整体的经济效益。

（二）对于品牌和声誉的影响

对于塑造品牌形象和企业声誉，企业文化发挥着重要作用，而这直接关系着企业经营业绩的好坏。优秀的企业文化不仅能够吸引更多客户和合作伙伴，还能够通过企业社会责任，提高企业在社会上的声誉、地位、公信力。星巴克以其独特的咖啡文化和顾客体验，赢得了全球消费者长期的喜爱，其品牌形象和声誉也随之水涨船高，为公司的业绩增长提供了有力支撑和保障。

（三）对创新能力和竞争力的影响

企业文化还能够激发企业的"创新能力"和"市场竞争力"，直接成为经营业绩的"撒手锏"。在一种鼓励创新、包容失败的文化氛围下，员工能够更加勇敢地尝试新事物，推出更符合市场需求的产品和服务。毫无疑问，如果我们不敢创新，不勇于竞争，残酷的市场自然不会给予企业特殊的关照与怜悯，其经营业绩自然堪忧。

例如，比亚迪汽车作为一家创立于1995年的高新技术民营企业，经过近30年的苦心经营，致力于"用技术创新，满足人们对美好生活的向往"，现已荣膺全球新能源汽车销量冠军，跃居2023年《财富》世界500强第212位，成为排名升幅最大的中国企业之一。

（四）对管理效率与团队协作的影响

企业经营，既要效益，也要效率。在提升企业管理效率和团队协作方面，企业文化的作用不可忽视。明确的管理理念，规范的行为准则，使企业决策更加科学、管理更加高效。例如，亚马逊公司以其"以客户为中心"的企业文化著称。它通过大数据分析来驱动决策，不断优化库存管理、物流配送等环节，从而提高了管理效率。这种基于数据的管理方式，使得亚马逊能够快速适应数字时代的市场变化，并继续保持着竞争优势。

又如，宝洁的企业文化鼓励团队合作，它通过设立跨部门项目小组等方式，打破部门之间的樊篱。这使得宝洁能够在产品研发、市场营销等方面，多部门协同作战，极大地提高了团队协作的效率。相反，如果团队之间正如兰西奥尼所说的"缺乏信任、惧怕冲突、缺乏承诺、逃避责任、忽视成果"，这样的企业经营业绩一定没有保障和起色。

（五）企业文化是隐性成本，可以决定企业生死

诚然，企业文化对企业经营业绩的影响是多方面的、深远的、具体的。因此，企业领导者应在努力推进目标绩效的同时，更加重视企业文化的建设和发展，从而让"文化"为"业绩"做好服务和支撑。

毫无疑问，"文化"是"业绩"的底色。通常大家都在期待"降本增效"，其实有很多看不见的"成本"一直居高不下：信任成本、沟通成本、理解成本、试错成本、文化成本……这一系列隐性成本，往往可以决定一个企业的生死！

1. 不进行绩效考核，目标等于0

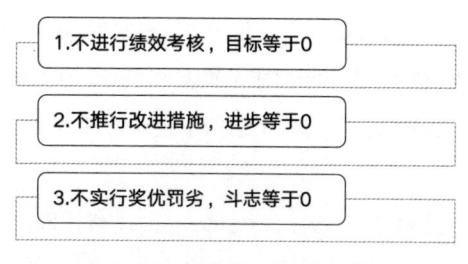

2. 不推行改进措施，进步等于0

3. 不实行奖优罚劣，斗志等于0

我对目标绩效考核的反思

（六）一些总结和建议

综上所述，企业文化实则一个"中性词"，它如同一把"双刃剑"。好的文化，自然能够推动经营业绩持续增长；差的文化，也必然成为企业发展阻碍。因此，在塑造企业文化时，我们应该注重其积极、健康的一面，使其成为企业发展的强大推动力；面对其消极、病态的一面，我们必须有相当勇气和智慧予以变革。

同时，根据自身的实际情况和市场环境，企业要不断调整和优化企业文化，使其更好地服务于企业的发展目标。胜则举杯相庆，彰显出团队在成功时的喜悦与共享；败则拼死相救，则体现了团队在面临挑战时的团结与互助。如此，企业的经营业绩才会得到持续地增长。

二、企业文化对组织架构的影响

有什么样的企业文化，就对应有什么样的组织。比如，在等级森严的文化土壤中，层层叠叠的金字塔式的组织架构必然占据优势；而在"开放分享"的文化氛围中，扁平化、矩阵式、无边界组织等灵活自由的组织架构就显得相当正常。

（一）文化决定企业的权力结构和决策方式

企业文化决定了企业的权力结构和决策方式。一些知名的互联网公司，无不推崇"开放、创新"的企业文化，他们十分重视并鼓励员工参与决策，从而形成了扁平化的组织架构。他们认为，高层管理者不再是唯一决策者，而是与员工通力合作，共同推动企业的发展。

这种权力分散的决策方式，能够充分发挥"群众的智慧"，让公司的管理神经遍布组织的每一个细胞，以便迅速响应市场变化，持续推出创新产品，从而保持行业领先地位。反之，对应那些相对封闭、传统的企业文化，其组织架构往往是典型的集权式的金字塔结构。

（二）文化影响企业的沟通方式和协调机制

企业文化影响企业内部的沟通方式和协调机制。亚马逊以其高效、协作的企业文化而闻名，员工之间的沟通非常直接高效，团队之间的协作也非常紧密。这种文化使得亚马逊能够形成灵活、高效的组织架构，快速响应客户需求，提供优质的服务。

例如，亚马逊的物流体系就是典型的团队协作案例，各部门之间紧密配合，确保订单能够快速、准确地送达客户手中。我长期在大型互联网平台工作，信息的同步与透明，以及彼此之间称呼都相当随意自然，这也导致了我曾很长时间对行政级别的各种官衔称谓相当陌生。

（三）文化影响员工的角色和职责分配

企业文化还影响员工的角色和职责分配。以某知名电商平台为例，其强调团队合作和共同成长的企业文化，使得员工在项目中充分发挥各自的专业优势，实现共同目标。在该电商平台的组织架构中，矩阵式管理、跨部门协作、无边界组织非常普遍，这激发员工为了共同目标而"不分彼此"地创造与协作。

而在某些传统行业，一个萝卜一个坑，一个钉子一个眼，角色与职责泾渭分明，大家都不越雷池一步，彼此都坚守着自己的"领地"，这种组织架构有助于形成相对严谨、缜密的文化氛围。当然，在有的领域或特殊机构，就必须是这样的文化与之匹配和支撑。

（四）文化影响企业的管理层级和幅度

企业文化也影响企业的层级设置和管理幅度。微软在其发展过程中，逐渐形成了扁平化的组织架构，这与其倡导"开放、创新"的企业文化密不可分。在微软，由于管理层级相对较少，决策和执行速度相对较快，企业能够更敏捷地适应市场变化，并抓住商业机会。同时，采用扁平化的组织架构，也有助于提高员工的参与感和归属感，从而促进企业的稳健成长。

反之，如果一个企业领导者推崇的是相对"封闭、传统"的企业文化，估计你要去汇报工作，都得提前好几天跟他的秘书排队预约。当然，这里面也有一个客观原因，就是该企业领导者事务繁多，导致其日程管理的"颗粒度"必须相当细微而精确。

（五）一些总结和建议

综上所述，通过影响权力结构、沟通方式、员工角色、职责分配，以及层级设置等方面，企业文化深刻塑造着企业的组织架构。诚然，企业文化孕育了组织架构，组织架构又反过来支撑着企业文化的传承与发展。

没有什么组织架构一定是先进的，也没有什么组织架构一定是落后的。只要企业文化与组织架构相得益彰，其目标能够支持企业经营业绩的达成，他们的威力才能显示出来，他们的配合才能更加默契，而不至于"纠结"和"扭曲"。

※ 拓展阅读：NBA两种防守模式给我的启示

喜欢NBA（美国职业篮球联赛）的观众，除了欣赏其激烈竞技、球星魅力与个性风采之外，人们无不惊讶于NBA球员的杰出表现，他们行云流水的进攻和天衣无缝的防守配合。事实上，NBA篮球比赛主要防守模式是联防、人盯人。

所谓联防，也称为区域联防，它注重球队整体防守协作。防守队员会根据球场的不同区域进行分工，每个队员都负责防守特定的区域。所谓人盯人，则是一种更加直接和攻击性的防守方式。它要求每个防守队员都负责盯防一个特定的进攻队员，并与队友协同防守。

事实上，NBA之所以精彩纷呈，不仅在于球队的组织架构与梦幻明星阵容，也不在于其"进攻"与"防守"的精细化流程与两种防守模式的丝滑切换，而是所有球员"内化"于心的NBA文化：**团队合作与协同、教练的领导力与决策、竞争与拼搏精神、两种防守模式的变化与适应、赢得比赛并夺取冠军的目标与追求**。这或许可以为我们的企业文化建设提供一些启发和借鉴。

三、企业文化对流程制度的影响

作为保障运作效率的基石，企业的流程制度的制定、执行、调整、优化，无不受到企业文化的深刻影响。企业文化为流程制度提供方向指引，赋予其生命力；而流程制度则承载着企业文化的精髓，将其贯穿企业的日常运作中。

（一）企业文化为流程制度提供方向

以苹果公司为例，其一直秉持着创新、简洁和极致用户体验的企业文化。这种文化导向使其在制定流程制度时一脉相传，始终围绕着如何更好地满足用户需求、提升产品体验进行。无论是研发设计，还是市场营销，苹果公司都力求将流程制度做到极致，以确保产品与服务能够完美契合其企业文化。反之，如果企业文化强调稳定和风险控制，其流程制度可能会更加注重规范和倾向于严谨。

事实上，无论是何种风格的企业文化，我们在制定流程制度时，都需要注意3C原则（沟通Communicate、协调Coordinate、合作Cooperate）。这三个原则，与其说是描述制度流程的某些特性，还不如说它们是企业文化的具体反映。换言之，在一种弥漫着"隔阂、失调、对立"的文化氛围中，无论你的制度流程多么完善，它们都得不到员工的遵守和执行，他们甚至会把真正属于企业文化的问题，让流程制度来"背锅"。

流程制定的3C原则

（二）企业文化影响流程制度的执行效果

企业文化影响着流程制度的执行效果。仍以H公司为例，其文化强调团队协作、执行力和拼搏精神。在这种"狼性文化"氛围中，其员工在执行流程制度时往往能够保持高度的自觉性和责任感，确保其流程得到严格执行和高效运转，这也为其在全球竞争中赢得优势。反之，如果员工对企业文化抵触或者不认同，即使你完全照搬其他优秀企业的全套制度流程，在执行过程中也一定会变味和走样。

据悉，为了让企业内部团队避免出现"逐日退步"（day to day slip）的现象，以便尽快地执行好决策，随时做好改变的准备，英伟达的黄仁勋还倾力打造了另一项公司文化"速度和灵活"（speed and agility）。因此，有合作伙伴认为，尽管该公司规模很大，但很少有超大公司那种需要层层上报和讨论的感觉，它保留很多新创企业的做事风格。试想，如果没有高效沟通，如果没有打破森严等级，是无法做到如此执行效果的。

（三）企业文化推动流程制度的优化与变革

企业文化还推动着流程制度的优化与变革。如果一家企业的文化鼓励员工勇于尝试、不断挑战，在这种文化背景下，企业的流程制度也必然会经历多次变革与优化。无论是项目管理、团队协作还是决策机制，拥有这样文化的公司，其员工心态就会"拥抱变革"，不断尝试新的方法以适应市场需求。

相反，如果企业文化因循守旧，员工视变革为"洪水猛兽"，就会对流程制度的改变持抵触态度，或者对制度中明显的"肠梗阻"置若罔闻，这就必然导致流程制度僵化和滞后。因此，没有这种勇于变革的精神，一家企业很难能够始终保持行业的领先地位。

（四）企业文化与流程制度相互适应、相互协调

企业文化与流程制度需要相互适应、相互协调。以亚马逊为例，其一直强调以客户为中心的企业文化，同时其流程制度也紧密围绕这一核心展开。无论是库存管理、物流配送还是客户服务，亚马逊都力求通过优化流程制度，提升客户满意度。这种文化与制度的紧密结合，使得亚马逊能够在激烈的市场竞争中脱颖而出。

目标导向 → 绩效导向 → 以人为本

流程导向的文化

（五）一些总结和建议

综上所述，企业文化与流程制度之间存在着密切的关系。企业在制定和执行流程制度时，应充分考虑企业文化的特点和要求，确保两者能够相互协调、相互促进。同时，企业还应通过培训、沟通等方式，加强员工对企业文化的理解和认同，从而提高流程制度的执行力和创造力。

毕竟，真正高效的管理，必须是"走心"的管理，尽管它的体现形式是"制度流程"，骨子里却是"文化认同"。我们既需要制度的规范，也需要文化的滋养。尽管"制度"和"文化"，从某种角度上看，一硬一软，一前一后，一表一里，但必须是一脉相传，才能一以贯之。

四、企业文化对人力资源的影响

因为有人，才有文化。优秀的文化，吸引着优秀的人才。企业文化与人力资源之间，既相互影响又相互促进，它深刻影响着企业的人力资源管理策略、员工行为以及整体的组织氛围。而作为一种独特的组织文化，企业文化体现了一个企业的价值观，它又反过来指引着人力资源的行为规范、管理理念和工作方式等。

（一）企业文化对人才招聘和选拔的影响

在人力资源的招聘和选拔中，企业文化决定了企业所需的人才类型，企业会根据自身的文化特点，鉴别和筛选符合其价值观和行为规范的员工。这种基于文化的招聘策略，是岗位技能和常规意义任职资格的升华，有助于确保新员工能够迅速融入企业文化，并与现有的团队保持高度的"文化"一致性。

据说，马云在初期人才招聘时几乎不看简历。他认为自己创业之前的简历就上不了台面，但他十分关注这个人的心态和远大梦想。英伟达的黄仁勋表示，自己对于人才的招募很严格，除了专业能力，性格、个性和价值观也都是关键，"因为这些终归会影响到企业文化"。而任正非则表示，人是企业最宝贵的因素。当面对真正的优秀人才时，企业要敢于用"投资"的方式，而不是采用普通的"人力"方式。

（二）企业文化对员工培训发展的影响

企业文化对员工的培训和发展具有指导意义。一方面，通过明确企业的价值观和行为规范，企业文化为员工提供了学习和成长的方向；另一方面，企业可以根据文化的要求，设计有针对性的培训课程，帮助员工在提升技能的同时，增强团队协作能力等，以更好地适应企业的发展需求。

"想干"与否，是态度问题，是成才的基础；"会干"与否，是技能问题，是成才的提升；"能干"与"敢干"与否，是机制问题和文化问题，是人才的高级追求。

能干/敢干 文化/机制
会干：技能/才
想干：态度/德

人才的简单分类

（三）企业文化对员工激励机制的影响

企业文化还影响着员工的激励机制。一个积极、开放的企业文化，能够激发员工的工作热情和创造力，使他们更加投入地工作。相反，一个保守、僵化的企业文化则可能需要"熬年头"与论资排辈，它必然让员工缺少热情和干劲，甭提奋勇争先的拼搏精神了。

因此，企业可以根据自身的现状和文化的特点，设计合理的薪酬体系、晋升机制和奖励制度，以激发员工的积极性和潜力，实现员工与企业的共同发展。在某著名的信息与通信公司，对于改变自己命运的方法，员工已经形成共识：努力奋斗，做出良好的贡献。

（四）企业文化对员工价值观的影响

企业文化对于员工的凝聚力和归属感至关重要。一个具有强烈文化认同感的企业能够增强员工的归属感和忠诚度，使员工更加愿意为企业的发展贡献自己的力量。例如，在强调团队合作的企业中，员工更重视协作与共赢，形成集体荣誉感；在注重创新的企业里，员工则倾向于勇于尝试、追求卓越。这种文化熏陶，使员工在潜移默化中调整个人价值观，与企业理念同步。

（五）企业文化对外部人才的吸引力

企业文化还影响着对人才的吸引力强弱。一个具有积极、开放和创新文化特质的企业，因吸引更多优秀人才加入而更加强大。这种文化氛围能够为员工提供广阔的发展空间和成长机会，使他们愿意与企业共同成长并创造价值。反之，那些企业文化表现平平，甚至口碑不佳的企业，往往对人才不具有吸引力。因此，人才之于企业，是"避之不及"，还是"趋之若鹜"，实则是一种交互的选择。

工作饱和 ➕ 文化融入 ＝ 进人条件

某公司"简化"的进人原则

（六）一些总结和建议

综上所述，无论直接或间接，企业文化对人力资源的影响都巨大而深远。一般来讲，不懂企业文化的HRD，其最佳成绩不会超过50分！某位优秀的企业领导者，在面对用人部门的招聘需求时，去繁就简地提出**两条"进人"原则：现有团队工作量绝对饱和；现有团队企业文化绝对融入**。他认为，只要同时满足这两个条件，部门主管就可以自己做出判断和决定。

同时，需要提醒读者朋友们注意，无论企业的人力资源规模或大或小，无论企业的创立时间或长或短，任何企业都有自己与生俱来的企业文化，它并非大企业才有的专利。但是，小微企业在构建企业文化时，应避免盲目模仿大型企业或过度追求形式化。不要太超前管理，不要太精细管控，那样会捆绑住拓展业务的手脚。

每个企业，起点不同，发展历程和现实情况迥异。建议小微企业领导者，应根据企业自身的特点，抓住"人才"和"文化"的"牛鼻子"，逐步打造符合企业当下需求和发展趋势的企业文化。同时，保持开放和包容，不断丰富和完善自己的企业文化。

因为，任何巨人，都是由小长大的！

五、企业文化对产品服务的影响

产品和服务是企业生存发展的基石，优质的产品能够赢得消费者的信任，而周到的服务则能增强客户黏性，这两者相辅相成，共同构成了企业市场营销的基础与核心竞争力。企业文化，它就像一位隐形导师，默默引导着企业打造出让消费者心动、让市场认可的产品和服务。

（一）企业文化塑造产品和服务的核心理念

企业文化塑造了产品和服务的核心理念。当你拿起一款苹果产品，那种简洁而精致的设计、流畅而强大的性能，是不是让你立刻想到了苹果的企业文化——追求极致的用户体验和创新精神？这就是企业文化对产品价值观塑造的生动体现。

苹果始终坚持"Think Different"的理念，鼓励员工不断挑战自我，突破常规，这种文化基因深深地烙印在其产品和服务中，让苹果成为全球消费者心中的科技潮流引领者。

反之，如果没有"精益求精"和"客户至上"的文化追求，可以想象该企业的产品和服务，要么流于平淡和平庸，要么在极端的市场竞争中，为了生存下来可能就是没有底线的欺骗与糊弄。

（二）企业文化会融入产品和服务中

企业的企业核心价值观和信仰会融入产品和服务中，成为其独特的"卖点"和"个性"。再来看一个品质控制的例子，德国汽车巨头宝马，以其精湛的制造工艺和卓越的品质享誉全球。这背后，正是宝马企业文化中对质量的极致追求。

宝马始终坚持"精益求精"的原则，从原材料采购到生产制造的每一个环节都严格把控，确保每一辆宝马车都达到最高品质标准。这种对品质的执着和坚持，正是宝马企业文化在产品和服务中的具体体现。

相反，那些喜欢"挣快钱"和"割韭菜"的企业，他们关注的重点，一定只能是如何花言巧语地把客户吸引过去买单，而绝非产品和服务的品质与交付。国内前些年火爆一时的P2P（网络借贷），试问有几家企业的"业务"，其背后有着良好的"文化"和"初心"在支撑？如果不能把好的"企业文化"真正融入"产品服务"中，"爆雷"只是迟早的事情。

（三）企业文化影响产品和服务的创新

企业文化还影响产品和服务的创新能力。以前文所述T公司为例，这家电动汽车制造商以其颠覆性的创新理念和产品，引领着全球新能源汽车行业的发展。该公司鼓励员工敢于挑战传统、勇于创新，这种文化氛围让该公司在电池技术、自动驾驶等领域取得了重大突破，推出了众多令人惊艳的产品和服务。

相反，那些求稳求妥，认为无过便是功，无才便是德的文化氛围，是很难催生出优质的产品和服务的。还有的企业抱残守缺，视"创新"为"不务正业"和"洪水猛兽"，不但不支持不鼓励，甚至还对创新冷嘲热讽。长此以往，产品和服务的创新谈何容易？

（四）企业文化决定产品和服务的市场定位

企业文化还决定了产品和服务的市场定位。比如，星巴克以其独特的咖啡文化和高品质的服务，成功占据了高端咖啡市场的领先地位。星巴克注重营造一种温馨、舒适的氛围，让顾客在品尝美味咖啡的同时，也能享受到愉悦的消费体验。这种以顾客体验为核心的企业文化，让星巴克在竞争激烈的市场中脱颖而出。

可以说，很难既有"高端"定位，又能照顾"性价比"的买卖，因为本质上这两者就是相互矛盾和冲突的。如果有，只能说它或许从市场营销的角度，满足了部分人的"执念"和"贪念"。因为，从企业文化的视角来看，这是无法支持其产品和服务清晰的市场定位的。

（五）一些总结和建议

综上所述，在塑造企业的产品和服务过程中，企业文化发挥着举足轻重的作用。从苹果的用户体验，到宝马的品质追求，再到特斯拉的颠覆性创新，这些知名企业的成功案例，充分证明了企业文化对产品和服务的深刻影响。因此，企业在打造优质产品和服务的同时，也应注重培育和塑造独特的企业文化，以使得两者匹配和形成强大的核心竞争力。

换句话说，头疼医头，脚疼医脚，不见得正确——如果一个企业的产品和服务相对薄弱，市场营销平淡无奇、乏善可陈，而你几经周转无法"根治"之时，或许真的可以暂停一下，静下心来，不妨从"企业文化"层面找一找原因，下一下功夫。通过企业文化追根溯源，用"升维"打击的方式，就有扭转败局并寻求突破的极大可能。

六、企业文化对资本运作的影响

资本运作，无疑是企业发展所必需的"血液"和"燃料"，不同的企业文化，会赋予资本运作不同的色彩和风格。在企业管理方面，创始人必须关注企业的"战略"和"资金"，而经理人则只需要关注企业的"管理"和"运营"。由此可见，资本运作在企业的重要地位。

那么，到底什么样的资本是企业创始人所喜欢的？一位多年从事投行FA（财务顾问）的朋友认为，企业喜爱的"资本"往往同时带有"资金、资源、知识"的特点。而之所以"喜欢"，其实就是企业文化这股隐含力量对"资本"的某些选择和偏好。

（一）企业文化决定资本运作的价值观和风险取向

企业文化决定了资本运作的价值观和风险取向。不同的企业文化会形成不同的资本运作观念。如果企业文化注重稳健、谨慎，那么在资本运作时，企业可能更倾向于采取风险较小、回报稳定的策略，避免过度冒险和投机行为。对于个人而言，你选择"股票"还是"基金"进行理财和投资，道理亦然。

反之，一个更加开放和激进的企业文化，则可能采取更为大胆的资本运作策略。比如，T公司就是一个典型的例子。它在电动汽车领域不断创新，其企业文化鼓励冒险和突破。在资本运作方面，该公司也展现出了同样的勇气。它敢于筹集大量资金，投入研发和生产，追求技术的领先地位。这种冒险精神，就是该公司企业文化中追求创新和突破的体现。

（二）企业文化影响资本运作的决策过程

企业文化还影响资本运作的决策过程。企业文化中的决策风格、信息沟通方式以及权力分配模式等，都会直接作用于资本运作的决策和判断。一个倡导开放、透明沟通的企业文化能够促进信息的自由流通，使决策者能够更全面地了解市场信息和内部状况，从而做出更明智的资本运作决策。同时，权力的分配模式也会影响到决策的效率和质量，进而影响资本运作的效果。我多次参与引进企业的投融资，对此感受颇深。

当然，企业文化还会通过影响企业的形象和声誉，进而影响到企业的资本运作。比如，某知名互联网公司一直都以其"开放、创新"的企业文化赢得了广泛的赞誉。这种正面形象不仅提升了其品牌价值，还吸引了众多投资者的青睐，这使得它在资本运作方面更加得心应手，能够轻松筹集到所需的资金以支持企业的创新发展。记得我们在之前讲过：梦想、成长性、可持续性，是投资人眼里的优秀企业的金标准。

（三）企业文化影响资本运作的执行效率和风险控制

企业文化还影响资本运作的执行效率和风险控制。一个注重团队协作、执行力强的企业文化能够确保资本运作计划得到有效执行，减少执行过程中的摩擦和损耗。同时，企业文化中的风险意识和风险管理制度也会影响到资本运作的风险控制。如果企业文化中强调风险管理和内部控制，企业在资本运作过程中会更加注重风险的识别和防范，降低潜在风险。

（四）一些总结和建议

综上所述，企业文化对企业的资本运作产生着深刻的影响，而"资金"和"战略"又是企业最高领导者的头等大事。不同的企业文化会形成不同的资本运作风格和策略。因此，企业在制定和实施资本运作策略时，应充分考虑企业文化的特点和要求，确保资本运作与企业文化的协调发展。同时，企业也应不断优化和完善自身的企业文化，以适应不断变化的市场环境和资本运作需求。

事实上，作为一名优秀的企业领导者，除了要深谙"创业"之外，还应该进一步丰富自己的"投资"和"投行"思维和认知。选择什么时候投融资，选择接受谁的投资，对企业而言都是十分重要的大事。除了投融资技巧之外，文化往往是隐藏在企业领导者心灵深处的"砝码"。记住,不是每个给你投资的人都是真的"天使",或者说"天使"也一定有其可爱之外的特点,譬如可能越界、过度干预、嗜血和贪婪。

小米的雷军对创业的解读更是直指人心,他认为,创业者初期唯一的资产,就是那100%的"股份",它基本就属于一个100%的"梦想",创始人能否完成拼图——圆梦,取决于他能否敢于拿出这些股份,找到最优秀的资本、各类人才、各种资源去"交换"和"分享"。

第十二章
前浪逐沙,拾贝成篇

领导者,就是看得比别人多、看得比别人远、在别人看到之前看到的人。

——雷洛伊·艾姆斯

一、部门主管的四项基本修炼

10年前,在某位资深人士的分享会上,看到下表。会后,我将这个表格打印出来,在自己办公桌前张贴了好久,以此对照,用于反省自查,看一看我的部门管理还有什么不足和欠缺,直到我把这些好习惯修炼成型。

部门主管的四大角色

管事		管人	
规划者	运营者	教练	团队领袖
建立或梳理业务流程	确定目标任务	招聘合格员工	解决主要问题
进行岗位设计与描述	制订工作计划	训练团队新人	形成民主氛围
使人员与岗位匹配	分配具体工作	实施在岗培训	主持高效沟通
建立工作标准和规范	监控工作过程	培养接班人	发挥团队活力
	考核工作结果	辅导问题员工	
		辞退不合格员工	

衡量部门主管能力的标准,不在于主管个人能力的大小,而是团队整体能力与水平高低。**管人的基础是管事,懂业务才能谈管理。**基层主管30%的时间分配给管人,70%的时间分配给管事,中高级主管50%以上时间必须用于管理人和团队。部门主管必须主动学习,掌握更多管理工具。正如《你本该成为领导者》的作者雷洛伊·艾姆斯所言:"领导者就是看得比别人多、看得比别人远、在别人看到之前看到的人。"

下面,我将上表中"管事"与"管人"的四项基本修炼进行拆分,以纲要的形式展开并简要说明，希望可以给部门主管一些参考借鉴，便于他们找到路径去投入实战演练。

（一）管事——规划者

1. 建立或梳理业务流程

（1）建议步骤：先整理部门内的业务流程，后整理跨部门的业务流程。

（2）所谓业务流程，简单理解就是：制度—流程—表单。

（3）查看是否已有制度，找出来，看版本号，看是否需要升级优化；如果没有现成的，要逐步提炼出来，并定期升级从而形成你的部门流程制度汇编。

（4）部门长的日常工作之一：部门的建章立制，不断推动制度流程完善。在一定阶段，可以列入部门主管的日常KPI。

（5）没有畅通的业务流程，业务运转就会失灵，要不断发展和改进业务流程。

（6）制订你部门的行动计划：存在问题、如何改进、责任人、交付时间。

2. 进行岗位设计与描述

（1）明确部门的组织架构、汇报及协同关系，以及岗位之间、跨部门之间的业务流转关系；

（2）使用HR部门统一的《岗位职责说明书》模板并进行编写，业务部门及HR部门需要对此进行备档；

（3）制订你部门的行动计划：存在问题、如何改进、谁来负责、交付时间。

3. 使人员与岗位匹配

（1）与HR部门交流本部门对应岗位的任务、职责、技能、权限、协同等，使得HR能够深刻了解本部门的用人需求；

（2）部门主管要协同并协助HR招聘本部门合适的岗位人员；

（3）部门主管要组织对岗位人员系统培训，必要时制订年度培训方案及计划；

（4）制订你部门的行动计划：**存在问题、如何改进、谁来负责、交付时间。**

存在问题　如何改进　谁来负责　交付时间

行动计划4步法

4.建立工作标准和规范

（1）作业标准书，英文全称"Standard Operating Procedure"，简称SOP，英文直译是"标准操作流程"，国内习惯称之为作业标准书，又称作业指导书。它把现场所有的工作制定出一套流程，以便每个人可以按部就班地遵照执行。我们可以在实际的业务及生产过程中，不断地对SOP进行修改和完善，以提高操作的规范性和高效性。

（2）拿来主义：借鉴和参考业内"领头羊"企业的SOP，变通地采用。

（3）注意原则：结合实际，控制节奏，不过度管理，不超前管理。

（4）制订你部门的行动计划：存在问题、如何改进、谁来负责、交付时间。

建议各部主管，以及那些有相关资源的同事，大家要群策群力，都去找一找业界同行的相应管理资料作为参考；主动分享，让团队成员一起有机会学习业界先进。一句话，借用团队整体力量的提升，拉高团队中每个个体的水准。

为节省笔墨，我不再提示"制订你部门的行动计划"。所谓学以致用，强烈建议你一定要结合当前你的企业、你的部门存在的问题和不足，列入下一阶段的改进措施和行动计划。当然，把它们放进下一阶段目标责任书里，也是可行的。

（二）管事——运营者

1.确定目标任务

（1）部门主管必须参与公司级年度战略分级及目标制定，注意学习目标制定的方法论及实操；

（2）承上启下，带领你的部门同人，尤其是业务骨干，一起制定部门年度/半年度/季度/月度目标。

2. 制订工作计划

（1）根据公司的目标管理周期（通常为季度），分解成月计划、周计划；

（2）组织召开部门的月度经营分析会、周例会；

（3）特殊项目的工作计划；

（4）公司领导临时安排的工作计划；

（5）学习时间管理四象限技巧。

3. 分配具体工作

部门主管分配工作时，需要综合考虑多个因素，包括员工的能力、工作量、紧急程度、工作性质以及整体业务目标等。重大项目的工作分配，还需要学习和掌握一定的项目管理技巧。

4. 监控工作过程

（1）通过以下方式：日报、周报。

（2）可以参考如下：设立明确的目标和里程碑、定期检查进度和报告、实地观察和沟通、利用项目管理工具、建立反馈机制、风险监控与应对。

（3）注意：提前量、关键节点、里程碑、文化认同、团队磨合。

5. 考核工作结果

（1）注意：任务交付、奖惩、改进措施、绩效体现、升迁及职业发展。

（2）可以参考如下：设定明确的考核标准、收集全面信息、定期评估与记录、公正客观地评估、反馈与沟通、结果与激励相结合。

综上所述，以上第3、4、5部分内容其实不容易分割，建议各位主管平时多学习诸如PDCA、SMART原则、盖勒普Q12等管理工具及工作技巧；在具体的"管事—运营者"角色中，可以参考如下要点。

明确目标和任务。需要明确工作的整体目标和具体任务。这有助于确保每个人都清楚自己的职责和期望成果。

分析能力和资源。在分配工作之前，要对团队成员的能力和可用资源进行评估。这有助于确保任务被分配给最适合的人，并充分利用现有资源。

制订工作计划。根据目标和任务，制订详细的工作计划。这包括确定任务的具体步骤、时间表、责任人等。

分配任务。将具体任务分配给团队成员。在分配任务时，要考虑每个人的能力、经验和兴趣，以确保任务能够得到高效完成。同时，要确保每个成员都清楚自己的职责和期望成果。

建立沟通机制。为了确保工作顺利进行，需要建立有效的沟通机制。这包括定期开会、使用项目管理工具等，以便团队成员能够及时分享进展、解决问题和协调资源。

监控和调整。在工作进行过程中，需要不断监控进度和质量，并根据实际情况进行调整。这有助于确保工作能够按照计划进行，并达到预期目标。

反馈和评估。在工作完成后，需要进行反馈和评估。这有助于了解团队成员的表现和贡献，以便在未来的工作中进行改进和优化。

（三）管人——教练

1. 招聘合格员工

（1）用人部门主管要协助HR部门（用人部门主管犹如指挥官，HR犹如政委）；

（2）参考如下流程：明确岗位需求—制定招聘计划—筛选简历与资历—设计面试流程—评估技能与能力—考察性格与态度—背景调查与核实—发放录用通知；

（3）完善和优化入职流程及引导，提高新员工存活率，提高骨干员工转化率。

2. 训练团队新人

（1）老带新四部曲：我讲你听—你问我答—你做我看—你说我评；

```
                          你说我评
                    你做我看
              你问我答
        我讲你听
```

我 —— 主管，你 —— 新人

（2）参考如下流程：明确培训目标—制订培训计划—提供必要的资源—安排经验丰富的导师—设置适当的挑战—定期评估和反馈—鼓励团队合作和

交流—持续关注和支持；

（3）使用HR部门《新员工试用期目标绩效考核表》；

（4）推行"导师制"，可以参考和使用以下表单：新员工和导师职责表、新员工辅导计划表、新员工月度总结表、新员工辅导期培训报告、新员工导师考核表。

3.实施在岗培训

（1）在岗培训可以采用多种方法，如课堂教学、模拟训练、案例分析、角色扮演、在线学习等。选择最适合的培训方法要考虑员工的学习风格、培训内容的复杂性和所需的技能类型。

（2）部门主管要及时发现问题，并协助员工解决当前问题。换言之，授人以渔，员工的当前问题得到解决，就是很好地在岗培训。

（3）不断完善上岗培训、操作手册、部门工作指引，要思考如何更好做到知识的沉淀和传承。

4.培养接班人

（1）接班人文化：只有你把下级培养到可以取代你的位置，你才能晋升到更高位置；

（2）可以参考如下流程：确定接班人的标准—识别潜在接班人—制订个人发展计划—提供培训和发展机会—分配挑战性任务—导师制度—定期评估和反馈—建立激励机制—培养领导力—接班人计划的持续管理。

5.辅导问题员工

（1）设置企业红线（初级：员工手册；进阶：企业文化—价值观）。

（2）确定用人文化：是选择（现成的），还是训练（现有的）；为什么（企业文化依据）？

（3）可以参考如下流程：识别问题根源—明确沟通目标—制订改进计划—提供技能培训—鼓励积极参与—定期跟进反馈—激发员工潜能—建立激励机制。

6.辞退不合格员工

（1）主管的心态及认知突破；

（2）关于离职的企业文化：参考"笑着离开HP"、2—7—1人才活力曲线；

（3）可以参考如下流程：明确问题员工表现—查阅公司政策规定—沟通问题与改进—提供培训和辅导—考虑其他替代方案—准备相关文件证据—遵循正式辞退流程—通知员工并提供必要的帮助与支持；

（4）用人部门主管：要学会借力HR部门的专业协助和解决方案。

（四）管人——团队领袖（高阶修炼）

1. 解决主要问题

（1）识别并聚焦当前主要矛盾；

（2）当前最重要的事情，永远只有一件；

（3）解决主要问题，需要从多个方面入手，包括明确职责分工、优化沟通机制、加强团队建设、提高工作效率、强化绩效考核、增进跨部门合作、激发员工创新力和培养领导力等。

2. 形成民主氛围

明确民主管理原则、促进沟通交流、鼓励员工参与决策、建立反馈机制、培养团队协作精神、定期民意调查、强化民主意识教育和保障员工权益等。

3. 主持高效沟通

需要注意明确沟通目标、确立参与人员、选择沟通方式、设定时间限制、确保信息准确、鼓励双向交流、保持礼貌和尊重以及跟踪与反馈结果。

4. 发挥团队活力

需要领导者和团队成员的共同努力，明确目标、良好沟通、明确分工、积极氛围、培训发展、激励认可、团队协作和创新，以及定期评估调整。

（五）一些总结和建议

综上所述，通过对部门主管"**四大角色**"的分解和展开，主管可以纲举目张，稳步推进部门的全面管理（管事＋管人）。诚然，"文化"犹如"管理"，我们必须具象并SMART地为主管展示践行路径，大家才不会"跟着感觉走"。

部门管理是企业管理的基础，部门主管就是企业的"腰"。无论是业务推进，还是企业文化的宣传贯彻和落地，部门主管起着承上启下的重要作用，这也是我之所以在此大篇幅强调部门主管四项修炼的原因。

※ 拓展阅读：什么是"教练式"管理

教练是一种专业的角色，旨在通过一系列技能和策略，帮助个人或团队发掘潜力、提升效能并实现目标。**优秀的教练往往是"提问高手"**，他们通过深入对话、积极倾听和有效反馈，引导被教练者认识自我、理解现状，并找到解决问题的途径。

教练的角色强调激发被教练者的内在动力，而非简单地提供答案或建议。现代教练理论源于美国，现已广泛应用于体育、企业、教育等多个领域，成为推动个人和组织发展的重要力量，而"教练式"管理正逐渐成为现代企业管理的重要趋势之一。以下列举了三位知名人物对"教练"在企业管理中的积极评价。

比尔·盖茨："教练在企业管理中扮演着至关重要的角色。他们不仅帮助员工提升技能，更能激发员工的内在潜能，使团队更加高效和有创造力。教练的存在，让我们的企业能够持续创新，保持领先地位。"

杰克·韦尔奇："教练式领导是GE成功的关键之一。通过教练的方式，我们培养了无数优秀的领导者，推动了企业的持续发展。教练不仅关注业绩，更关注员工的成长和潜力，这种管理方式让GE在竞争激烈的市场中脱颖而出。"

彼得·德鲁克："教练在企业管理中的作用不可忽视。他们通过引导和激励，帮助员工发现自己的长处和不足，进而制订个人发展计划。这种以人为本的管理方式，能够增强员工的归属感和忠诚度，提升企业的整体绩效。"

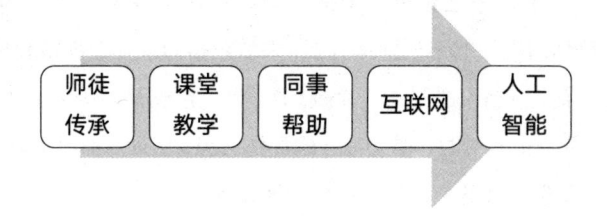

师徒传承 → 课堂教学 → 同事帮助 → 互联网 → 人工智能

学习方式的进化

有人说，在AI时代，我们的学习方式也将发生显著的变革：从投喂式、被动的学习，变成更有目的、更加主动的**反馈式学习**；而资讯和知识的获取，也将从之前互联网时代的"检索"，变成当下AI时代的"提问"。因此，学会提问，懂得教练，用好与AI交互的提示词（Prompt）技巧，是我们走进AI的基本功之一。

二、案例分享：用企业文化武装你的团队

初入职场，我们缺少"章法"和"技巧"，所以"态度"和"努力"是追赶他人的"砝码"，也是赢得更多机会的"通行证"。而当我们进入职场中期后，我们的"章法"和"技巧"日趋成熟与丰富。此时，多数人就会在"态度"和"努力"上面掉以轻心，从而形成与自己年轻时刚好相反的、继续平庸的状态。

那么，如何用企业文化武装你的团队？如何让你的团队持续清醒并充满斗志？如何用系统的打法训练你的团队？本篇以一个真实的案例，讲述部门主管的"带兵"之道：员工在"态度"和"努力"这样良好的企业文化加持下，"章法"和"技巧"一旦得到指引，就会进步神速，士别三日，当刮目相看了。

职场竞争力的四个维度

（一）一个真实的故事

10年前，一个从未干过公益慈善的"职场菜鸟"，如何仅用3个月时间，在部门主管的指引下，快速超越一个拥有公益慈善领域8年工作经验的"老江湖"？其实，该部门主管的系列训练方法，大致包括如下几个步骤和模块。

（1）**法律条文**。当员工进入一个新的行业，指导其了解该行业对应的法律条文，有助于员工正本清源，树立很好的规则意识。因此，部门主管只需要让该员工自行查阅和学习公益慈善领域的相关法规即可。

（2）**公益动态**。当前各大网站的公益频道／栏目都在关注什么？当前各大公益机构都有什么项目在运营？当前那些公益慈善领域的KOL（意见领袖，就是通俗的"大V"）都有什么观点和意见等。形成习惯，把上述几条主流信息渠道告知员工，并列入该员工日常关注的范围。

（3）**榜样看齐**。关于网络公益慈善领域，其他几家主流的平台，都在做什么（What）？都是怎么做的（How）？为什么会那样做（Why）？让员工把视野从

自己的一亩三分地看出去，找到对标和参考，并逐步形成自己观察世界的方法论，所谓"授人以渔"。

（4）公益圈子。一个人独自地学习钻研，远没有一群人或者说一个圈子共同的切磋来得有趣。必要时，让员工参加其即将进入的公益圈子——公益机构的相关项目负责人、公益慈善类媒体的编辑记者、NGO的一些有趣有见识的朋友等。如此，他们不但拥有共同的语言和圈子，还能有逐渐接近的认知。一旦融入这个圈子，员工就会从早期青涩的、不太自信的观众和听众，变成他们中的优秀一员。

（5）项目实操。项目的标准化作业流程（SOP），与其讲一百遍，还不如让员工亲自上手实操几遍——从协议签署、项目立项、组织跨部门会议、网页设计、文案的起草和确认、捐赠通道测试、数据后台、对账结算、发票抵扣等，完整的一条龙操作下来，虽说不上行云流水，至少对于关键流程节点都能了然于胸。

（6）沙龙组织（IP打造）。既然该网络公益捐赠平台面向众多的公益机构，那么该平台就要定期组织公益沙龙——邀请一些志趣相投的公益机构负责人、公益慈善媒体、公益达人等，欢聚一堂，畅谈分享当前公益慈善领域的心得感悟、真知灼见。在这个沙龙的策划组织过程中，鼓励和锻炼员工勇敢走向前台。

（二）学以致用，重塑习惯

美国心理学家威廉·詹姆士认为：播下一个行动，收获一种习惯；播下一种习惯，收获一种性格；播下一种性格，收获一种命运。其实，在上述案例中，部门主管看似眼花缭乱的一系列训练方法，不外乎在帮助该公益领域的新员工，快速形成良好的"职业习惯"。

试想，经过上述刻意的训练之后，该员工不但内化了一些不错的"习惯"，还在短短的3个月内，积累并掌握了以下资源和技能：明白了公益领域的主要法律法规，随时掌握了当前公益领域的最新动态，对优秀同行的运作模式有了深刻的观察和见解，融入公益圈子并有了数十个可以对话的朋友，已经亲自对接上线实操了近十个新的公益项目，成功地组织策划了多场公益沙龙……

以上就是一个"菜鸟"在3个月时间里，不断蜕变并快速超越一个8年"老江湖"老同事的秘密!

(三)以终为始,反求诸己

以终为始,反求诸己,不仅是优秀员工的一种文化气质,更是提升"职场竞争力"的两大重要原则,我在此做一些浅显解读,供大家参考。

(1)以终为始。它是一种思维模式,即从开始就要考虑到最终的结果。譬如倒推法——先思考终点(目标/愿景),再琢磨如何开始(计划/路径)。引申为三点:凡事要有目标,凡事要有计划,凡事要有原则。正所谓"凡事预则立,不预则废"。如果从佛家的角度看,"始"就是因,"终"就是果。

(2)反求诸己。它是指反省自己的过失,并加以改正,而不责怪别人。换言之,就是一切从自己身上,找原因、想办法、思突破。因此,我们一定要把希望和原动力寄托在自己身上。无论是部门主管,还是员工,当我们都习惯性地从自身上看,向内求时,问题的答案就自然找到了一大半。

根据我的观察,当"外求"而不得的时候,就要转而向"内求",从自身和内在找感觉;当"内求"而不得的时候,就要转而向"外求",从外界和外在找反映。总体而言,"内求"重于"外求"。结合本文,就是"态度"和"努力",终究胜于"章法"和"技巧"。

员工如此,企业文化亦然。

三、人才鉴别:绩效考核+企业文化

前文多次讲述,员工是企业文化的载体。因此,员工的文化素质如何?员工的业务能力如何?它们共同叠加组合,几乎就可以看出一个员工的绩效。集合无数个员工的绩效,自然就可以预测企业的经营业绩和市场表现。

按照员工的业务能力强弱,与企业文化认同度的高低,我们可以简单地把员工分为四大类。对于业务能力强,企业文化认同度高的员工,也就是企业里的明星员工,要大力地给予晋升机会和提拔。同时,根据绩效考核的2—7—1原则,结合"企业文化",我们可以对企业里各类人才做一些初级的"鉴别",这是我们因材施教的基础和关键。

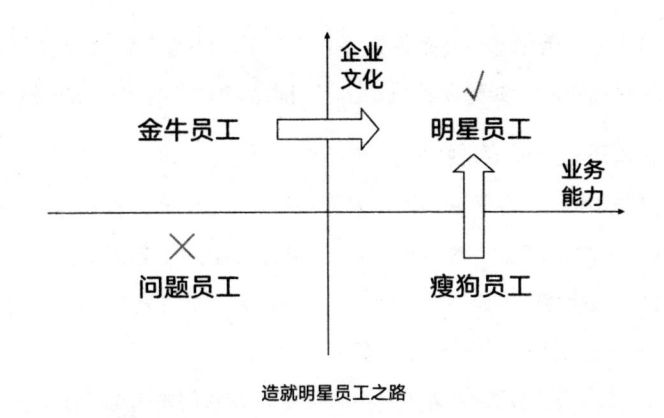

```
         企业
         文化
          ↑
   金牛员工 ⟹  明星员工 ✓
          │        ↑      业务
   ───────┼───────────── 能力
          │
     ✗    │
   问题员工 │  瘦狗员工
```

造就明星员工之路

（一）超出期望的员工

他们占全体员工的20%。这20%的员工不光有突出的业绩表现，同时也是企业核心价值观的践行者。他们往往激情满怀、勇于负责、思想开阔、富有远见。毫无疑问，企业将他们视为公司的骄傲，不断提拔他们到重要岗位。因此，他们就是企业里的"明星"，通常可以获得部门绩效奖励包的50%。这一类员工，按照海尔的人才观点，就是既"想干"又"会干"还"能干"。

（二）符合期望的员工

他们占全体员工的70%。他们认同公司的企业核心价值观，思想觉悟没有大的问题，但业务能力中规中矩，并无突出表现。企业里，大部分员工都属于这样类型。公司需要对他们进行有针对性地培养，以便挖掘潜力，鞭策他们进入上述20%的佼佼者行列。因此，他们相当于企业里的"金牛"，可以获得部门绩效奖励包的50%。这一类员工，就要想方设法把他们从"会干"变成"想干"。尤其是要通过企业文化的影响，不断激发他们的成就感。

（三）低于期望的员工

他们占整体的10%。这类员工要么表现很差劲，要么业绩不突出。他们的共同特征是不太认同公司的企业核心价值观。按照企业常见的用人理论，他们通常是人力资源部门必须"优化"的对象。作为企业的管理者，没有必要在这10%的员工身上浪费时间。因此，他们相当于企业里的"问题"或者"瘦狗"（此处借用BCG矩阵理论），因此他们的绩效奖励包为0，进入限期整改甚至末位淘汰。

在这一类员工中，极少部分在条件许可的情况下，可以给予"整改"机会，把他们变成"会干"。当然，如果是价值观出了问题，"想干"也不能给予机会。

（四）管理是严肃的爱

管理是严肃的爱。尽管末位淘汰看起来很野蛮，听起来很残忍，实施起来很纠结，但在公司内部淘汰，他还有机会去寻找新的机会，如果放任自流的话，他最终很可能被社会淘汰，这才是最可怕的。据说，"笑着离开HP"是惠普的"离职文化"，有兴趣的朋友也可以自行查阅。

本章《部门主管的四项基本修炼》一文中，在部门主管的"管人—教练"角色中，就有"辞退不合格员工"这一项。回想当年，我在面对这一选项时就十分为难，纠结了很长一段时间，那简直就是我无法绕过去的坎，至今回忆起来都还隐约感觉"头大"，我无法找到良策应对我的这个短板。

因此，希望企业管理者以及部门主管们，要能够迈过这一个普通主管无法突破的"心理关"和"技巧关"。如此，于人、于己、于企业，或许都是有利的抉择。而对于企业领导者而言，杀伐果断的背后，或许"企业文化"是那些重要的人事任免时的判断依据。企业核心价值观往往成为人才选拔时，上下起伏的天平上最后确认并添加的"砝码"。

四、践行企业文化，请记住6个"要"

这些年，我经历并见证了多种不同管理风格的企业，凡是那些践行企业文化比较成功的企业，它们往往有以下一些共性和特点，我归纳总结成"六要"，供大家参考。

一要有理念作基础

企业理念，即企业的理念识别系统MI，它是企业的理想、经营哲学与团队信念，是企业文化的核心，指导和影响企业的战略与追求。有专家认为，MI包括如下内容：确立企业目标、提炼企业哲学、制定企业宗旨、明确企业精神、规范企业道德、形成良好作风。由此可见，MI是一个企业的"灵魂和动力"，是我们践行企业文化的基础。

二要有形式作传承

所谓"形式",就是企业的行为识别系统BI,是指企业行为的"系统化、标准化、规范化"以及企业的视觉识别系统VI,指企业为大众所接受的"系统的、统一的"视觉符号。BI和VI的结合,确保了企业文化的形式可以看得见、摸得着、传得开。

比如,在儿童节这一天,企业每年都邀请有小朋友的员工,带领孩子到公司来看看自己的工作场景,搞一场别开生面的亲子活动。其间,各种有关公司LOGO的装饰、宣传品、伴手礼等,就属于VI;而这个每年一次的例行活动,就属于可传承的BI。公司每年的年会,每月的员工生日会,本质也都是可以传承的BI。你甚至可以把BI看成公司践行企业文化的"标准动作"。

三要有经费作支撑

国内知名的互联网支付平台——易宝支付,就设置了企业文化基金,并将它与部门绩效、员工人数、团建活动等指标结合起来。有了企业文化基金,部门组织团建时,就不会囊中羞涩。部门负责人甚至还可以使用该基金,奖励那些在企业文化方面表现优秀的员工。同时,为了鼓励打破部门壁垒,公司还建议部门主管将50%的文化基金,用于跨部门的、非正式工作沟通与交流上。

四要有规则作护航

通常,对于主营业务的制度流程表单,企业的各种SOP相对齐备。但对于企业文化的落地与实操,其规则通常不够细致,甚至说重视不够。可以想象,没有严格的规则做保驾护航,组织成员在需要企业文化建设活动时,就得揣摩领导的心情和脸色,提报告,打申请,搞预算。

又或者,当企业经营状况不太好时,文化建设的执行就会变形,或者被有意遗忘。而事实上,企业经营业绩好坏,往往与企业文化紧密相关。如果员工斗志昂扬、团结协作,即使企业偶遇危机,也往往能够同仇敌忾,快速走出低谷。

五要有老板带好头

有的企业领导者,认为企业文化就是HR或者行政部门的例行工作。还有的负责人,把给员工的基本"福利"当成了"企业文化",往往大笔一挥审批完相关"预算"后,就不闻不问,集中精力抓业务去了。

事实上，在企业文化建设方面，企业领导者永远都不要缺席，也不能缺席！企业领导者带好头，企业文化落地就会事半功倍。真正的企业家，除了战略和资本之外，还必须关注文化与人才。而管理和运营，则可以交给职业经理人及各级主管。

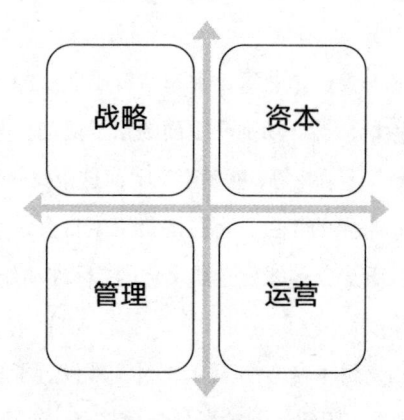

战略	资本
管理	运营

企业家与职业经理人的分工与配合

六要有"三观"指方向

诚然，一个人的"三观"远比"五官"重要。所谓"三观"，就是世界观、人生观、价值观。企业的"三观"是什么呢？是使命、愿景，以及由"顶层设计"而产生的企业的"企业核心价值观"。周鸿祎曾经提出360公司的"企业三观"，即未来观、世界观和大局观。

使命是"为什么"，就是企业存在的理由；愿景是"像什么"，就是目标达成后的结果和景象；价值观是"信什么"，就是我们在追求目标的过程中，必须坚信和恪守的原则。如果一个企业的"三观"清晰，其文化自然就不会混乱和摇摆，其践行也就有了坚定的方向。

五、实操演练：企业文化落地6步法

如何打造"企业文化"？如何让它一步一步"落地"生根？下面的内容，颇有一些开玩笑的成分，权当换一个视角，看一看那些企业文化落地的"众生相"。

（一）故事讲出来

企业文化的萌芽，往往来自其创始人，或者是企业领导者。有的善于归纳提炼，有的不善言辞表达；有的能讲故事，有的羞涩重实干。比如，阿里巴巴的马云、新东方的俞敏洪、360的周鸿祎、小米的雷军，个个都是讲故事的高手，他们对于企业文化的传播，可谓出力不少，一人顶起半边天。

负责企业文化传播的同事，你得从企业领导者那里，尽可能多地竖起耳朵听其讲故事，或者创造条件让其讲故事。然后，从这些故事里，你就可以挖掘、提炼、总结、归纳、升华……找到最适合、最匹配企业文化的一些"关键词"。

此外，逐步收集整理出一系列企业创始人、早期元老们、核心骨干的经典段子，通过各种场合把这些故事传播出去——公司周年庆典、领导者专访、内刊、官网里的企业历程等。故事讲得越多，知道的人越多，影响也就越大，大家对你的企业文化理解也就越深入。

（二）口号喊起来

有了上述第一步打基础，你就应该可以将公司的CIS搞出来啦。我们在前面讲过CIS，这里就不展开论述。而在CIS里面，最易于单摘出来进行传播的，当然是公司的口号（Slogan）。

口号喊起来，还要在各种场合喊——公司大型活动、公司团队建设、公司参加什么公益行动等。你可以把公司的口号，拉上条幅（Banner），做成彩旗（Flag），甚至各种员工服饰（T-Shirt）上面，都给打上形象鲜明的公司"口号"。

有的企业，甚至还有例行早会！早会开始前后，喊上几嗓子公司"口号"，顿时觉得神清气爽，一整天精神饱满！有的企业，尤其是那些Tony们，常常组织员工"游街"！一看员工有空，就弄到街头巷尾"拉练"，一边跑一边喊口号，生怕街坊邻居不知道！当然，有的企业还有"司歌"，你也不妨"歌儿唱起来"。

（三）行动跟上来

讲故事、喊口号，的确可以影响一帮人。但是，企业文化的内涵（企业核心价值观）尽管只有依稀几个字，但外延却是可以无限地放大。因此，你一定要擅长折腾出一系列标志性的、典型性的行动（即BI行为识别）。

譬如，员工服饰，有条件的话，一年四季各一套；企业电子刊物，每月讲一个文化主题；各种论坛峰会，只要与企业文化中某些"关键词"沾边的，都去争取几个奖杯；公司办公场所的装修装饰，也得拼命地往企业文化上靠——如果企业文化推崇"绿色有机"，那装饰风格就千万别搞成红黄色让人笑话。

此外，你还要充分发挥团队精神，不要一两个人（或者说一两个部门）埋头瞎想。而要营造一种氛围，让全体同人参与企业文化建设。这样，关于企业文化的各种靠谱的行动，多得让你数不清楚、多得让你忙不过来——譬如，给有汽车的员工发一个印有公司LOGO和Slogan的汽车贴，给有孩子的同事组织儿童节的亲子联谊会，征集公司司歌，员工生日会等。

一句话，充分调动全体员工的参与积极性，你的企业文化建设就成功了一半。其实，宣传调动本身也是行动之一。

（四）案例找出来

有了上述丰富多彩的文化"行动"，你就要留意各种涌现出来的"案例"，把它们挖掘出来，推而广之，奖而赏之。无论是文字资料，还是图片视频，记得建档保存，以备未来企业取得大成就时，可以引经据典、载入史册。同时，该口头表扬的，就要立即在部门级或者公司级例会上予以肯定；该结合年底评优的，就要结合评优加分……

注意，既然案例找出来了，一定要及时地、全渠道地、满怀深情地传播出去——如在最新一期的公司内刊上、CEO的everyone（全员）邮件群发、公司的微信公众号、文化墙、抖音号等。为什么要"满怀深情"？因为，如果你都不能感动自己，如何又能够感染别人呢？

（五）团建定下来

通过梳理上面的各种企业文化"案例"和"行动"，有的就可以固化下来、传承下去、继往开来。其中，"团队建设"就是一个重要的传承方式。你可以联系公司的人力资源部（或者行政部、综合办公室等），定期策划并组织开展各种团队建设活动。

同理，团队建设的形式多种多样——可以一年四季各种"游"，可以每个季度各种"聚"……本书第七章为大家提供了"20种常见的企业文化活动形式"。

事实上，做任何事情，都离不开"目标—原则—方法"，团建也是这样。只要你和企业领导者一道，提前确定好企业文化团建的"目标"和"原则"，其"方法"也就非常之多。

须注意，团建活动，虽然不是企业的主营业务，但其关键流程和制度，建议也要从制度上予以确定、从资金上予以保证、从时间上予以支持，才能有条不紊地组织与开展。否则，有一搭没一搭的，各种紊乱不调，弄得上下各种不爽，就事与愿违了。

（六）民主活起来

即便你的团队建设丰富多彩，但并非总是一团和气，你的耳边少不了各种不同的声音。怎么办？

我建议要适当召开"360度反馈"会议，就是上下左右360度全视角来评价一个人（或者一个团队）。一句话，要给具有不同意见的人一个充分的表达机会！此外，"360度反馈"还有一个好处，就是可以真正倾听来自不同方向、不同维度的声音，可以使企业领导者更加全面地获得反馈、更加激烈地进行文化冲撞、更加生动地进行思想统一，从而果断行动。

问渠那得清如许，为有源头活水来。

六、谋人与借力：高效成长之道

企业经营，犹攀高峰，犹如人生，"要紧处"就那么几步，因此，学会"谋人"和"借力"十分重要。所谓"谋人"，是指那些善于策划、喜欢谋略的人，通过提供建议或方案，帮助他人达到某种目的或解决某种问题，就像古代的"谋士"。在这里，"谋人"也可以名词变动词，企业创始人要善于去"谋他人"。

其实，再优秀的企业，每个阶段都有不同的管理"主题"，也就是当时的管理"难题"。由于"借力"优秀的管理咨询顾问"伴跑"，他们迅速跨过了障碍。以下提供咨询顾问采用的一套"介入"方法来解决难题。一般来讲，"咨询顾问"与"企业文化"在某些时候颇为相似，都有些不知道从何入手的意味儿。当然，如果你以此来作为日常经营管理的一种方法论，也未尝不可。

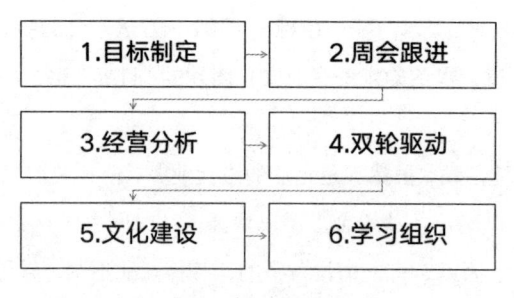

```
┌─────────────┐     ┌─────────────┐
│ 1.目标制定  │ ──→ │ 2.周会跟进  │
└─────────────┘     └─────────────┘
       │
       ↓
┌─────────────┐     ┌─────────────┐
│ 3.经营分析  │ ──→ │ 4.双轮驱动  │
└─────────────┘     └─────────────┘
       │
       ↓
┌─────────────┐     ┌─────────────┐
│ 5.文化建设  │ ──→ │ 6.学习组织  │
└─────────────┘     └─────────────┘
```

"伴跑"介入方式及策略

（一）以"目标"作为一切经营管理的"抓手"

用系统的战略解码和目标分解方法论，帮助企业梳理并制定公司级目标，以及组织部门级目标分解。在这个过程中，授人以渔，教给企业高管团队掌握如何设定年度目标的方法和工具，并参与企业部门级年度／季度目标制定，协助输出目标绩效管理办法。

（二）以"周例会"作为日常经营管理的"契机"

帮助企业组织和建立跨部门沟通机制，以及明确月度目标管理的闭环。以顾问身份和视角，参与企业经营管理层的周例会，认真阅读各部门主管的工作周报，从第三方的角度来帮助发现经营管理中的不足和问题。

（三）以"月度/季度经营分析会"作为盘点和展望

监督KPI落实、检查改进提升计划，是达成经营目标或重要里程碑的一种重要管控形式。教会高管团队并参与企业的经营分析会，协助输出核心部门的经营指标及数据分析，并帮助解读在数据、信息、情报下真实的企业经营状态。

（四）以"目标导向—问题驱动"作为推动企业前进的方法论

以顾问的外部视角，协助输出建设性的意见和建议。所谓"问题驱动"，它是一种以解决问题为核心驱动的工作或学习方式。它强调从实际问题出发，通过深入思考、探索和实践，寻找解决方案，以"解决问题"的方式来推进企业前行。问题越来越少，目标就越来越近。

（五）以"组织建设和企业文化"为业绩增长的原动力

随着对企业经营状况、管理团队水平、员工文化氛围的深入了解，以外部视角推动企业文化的系统建设。诚然，以顾问的身份介入并改造企业文化相当困难，但帮助发现问题并提出合理化建议，似乎具有天然优势。譬如，以顾问身份对企业员工进行调研，往往可以获得更加真实可靠的信息。

（六）以"导师制"的介入，搞好传帮带

协助企业在骨干员工的梯队培养中引入"导师制"，推进落地"学习型"组织和文化。学习不是目的，让企业的业务运转稳健有序，不会中断或者形成阻碍，是最基础的目标和保障。而有的企业领导者忽视这样的文化氛围和机制保障，随便给公司里某个部门冠名什么"商学院"，只能算是对外作秀，以及自欺欺人的小伎俩罢了。

（七）一些总结和建议

以上，看似一种咨询顾问服务的"打法"，但其策略上似乎与践行企业文化异曲同工。当你牵头文化建设时，或千头万绪，或众口难调……那么，你的"打法"和"切入点"又将如何呢？其实，没有什么能力是我们天生具备的，都是某个阶段为了"解决"某个问题，为了进步和上台阶"边做边学"而得来的。

一个人，真正的衰老，从来与他的年龄无关，而是从他不再热爱学习那一刻开始。当然，借力"外脑"，也是高效学习与成长之道。事实上，无论是从管理咨询顾问的第三方视角，还是从专业投资和投行机构的视角来看，可以得出如下结论，影响一个企业最终成就高低的重要因素，除了其创始人之外，就是企业文化！

后　记

　　回首写作过程，我们的心情既欣慰又感慨，仿佛一场时空之旅，在脑海中像电影回放般穿梭于职场岁月的迷雾丛林。我们将所见所闻、所感所悟凝聚于眼前的文字，试图为朋友们呈现出企业文化这个"小众"话题不一样的魅力。

　　企业文化，看似简单，毫不陌生。在写作过程中，我们深感文化的"艺术"成分与"科学"方法之间的微妙平衡，它需要"感性"的创意与激情，离不开"理性"的分析与阐述。因不能准确表达而苦恼，也因思路阻塞而焦虑，还因观点不同多次切磋，这让我们时常陷入沉思。

　　在探索企业文化的道路上，许多朋友与我们一起前行。他们的经验和见解为我们提供了宝贵的启示，他们丰富的资料供我们旁征博引，他们无私的分享让我们受益匪浅。我们直面文化建设的一些尖锐话题，以及各自在职场中的挑战与困惑。这无疑丰满了我们的认知，让我们更加坚定写好本书的决心和信心。

　　这些年，我们见证了众多企业的生死沉浮。有的以独特的文化引领潮流，成为业界翘楚；有的在文化的熏陶下，培养出一批批爱岗敬业的优秀员工，共同创造了骄人业绩；有的企业文化不"达标"，昙花一现，苦苦挣扎。这让我们体会到文化之于管理的重要性，并深感责任在身——我们必须正视企业文化。

　　编著本书，除与众多企业创始人深度交流之外，我们还有幸得到朋友们的帮助与指正，在此一并致谢：AI新锐叶清、资深程序朱熙、元宇宙开发陈宇、组织健康顾问叶凯城……大家的支持肯定、鞭策鼓励，让我们感受到写作如此美好。尽管如此，我们依然担心成书仓促，或缺少深入考证，或推理不够严谨，或结论过于武断，凡此种种，望读者"求同存异"，多些见谅与鼓励。

　　诚然，企业文化是一个永恒的话题，它伴随企业的成长和发展，不断焕发出新的生机与活力。随着我们对企业文化认知的逐渐清晰，更多优秀文化必将在创业者们前赴后继的实践中绽放光彩，更多优秀企业必将在企业文化的推动下获得业绩倍增与持续成长！

做前浪，勇逐沙，不亦乐乎！

银代仁　李中冠

2024年6月